진보 재구성과
집권 전략

진보 집권 전략

개혁 가치와
진보 가치의 연대를 위한
구체적이고 객관적인
문제 분석과 해결책

원희복 지음

썰물과밀물

서문

개혁진보의 재집권 계획을 제시하며

장면 1

2017년 11월 21일, 청와대 본관 로비에 캔버스 78개가 벽면을 가득 채웠다. 작가 임옥상의 그림으로 광화문 촛불시위를 형상화한 〈광장에, 서〉라는 제목의 작품이다. 원래 이 작품은 108개를 이어 붙인 것으로 벽이 좁아서 30개는 걸지 못했다.

문재인 대통령은 이날 청와대에서 국무회의를 열기에 앞서 청와대 참모진과 국무위원을 불러놓고 말했다. "이게 촛불집회를 형상화한 건데 완전히 우리 정부 정신에도 맞고 정말 좋아 보이더라." 청와대 참모진과 국무위원은 이 그림 앞에서 단체로 기념사진을 찍었다. 문 대통령 오른편에는 임종석 비서실장과 정의용 안보실장, 왼편에는 장하성 정책실장과 김수현 사회수석이 서서 활짝 웃는 모습으로 사진을 찍었다.

이는 문재인 정부가 스스로 촛불정부임을 자임하는 극명한 증거다. 청와대 본관은 외국 국빈을 비롯한 청와대 방문객을 접견하는 곳으로 우리나라의 최고 상징을 보여주는 공간이다. 실제로 스티븐 비건 미국 국무부 특별대표가 청와대에 방문했을 때 정의용 안보실장이 이 그림에 관해 설명하기도 했다. 그러나 이 그림은 불과 2년 만에 사라지고 말았다. 청와대는 이 그림은 작가에게 빌린 것으로 주인에게 돌려줬다고 말했다.

장면 2

2018년 8월 25일, 더불어민주당 전당대회장. 여당이 된 민주당은 이해찬 대표를 선출했다. 불과 몇 년 전 쫓기다시피 탈당했던 이해찬 대표는 상기된 표정으로 연단에 올랐다. 그는 차분하지만 흥분된 어조로 대표 수락 연설을 했지만, 사실은 열변을 토했다. "민주당 정부가 곧 문재인 정부입니다. …… 촛불혁명의 정신을 발전시키자, 나 이해찬이 앞장서겠다. …… 민주 정부 20년 연속 집권을 위한 당 현대화 작업을 시작하겠다."

이른바 촛불정부, 민주당 20년 집권론이다. 이 대표는 이틀 후 첫 최고위원회 회의에서 "민주 정부 20년 집권 플랜 태스크포스(TF)를 구성하겠다"면서 "끊임없는 혁신과 소통으로 시대적 과제, 국민의 명령을 완수하겠다"고 말했다.

나중에 이해찬 대표는 1800년 조선 정조 이후 개혁 세력이 집권한 적은 김대중, 노무현 10년뿐이고, 이 10년을 빼고 나머지 210년은 전부 수구보수 세력이 집권한 역사라고 말했다. 이 대표는 그 결과 우리 경제와 사회는 심각한 불균형 성장을 했는데, 이를 바로잡을 틈새 정도만 만들려고 해도 20년은 노력해야 한다는 의미라고 말했다. 민주당 20년 집권론은 촛불정부의 시대적 역할이고, 이 역사적 사명을 장구하게 이어가야 한다는 점을 설명한 것이다. 그는 2020년 8월 대표 퇴임식에서도 20년 집권론을 다시 당부했다. 이해찬의 20년 집권론은 그의 정치 30년 인생에서 최고의 가치로 보였다.

장면 3

2020년 3월 18일, 정치개혁연합 조성우 공동대표는 당사 사무실에서 침통한 표정으로 카메라 앞에 섰다. 그는 "민주당은 선거 연합정당에 참여 여부만 정하는 것이지 본인들이 선택할 위치에 있지 않다"면서 "양정철 민주연구원장을 비롯한 소수의 사람이 준동하는 것이 문제"라고 말했다. 정치개혁연합은 촛불혁명을 주도한 민주주의국민행동 세력과 민주화 원로들이 모인 단체로, 민주당 비례대표 연합정당 플랫폼으로 만든 위성정당이다. 여기에는 정의당, 민중당(진보당), 녹색당, 미래당 등이 참여할 계획이다. 함세웅 신부를 비롯한 민주화 원로들은 민주당이 정치개혁연합과 연대할 것을 간곡히 호소했다. 원로들은 이 당은 선거가 끝나면 자진해서 해산하겠다는, 스스로 위성정당임을 선언했으니 사실상 백기 항복한 상태였다.

그러나 전권을 위임받았다는 양정철 민주연구원장은 기본소득당, 시대전환, 가자환경당, 평화인권당 등이 연합한 '시민을 위하여'와 손을 잡겠다고 밝혔다. 이들 정당은 기초의원 한 명 배출하지 못한 신생 정당이다. 민주당은 녹색당을 거부한 이유로 총선 이후에도 당을 유지하겠다는 것, 민중당과 연대를 거부한 이유는 표의 확장성 부족이라는 핑계를 댔다. 이는 종북몰이에 대한 두려움의 표시였다. 민주당의 이 결정은 무능이나 무기력이 아니고, 비겁함과 오만을 넘어 촛불에 대한 배신행위였다. 민주당은 스스로 촛불혁명을 부정한 것이다. 신필균 공동대표는 "민주당이 국민을 위한 공당이 아니라 사적 집단같이 운영되는 모습을 보면서 여기까지 온 자신이 스스로 부끄럽다"면서 "정의와 공평이라는 촛불 정신을 철저히 배신한 것"이라고 비난했다.

장면 4

"진정한 좌파라면 정권 교체를 위해 윤석열 후보 지지를 감수해야 한다."

"민주당 재집권을 막기 위해서 윤석열을 지지해야 한다."

2022년 대선을 앞두고 일부 진보 진영에서 회자하던 구호이다. 2022년 대선 기간에 적잖은 개혁진보 세력이 촛불혁명을 비난했고, 촛불정부를 좌파 포퓰리슴이라 매도했다. 조국 사태는 같은 또래인 586세대의 극렬한 반발을 가져왔다. 이들은 시대착오적 구호로 개혁진보를 이반시켰다. 투표 직후 방송 3사의 출구 조사를 보면, 진보 성향의 유권자 29.6퍼센트가 부정적 투표를 한 것으로 드러났다. 이는 2017년 출구 조사 12.8퍼센트에 비하면 대폭 늘어난 것이다. 개혁진보의 이반 증거는 이것 말고도 각종 자료에서 확인된다. 2022년 3월 10일 한국갤럽은 20대 대통령 선거 사후 조사를 실시했다. 언론은 사전 여론조사에 관심이 많지만 정치학자들은 사후 여론조사에 더 주목한다. 사전 여론조사보다 정확도가 높아 유권자의 선택 이유를 정확하게 판단할 수 있기 때문이다.

전국 유권자 1,002명을 대상으로 무선전화 90퍼센트, 유선전화 10퍼센트를 통해 실시한 여론조사에서 '윤석열 후보를 찍은 이유'에 대해 질문했다. 이에 가장 많은 39퍼센트 응답자가 '정권 교체'라고 대답했다. '민주당이 싫어서'라고 대답한 사람도 5퍼센트나 됐다. 이 두 응답자만으로도 윤석열 후보의 대선 득표율 44퍼센트에 가깝다. 이는 민주당 대선 후보 이재명에 대한 문제보다 문재인 정부와 민주당에 대한 혐오로 인한 '닥치고 정권 교체', 바로 진보의 이반이 지난 대선의 승패를 갈랐다는 의미다. 유독 이번 대선에서 개혁진보의 이반이 컸던 이유는 무엇일까.

장면 5

2022년 11월 14일 저녁, 어둠이 깔린 서울 광화문 파이낸스 빌딩 앞에서 천주교 정의구현전국사제단이 이태원 참사 희생자 추모 미사를 열었다. 90여 명의 사제와 1천여 명의 시민이 참례한 미사에서 신부님은 희생자 이름을 하나하나 불렀다. 그러고 나서 사제단은 '이태원 참사로 숨져 간 젊은이들 앞에서 참회하오니'라는 이름의 성명서를 발표했다. 다음은 그 내용의 일부다.

"윤석열의 길은 대한민국의 길이 아닙니다. 문재인의 길 역시 우리가 걸어야 할 길이 못 됩니다. 하나가 과거 회귀를 향하여 내달리다가 진창에 처박히는 곤두박질이라면, 다른 하나는 건너야 할 강을 건너지 못하고 머뭇거리고 주저하다가 결국 천금 같은 기회를 탕진하고 역사적 숙원을 저버린 우유부단이었기 때문입니다. …… 말끔한 청산을 이루지도, 견고하고 번듯한 기틀을 세우지도 못한 엉거주춤한 결과가 '깨어 보니 후진국'이라는 비탄입니다. 뼈아픈 현실이지만 세우기는 어려워도 허물기는 참 쉽습니다."

　위의 다섯 장면은 촛불정부 5년을 함축적으로 웅변한다. 장면 1과 장면 2는 대통령과 당 모두 문재인 정부는 촛불혁명의 적자라는 확신을 갖고, 자신감이 넘치던 상황을 보여주는 상징적 순간이다. 그러나 민중이 촛불혁명으로 헌상하고 그것을 앉아서 받은 문재인 정부는 불과 5년 만에 막을 내렸다. '적폐청산積弊淸算과 재조산하再造山河'가 역사적 사명임을 자각했던 민주당 20년 집권론 역시 허망한 공언에 그쳤다. 문학평론가 염무웅은 윤석열 정권 탄생을 참사라 표현했다. 그 이유는 바로 장면 3에서 극명하게 설명된다. 촛불정부가 5년 만에 단명한 결정적 이유는 촛불혁명의 대의를 스스로 내다 버렸기 때문이다.
　장면 4는 촛불정부의 무기력과 촛불 세력을 내친 오만과 배신의 민주당에 상당수 유권자가 '닥치고 정권 교체'라는 맹목적

투표를 선택했다는 점이다. 적잖은 개혁진보 세력이 투표는 미래 권력을 뽑는 행위임을 잊고 정권 심판이라는 이름으로 증오심을 표출했다. 장면 5는 그 결과 우리 국민이 당하고 있는 현실을 말하고 있다. 지난 촛불혁명의 추동 세력 중 하나였던 천주교정의구현전국사제단이 그 이유를 참담하게 설명하고 있다. 그중 '과거로 내달리다 진창에 처박히는 정부'와 '건너야 할 강을 머뭇거리다 역사적 숙원을 저버린 정부'라는 평가가 가슴을 찌른다.

진보적 사회학자 김동춘의 평가는 더욱 차갑다. 김동춘은 "노무현 정부는 여러 개혁을 시도하다 강력한 반발에 부딪혀 실패했지만, 문재인 정부는 시도조차 하지 않은 것이 대부분"이라며 "이로써 촛불시민을 비롯한 지지자에게 허탈감을 안겼을 뿐 아니라, 박근혜 탄핵 이후 쓰러졌던 국민의힘 세력을 완벽하게 부활시켜 정치 경험이 일천한 검찰총장을 곧바로 대통령으로 만들었다"고 비판했다.

왜 이런 결과가 나왔는가. 왜 촛불혁명의 지상 명령을 이루겠다던, 촛불정부임을 자임했던 문재인 정부가, 20년 집권하겠다던 민주당과 문재인 정부가 개혁진보 진영에서조차 비판의 대상이 됐는가. 학생 100여 명이 경무대 앞에서 총탄에 맞는 희생을 통해 이뤄낸 4·19혁명을 불과 1년여 만에 군부에 헌납한 선배 민주당의 전철을 문재인 민주당 정부가 고스란히 다시 밟은 이유는 무엇인가. 이를 단지 악몽 혹은 실수로 치부하고 넘어갈 일인가. 그러기에는 홍만희, 김승교, 이남종, 백남기 등 촛불혁명 과정에서 산화한 희생자의 무게가 너무 무겁다. 그러기에는 지금의 민주주의가 심하게 역주행을 하고 있다. 그러기에는 서민의 삶이 더욱 팍팍해지고 있다. 그러기에는 이태원 참사처럼 우리의 안전이 위협받고 있다. 한반도의 평화, 우리의 생존이 위협받고 있다는 말이다.

이미 많은 토론과 연구를 통해, 언론을 통해 촛불정부가 5년 만에 몰락한 이유를 설명하고 있다. 대체로 문재인 정부의 정책 실패와 내로남불, 당과 후보의 단점과 선거 전략 문제, 유권자의 변화 등을 근거로 들고 있다. 모두 일리 있고 정확한 분석일 것이다. 하지만 대부분 관념에 치우치거나 부분적 분석이다. 현실에서 작동했던 문제를 지적하지 않았기 때문이다. 모두 촛불정부가 무능했다고 비판하지만, 어떤 부문에서 뭐가 무능했는지는 세세히 따지지 않았다. 무엇보다 문제의 원인을 대부분 외부 요인, 남 탓만 할 뿐이지 자신은 뭘 잘못했는지 말하지 않았다. 이들은 정작 촛불정부의 핵심인 문재인 대통령과 청와대, 민주당과 그 정책을 실행한 정부의 오류에 대해서는 침묵한다. 그리고 촛불정부에 대거 참여한 시민 세력의 무능과 오류에 대해서, 개혁진보 세력의 변절에 대해선 반성하지 않는다. 특히 개혁진보를 참칭하던 지식인들의 엉터리 이론과 허위의식은 고발하려 하지 않는다. 이것은 문제를 숨기고 책임을 회피하려는, 많이 배운, 이른바 '먹물들'의 전형적 태도다. 필자가 주목하는 것은 바로 개혁진보 세력 내부의 문제, 즉 적은 바로 자신에게 있다는 점이다. 그렇다고 해도 체제의 몰락에 있어서 외부 요인의 중요성을 간과하자는 것은 아니다. 맹자는 국필자벌이후國必自伐而後인벌지人伐之라고 했다. 즉 나라가 스스로 망할 짓을 저지르면 이후에 다른 나라가 멸망시킨다는 말이다.

기원전 221년 중국을 통일한 진나라가 불과 14년 만에 멸망한 것을 본 한나라 고조 유방은 황제 즉위 후 참모 육가를 불러 "진이 천하를 잃은 까닭과 내가 천하를 얻은 까닭이 무엇인지, 또 지난날 성공하거나 실패한 나라의 역사적 사실을 저술하라"고 지시했다. 이에 육가는 국가 존망 징후 12편을 올렸다. 고조 유방은 육가의 보고서가 한 편씩 올라올 때마다 훌륭하다고 칭찬했고, 신하들은 만세를 불렀다. 역사의 교훈을 중요시한 유방의 한나라는 426년간 존속했다. 참담한 임진왜란을 경험한 류성룡은 지난 잘못을 반성하며 후대에는 교훈을 얻으라고《징비록》

을 썼다.

그렇다. 이 책은 사마천이 궁형을 당한 수치를 딛고《사기》를 쓴 이유와 같고, 류성룡이 후환을 경계하며《징비록》을 쓴 심정과 같다. 부끄럽고 치욕스럽다고 문제를 덮고 넘어가면 똑같은 실수를 반복한다. 잔혹한 행위지만 의사가 부검하듯 상처를 헤집어 사망 원인을 찾아야 한다. 그래야 병을 정복하고 재발을 막을 수 있다. 정권의 잘못된 원인을 찾아 고치지 않으면 그 치욕은 반드시 반복된다.

그런 점에서 이 책은 망가진 개혁진보 세력의 문제를 근본적으로 재가동하기 위한 것이다. 2010년 진보개혁 진영이 이명박 정권에 권력을 빼앗긴 상황에서 조국은《진보집권플랜》을 썼다. 조국은 사분오열된 진보개혁 진영을 다시 결집하기 위해 폭넓은 이론이 응축된 진보 집권 전략을 제시했다. 조국의《진보집권플랜》이 정치, 경제, 교육, 통일을 아우르는 전략 이론서라면, 이 책은 개혁진보 세력 재구성을 통해 재집권을 하는, 그것을 위한 야전 교범으로 활용하면 좋을 것이다.

이 책을 쓰게 된 것은 앞서《촛불민중혁명사》를 썼던 전과 때문이다.《촛불민중혁명사》는 민중의 희생과 힘으로 촛불혁명을 이어간 현장 기록이다. 촛불혁명의 발흥, 즉 시작과 번영에 관한 역사를 썼으니 쇠퇴에 관한 역사도 정리해야《촛불민중혁명사》가 마무리된다는 일종의 의무감이다. 에드워드 기번이《로마제국 쇠망사》를 썼던 것처럼 말이다. 사실 제국이나 정권, 혹은 탄생과 소멸은 많은 정치학자, 사회학자, 역사학자가 주목하는 주제다. 그러나 필자는 역사학자도 아니고, 정치학자, 사회학자도 아니다. 단지 현장을 관찰했던 기자의 관점으로 찬찬히 살폈다. 앞서 쓴《촛불민중혁명사》가 그렇다.

정치학자는 권력의 이동에 관해, 사회학자는 촛불 봉기의 사회적 기반에 관해, 역사학자는 사건의 인과 관계를 연구한다. 하지만 기자는 각 유관 분야의 연결 고리를 찾는 것에 익숙하다. 기자는 관련 분야를 빠르고 폭넓게 검증하는 것에 훈련돼 있어서 큰 그림을 이해하는 데는 쓸모가 있다. 이 책《진보 재구성과 집권 전략》에서 그리려 한 큰 그림은 바로 '먹물들의 허위의식'이다. 이는 앞서《촛불민중혁명사》에서 말하려 했던 것과 일맥상통하는 주제다. 나는《촛불민중혁명사》에서 역사 왜곡에 앞장선 강단 사학자들, 물대포에 맞아 숨진 사람을 병사라고 진단한 의사들, 청와대와 거래하는 법관들, 세월호 참사를 능멸한 기자들, '나는 종북이 아니다'며 선 긋기 바빴던 시민단체들, 마지막까지 박근혜와 거래하려 했던 야당 정치인들을 고발했다.

이 책도 마찬가지다. 촛불 명령이 뭔지 모르고 수행할 용기도 없던 문재인과 청와대 참모들, 종북몰이가 두려운 586 정치세력들, 관료에 휘둘리기만 한 시민운동가들, 진보를 참칭한 삐친 학자들, 열패와 허위의식에 가득 찬 전직 학생운동권들이 촛불정부를 망가뜨렸다. 먹으로 쓴 거짓은 피로 쓴 진실을 이길 수 없다는 노신魯迅의 말이 다시 진정성 있게 다가온다.

2023년 5월
원희복

목차

서문 개혁진보의 재집권 계획을 제시하며   5

1 문재인 정권은 촛불혁명 계승자였나   23

촛불혁명에 편승한 문재인 정권   25
거저 얻은 권력에는 절박함이 없다   32

2 비서 정치로 일관한 문재인   36

청와대만 있고 내각은 보이지 않아   38
비정치적 정치인의 한계   43
노영민 비서실장의 문제   48

3 무지하고 오만했던 정치 개악   52

실체 없는 유령인 제왕적 대통령제   54
제왕적 대통령제는 내각제론자의 '공포 마케팅'   60
개헌안 발의를 학술 발표 하듯   67
졸속 준연동형 비례대표제 도입   71

4 180석의 무기력   81

촛불 주역의 평가는 낙제점   83
종북몰이가 두려운 586세력의 이중성   86
인사 실패가 야기한 부동산 문제   92
방치한 언론 개혁은 칼이 되어 돌아와   98
세월호 진상 규명조차 미완   102
끝내 해결 못한 인혁당 피해자 배상금 반환   109

5 총체적 관료 장악 실패   115

간과한 그들만의 관료 연대   117
치밀했던 노무현의 관료 장악   121
관료 포위를 극복한 이재명   127

6 실패한 중도 확장론에 매몰   131

선거 제도가 표심을 지배한다   134
중도 확장론자의 발목 잡기   140
오류가 검증된 중도 확장론   149

7 조국을 어찌 볼 것인가   153

그는 준비된 개혁가였나   154
검찰 쿠데타를 제압하지 못하고 당해   159
신분 세습이 조국의 진짜 문제   164

8 참여연대의 과욕과 무능 170

촛불 과제 수행에 나선 참여연대　172
박원순 사례로 본 시민단체 출신의 5대 문제　181
1) 의전에 매우 취약하다　183
2) 종합적 안목이 부족하다　185
3) 문제 해결 과정에 대한 이해가 부족하다　186
4) 조직 장악 능력이 떨어진다　188
5) 비난을 참지 못한다　189

9 여성과 진보 언론의 심판 191

돌아서지 않는 주부 표심　192
진보 언론을 좌우하는 여성 기자의 힘　196
진보 언론은 개혁진보 편인가　200

10 개혁진보 세력의 전술적 오류 206

선거법 개정운동의 오류　207
선거 연대가 현실적 대안　210
오류를 반복하는 개혁진보 세력　217

11 갈라파고스가 된 관념 좌파들   222

최장집의 게으름과 노여움   224
윤소영의 족보 타령과 그 아류들   235
가치 배분에 불만을 가진 그 밖의 먹물들   241
학생운동권 출신의 감정적 이반   252
학출의 열패감과 허위의식   258

12 개혁진보가 질 수밖에 없는 9가지 이유   264

1) 분열하는 진보의 숙명   266
2) 80년대 관념을 고수하는 아집   269
3) 현 권력 구조의 제약   271
4) 언론의 기울어진 운동장   272
5) 지행합일만 지고지선이라 믿는 고집   274
6) 참여하지 않고 비판만 하는 관념론자들   276
7) 싸울 줄 모르는 허약함   278
8) 게으름을 관대함으로 착각   281
9) 가르치려고만 하는 꼰대 기질   283

참고 문헌   285

1

문재인 정권은
촛불혁명 계승자였나

　역사학자 아놀드 토인비는 높은 문명 수준을 자랑하던 로마 제국이 북서쪽 야만인 게르만족에 멸망한 이유로 남쪽 시칠리아를 놓고 카르타고의 한니발과 생사를 걸고 벌인 제2차 포에니전쟁의 충격이라고 설명했다. 그러면서 한 역사의 근원을 찾으려면 더욱 먼 과거에서 그 기원을 살펴야 한다고 했다. 정권 몰락의 근원을 찾으려면 과거로 거슬러 올라가 이전 정권의 마지막 국면을 봐야 한다는 뜻이다.

　이는 우리 현대사만 보더라도 입증된다. 1960년 4·19학생혁명의 씨앗으로 맺은 제2공화국이 1년 만에 군부 쿠데타를 초래한 이유는 혁명의 주역도 아닌 이들이 정권을 잡아 혁명 정신을 실천하지 못했기 때문이다. 1980년 전두환 신군부의 등장도 마찬가지다. 학원을 비롯한 각계의 반유신 세력이 민주화 시위를 일으키자 권력 핵심부에서 갈등이 벌어졌고, 결국 대통령 사살이라는 사건이 일어났다. 얼떨결에 등장한 최규하 정권은 민주주의에 대한 확고한 신념도 없이, 권력 의지도 없이 끌려다니다가 신군부에 서울의 봄을 헌납하고 말았다.

촛불정부도 마찬가지다. 촛불정부가 불과 5년 만에 막을 내린 원인을 찾으려면 촛불정부 탄생의 원초적 계기였던 촛불혁명부터 복기해야 한다. 촛불혁명에 촛불정부의 문제가 내재돼 있기 때문이다. 과연 촛불정부가 촛불혁명을 주도했느냐는 본질적 질문이 그것이다. 여기서 당면하는 문제는 촛불혁명을 어디서부터 볼 것인가 하는 점이다. 혁명사를 기술하는 데 가장 큰 고민은 혁명의 시작과 끝을 어디로 할 것인가 하는 문제다.

프랑스혁명 기념일은 파리 민중이 바스티유감옥을 무력으로 점령한 1789년 7월 14일로 잡고 있다. 하지만 이미 한 달 전인 6월 20일 제3계급인 시민 대표들이 베르사유의 테니스코트에 모여 구체제를 거부하기로 결의한다. 의회주의자 혹은 공화주의자 관점에서 보면 프랑스혁명에서 가장 의미 있는 날은 이날이다. 그러나 프랑스 정부는 민중의 유혈 충돌이 일어난 7월

14일을 혁명 기념일로 삼고 있다. 이렇듯 혁명사를 기술하는 시점은 다를 수 있다.

촛불혁명에 편승한 문재인 정권

그렇다면 촛불혁명은 어떤가. 촛불혁명에 관한 기록 대부분은 2016년 10월 24일 제이티비시JTBC에서 최순실의 국정 농단 태블릿 피시를 보도한 날을 시작으로 보고 있다. 이전 활동은 그냥 전사前史로 대충 기록돼 있다. 퇴진행동 공식 기록에는 "2016년 10월 29일 일어난 1차 촛불은 2016년 7월부터 폭로되기 시작한 박근혜 정권의 부패 비리 의혹이 여름을 지나며 점점 확산되어 갔다"고 하면서 "10월 24일 태블릿 피시 보도 이후 최순실이라는 이름이 전면에 등장했다"고 기술하고 있다.

이는 촛불혁명의 내부 동인과 실제 과정을 간과한 평가다. 촛불시위의 기원은 18대 대선을 치렀던 2012년 12월 19일에서 며칠 지난 12월 23일, 다음 카페에 '제18대 대선무효 소송인단'이 만들어지면서 시작됐다고 봐야 한다. 이들은 국가 또는 공공기관이 위법 행위를 했을 때 시정을 요구하는 민중 소송을 제기했다. 이들은 2013년 1월 4일 대선 투표 부정을 이유로 대통령선거무효소송을 시작했고, 국정원의 선거 개입이 불거지자 '부정선거진상규명 시민모임'으로 발전했다. 그러고 나서 사회관계망서비스SNS를 통해 700만 원에 가까운 후원금이 모이자 1월 12일 오후 4시 덕수궁 대한문 앞에서 처음으로 주말 촛불집회를 열었다. 이것이 박근혜 정권에 맞선 최초의 촛불시위다.

이들은 민주당 당사로 찾아가 국정원의 선거 개입을 문제 삼으며 당선무효소송을 제기하라고 요구했으나 받아들여지지 않자 부정선거 규탄시위를 본격적으로 시작했고, 여기에 통합진보당과 민변이 가세하자 법정 투쟁 또한 시작됐다. 통합진보당에서 국정원 직원을 고발하고, 국정원 직원이 기소유예가 되자 고등법원에 재정신청을 하고, 시민단체가 가세하고, 그래서 서울중앙지검에 만든 수사팀이 바로 윤석열 특별수사팀이다. 즉 촛불시위의 시작은 대선에서 패한 문재인이나 민주당도, 시민단체도 아닌 보통의 행동하는 촛불시민, 곧 민중이었다.

윤석열 특별수사팀에 놀란 박근혜 정권은 김기춘 비서실장을 임명해 특별수사팀을 와해시키고, 통합진보당 해산을 비롯한 대대적인 공안 몰이를 시작한다. 이에 겁먹은 시민단체 연대는 '우리는 종북이 아니'라며 선 긋기에 급급하다가 급속히 와해됐다. 그래서 민주화운동 세력과 민주노총 등 노동 세력, 역사바로잡기 세력, 세월호 추모 세력 등을 규합해서 재건한 사람이 함세웅 신부다. 2015년 11월 14일 민주노총 위원장 한상균은 민중총궐기투쟁본부를 통해 박근혜 정권과 정면으로 맞섰다. 바로 이날 백남기 농민은 경찰의 물대포를 맞고 쓰러졌다.

따라서 촛불혁명의 실제적 기원은 최소한 2015년 11월 14일 제1차 민중총궐기로 잡는 것이 올바르다. 그것이 촛불혁명의 올바른 기술이고, 그래야 촛불혁명의 정치적, 경제적, 사회적 동인을 설명할 수 있다. 촛불혁명의 동인을 최순실의 태블릿 피시로 생각하는 것은 촛불혁명을 단순히 사이비 목사와 그의 딸에 놀아난 박근혜만 생각하는 단견이다. 이는 프랑스혁명의 원인을 참혹한 민중과 시민의 경제적, 신분적 고통 때문이 아니라 단순히 마리 앙투아네트의 철없음만 기억하는 것과 같다. 이는 러시아혁명에서 군인과 농민, 노동자의 저항은 생각하지 않고 괴승 라스푸틴만 기억하는 꼴이다. 이는 사회과학적 진지함이 결여된 혁명 기술이다. 이러니 최장집 같은 사람에게 "촛불시위를 혁명으로 이해하는 것은 건강한 민주주의 발전에 도움이 되지 않는다"는 소리를 듣게 되는 것이다.

많은 사람이 불과 10년 전 이런 역사를 간과하고 있다. 심지어 퇴진행동 자체 기록을 봐도 모순이다. 민중총궐기투쟁본부는 2015년 9월 22일 민주노총을 중심으로 노동, 사회, 통일, 학생, 도시 빈민 등 56개 진보민중단체가 결성한 조직이다. 이 민중총궐기투쟁본부는 그해 11월 14일 제1차 민중총궐기를 주도했고, 이후 6차례 촛불시위를 계속했다. 물대포를 맞고 쓰러진 백남기 농민이 2016년 9월 25일 숨지자 여론이 돌아서면서 참여연대를 비롯한 시민단체가 가세하기 시작한다. 기존의 민중 세력에 시민 세력이 결합함으로써 퇴진행동이 결성된 것은 11월 9일이다. 즉 퇴진행동이 제1차 촛불시위로 꼽는 2016년 10월 29일 촛불 역시 민중총궐기투쟁본부가 주최한 것이다.

이전까지 민중총궐기 촛불시위에 참여한 현역 의원은 민중당 김종훈, 정의당 노회찬뿐이다. 민주당에서는 국회의원이 아닌 이재명 성남시장이 유일하게 참여해 '박근혜 하야'를 외쳤다. 이재명 성남시장은 이 촛불광장에서 열광적 연설을 했고, 대권 주자 반열에 오르는 결정적 계기가 됐다. 이 책에서 개혁진보 세력이라 뭉뚱그려 표기하지만, 엄밀히 구분하면 개혁 세력은 민주당과 시민단체이고, 진보 세력은 진보당과 정의당, 노동당, 녹색당 등과 노동, 통일, 농민, 빈민 등 민중단체를 지칭한다.

백 보 양보해서 퇴진행동이 촛불혁명을 공식 기록한 2016년 10월 29일을 제1차 촛불시위의 시작점이라고 치자. 박근혜 하야를 외치는 촛불이 전국적으로 번지고 있을 때 제1야당인 민주당과 국민의당의 당론은 '장외 투쟁은 없다'였다. 민주당 우상호 원내대표와 국민의당 박지원 비대위원장은 '박근혜 하야 반대'였다. 그 이유에 대해 민주당 손금주 대변인은 "대통령의 임기가 1년 남짓 남은 상황에서 헌정이 중단되면 불필요한 정쟁이 일어나고 국력이 소모될 것"이라며 "촛불집회에서 대통령 하야와 탄핵 주장이 나오는 만큼 지금 단계에서는 당 차원의 참석은 바람직하지 않다"고 분명히 선을 그었다.

마음에 들지 않지만, 문재인 정권은 촛불정권이라 하기 어렵다는 진중권의 지적은 옳다. 진중권은 이렇게 힐난했다.

"조국 교수는 세 가지 이유를 들어 탄핵 불가를 외친 바 있다. 먼저 소추안 통과에 필요한 의석이 부족하고, 통과돼도 황교안 당시 총리가 권한을 대행하며, 헌법재판소의 구성상 인용을 장담할 수도 없다는 것이다. 이 정권 사람들은 원래 촛불을 든 민주의 힘을 믿지 않았다. 말이 촛불정권이지 문재인 정권은 이른바 친노 폐족이 운 좋게 국정 농단 사태를 만나 권력을 거저 얻은 것에 더 가깝다."

그나마 당론을 어겨 가며 퇴진행동 1차 촛불시위에 얼굴을 보인 정치인은 민주당에서 표창원, 송영길, 박주민, 정춘숙 의원과 정의당에서 이정미, 김종대 의원뿐이다. 심지어 11월 5일 백남기 농민 장례식이 열린 광화문 광장에서 문재인 전 대표를 비롯한 정치인은 오후 4시 추도식만 참석하고 이후에 진행한 야외집회는 같이하지 않았다. 광화문 광장에서 촛불이 켜질 때 문 전 대표는 세종문화회관 지하 카페에서 지지자들과 인증 사진을 찍고 있었고, 국회의원들은 세종문화회관 골목에서 어정쩡하게 촛불시위를 지켜봤다. 100만 촛불이 켜지는 11월 12일을 며칠 앞둔 11월 7일 우상호 원내대표는 "야 3당이 요구하는 책임 총리를 수용하면 퇴진 요구는 없다, 장외 투쟁도 없다"고 발언했다.

임옥상은 11월 12일 광화문에 나온 100만 촛불을 소재로 나중에 청와대 본관에 걸리는 그림 〈광장에, 서〉를 그린다. 그는 "광장은 광장의 방식으로 이야기하고, 또 국회는 국회의 방식으로 문제를 해결해야 한다"고 말했다.

민주당의 이런 모호한 태도에 11월 8일 촛불시위를 주도한 민중총궐기투쟁본부는 '민주당, 국민의당에 경고한다'는 성명을 발표했다. 성명은 "국민이 퇴진 국면을 열었음에도 국회 과반 의석을 가진 두 야당이 함께 싸우기는커녕 눈치나 보며 국민들의 주변을 기웃거리고, 그러면서 국민 투쟁의 열매만 따 먹으려 잔머리나 굴리고 있다"면서 "이런 야당을 국민이 야당으로, 수권 정당으로 인정해 줄 것이라 생각하면 큰 오산"이라고 힐난했다. 퇴진행동도 "국민의 분노가 폭발하고 있음에도 야당은 서푼어치 이해득실만 따지며 대의를 방기하고 있다"면서 "국민은 루비콘강을 건넜는데, 국민을 선도해야 할 야당이 오히려 국민 뒤에서 눈치나 보며 강가에 서성이고 있다"고 질타했다.

사실 촛불시위가 한창일 때 시민이 주체가 된 의사 결정 구조, 즉 시민의회를 구성해야 한다는 주장이 나오기도 했다. 〈녹색평론〉 발행인 김종철이 그 주인공이다. 그는 시민의 공론으로 제도를 바꾸자는 숙의 민주주의를 강조했다. 그는 "그때 최장집 교수 같은 이는 국회로 수렴해야 한다, 제도권으로 들어와야 한다고 했는데 나는 그런 주장이 논리적 모순이라고 봤다. 국회가 제 역할을 했다면 왜 시민들이 촛불을 들었겠나. 몽골이나 아이슬란드처럼 시민의회를 구성해 헌법 개정 절차를 밟아야 했다. 그때 지식인들이 토론을 통해 시민의회를 공론화시켰어야 했는데, 지식인들이 시민을 못 따라갔다"고 토로했다.

〈녹색평론〉 발행인 김종철의 시민의회 구성 주장에 동조하는 사람도 있었지만 과격 혹은 비현실적이라는 이유로 더 이상 논의되지 못했다. 특히 평생 정당 정치를 연구한 최장집 전 고려대 교수와 같은 사람의 입장에서는 시민의 직접 정치 요구인 촛불시위는 포퓰리즘이요, 심지어 파시스트로 생각했을 수 있다. 김종철은 바로 이런 자기주장만 하는 지식인들, 허위의식으로 가득 찬 먹물들을 경멸했던 사람이다.

최근 윤석열 정부에 저항하는, 촛불시위를 주도하는 촛불행동 공동대표 김민웅은 이런 과거를 의식해 완전히 새로운 제헌의회를 구성해야 한다고 주장한다. 김민웅은 "이 나라는 완전히 새롭게 만들어져야 한다"면서 "제헌의회Constituent Assembly를 구성해야 하는 수준"이라고 주장했다. 그는 새로운 헌법 전문에 "민족 독립 투쟁사의 반제, 반식민지 자주 혁명의 역사를 중심에 세우고, 4·19혁명부터 촛불혁명에 이르기까지 시민혁명의 전통과 저항권을 분명히 해야 한다"고 주장했다. 이 단체는 이미 새로운 헌법 전문까지 만들고 있다. 2016년 촛불혁명에 대한 반성인 것이다.

거저 얻은 권력에는 절박함이 없다

결국 촛불광장 주변을 기웃거리던 민주당과 문재인 후보는 100만 촛불이 이뤄낸 촛불혁명의 과실을 차지했다. 촛불혁명의 열기가 사라지지 않은 선거였음에도 문재인 후보는 41.08퍼센트라는 저조한 득표로 당선됐다. 이는 18대 대선에서 그가 얻은 48.2퍼센트 득표율, 16대 대선에서 노무현 후보가 얻은 48.91퍼센트에 비하면 한참 낮은 것이다. 왜 이리 저조한 득표율을 얻었는지는 별도로 검증할 일이다. 그러나 분명한 것은 촛불혁명의 의지를 오롯이 모으지 못했다는 뜻인데, 이는 민주당의 애매한 행보에 대한 실망이 컸기 때문이다.

새로운 권력으로 등장한 문재인 정부는 5대 국정 목표로 ① 국민이 주인인 정부로 촛불 민주주의 달성, ② 더불어 잘사는 경제(소득주도 성장, 서민과 중산층을 위한 민생경제), ③ 내 삶을 책임지는 정부(포용적 복지국가, 노동 존중, 차별 없는 공정사회), ④ 고르게 발전하는 지역(풀뿌리 민주주의 실현, 균형 발전), ⑤ 평화와 번영의 한반도(남북 간 화해 협력, 당당한 외교)를 약속했다. 이를 위해 20대 국정 전략과 100대 국정 과제를 정했다. 첫 국정 목표에서 국민 주권의 촛불 민주주의를 달성하겠다고 약속한 것이다.

그러나 정치 개혁은 개악으로, 더불어 잘사는 경제는 희미해지고 오히려 부동산값 폭등으로 서민 경제만 피폐해졌으며, 지방선거 선거구 개악으로 풀뿌리 민주주의는 퇴행했고, 그나마 잘나가던 남북 관계는 돌연 멈추고 말았다. 역대 최대로 국방비를 증액하고 주한 미군 주둔비를 올려줬지만 미국을 극복하지 못했다.

가장 비근한 예를 들자면 윤석열 정부는 취임 후 한 달 만에, 그것도 단번에 과거 인혁당사건의 피해자 배상금 반환 문제를 해결했다. 문재인 정부는 이 문제를 해결하기 위해 별의별 시도를 했지만 결국 마무리를 못 하고 임기를 마쳤다. 문재인은 "대통령의 권한이 헌법이나 법률에 딱 정해져 있다, 중요한 권한이긴 한데 맘대로 휘두를 수 있는 것이 아니다"라면서 "우리나라는 전혀 제왕적 대통령제가 아니다"라고 말했다. 맞는 말이지만 그렇다고 충분히 할 수 있는 일까지 안 한 것은 면피가 되지 않는다. 이렇게 손쉬운 정의도 바로잡지 못한 것은 나중에 책임을 지지 않으려는 무책임이고, 공무원 조직을 장악하지 못한 무능의 증거다. 진보적 사회학자 김동춘은 "사회, 경제 정책에 관한 한 문재인 정부는 민주화 이후 역대 정권 가운데 가장 실적이 없는 정부"라는 혹독한 평가를 내렸다.

급기야 촛불정부는 역대 최약체 후보로 평가되는 야당 후보에게 정권 교체를 허용했다. 이로 인해 정치, 경제, 사회, 언론 등 각 분야에서 심각한 퇴행을 불러왔다. 문재인은 윤석열 정부 1년을 "5년간 이룬 성취, 제가 이룬 성취라기보다 국민들이, 대한

민국이 함께 성취한 것인데 그것이 순식간에 무너지고 과거로 되돌아가는 모습을 보며 한편으로 허망한 생각이 든다"고 평가했다.

결국 촛불정부는 촛불혁명의 소임을 다하기는커녕 촛불 명령을 부정하는 결과를 낳고 말았다. 촛불정부가 왜 이리 참담한 심판을 받았는가. 여기에 대한 답은 수백, 수천 가지가 있을 것이다. 그러나 모두 지엽 말단의 분석이자 변명이고 책임 회피다. 이해찬 전 대표는 회고록 《꿈이 모여 역사가 되다》를 출간 기념해 2022년 9월 22일 유시민 전 노무현재단 이사장이 진행하는 유튜브 방송에 출연해 "우리가 어처구니없이 졌다. 우리는 되면 좋고 안 되면 뭐 이런 식"이라며 "실제로 진실로 정성껏 하면 이긴다. 진실, 정성이 안 돼서 지는 것"이라고 말했다. 그리고 국민의힘에 대해서는 "자기들이 탄핵으로 뺏겼다고 봐서 되찾아야 한다는 절실함이 간절했다"고 평가했다.

옳은 지적이다. 그러나 이해찬 전 대표 진단에는 왜 민주당은 간절함이 없었는가에 대한 핵심이 빠져 있다. 국민의힘은 전직 두 대통령과 국정원장, 청와대 핵심 인물이 사법 처리가 되는 것을 보면서 '까닥 잘못하면 나도 죽겠구나' 하는 절박함이 있었다. 그러나 문재인과 민주당은 왜 국민의힘에 비해 간절함이 없었을까? 그것은 간절한 노력 끝에 얻은 권력이 아니기 때문이다. 거저 얻은 권력이니 잃을 것에 대한 절박함도 없었던 것이다.

이들은 진정한 촛불 정신과 촛불 명령이 무엇인지 몰랐고, 그 약속을 처절하게 지켜야 할 신념도 없었다. 그들은 단식을 하면서, 감옥에 가면서, 분신자살을 하면서 촛불혁명을 이끈 세력이 아니기 때문이다. 촛불정부가 5년 만에 단명한 원초적 이유는 촛불정부의 태생적 문제, 즉 문재인과 집권 민주당, 촛불정부에 참여한 먹물들에게 있다. 이는 자신의 처절한 노력으로 획득한 것이 아니라 민중의 촛불혁명에 의해 거저 얻은 권력이라는 그 태생적 한계를 넘지 못했기 때문이다. 거저 얻은 재산은 쉽게 탕진하기 마련이다. 이는 동서고금의 진리다.

2

비서 정치로
일관한 문재인

문재인 대통령은 취임 이틀 후인 5월 11일 청와대 참모진과 점심을 함께한 후 커피를 들고 산책하는 장면을 연출했다. 문 대통령 왼쪽에 있는 조국 민정수석은 활짝 웃는 표정으로 겉옷을 팔에 걸쳤고 와이셔츠는 팔뚝까지 적당히 걷어 올렸다. 오른쪽에는 조현옥 인사수석을 배치했는데, 이는 여성을 의식한 정교한 연출이었다. 이뿐만 아니라 청와대는 미국의 오바마 대통령이 커피를 들고 참모진과 격의 없는 대화를 나누는 사진, 한 누리꾼이 사회관계망서비스에서 문 대통령은 자신만이 고수하는 커피 비율이 있다고 얘기하는 사진, 문 대통령이 한 카페를 방문해 종업원 복장으로 직접 커피 생두를 볶는 사진 등은 물론이고 그와 관련된 자료도 친절하게 보도 자료에 첨부했다.

　이 장면은 하루에 평균 한 잔 이상 커피를 마시는 우리 국민에게 매우 친근한 모습으로 다가왔다. 이 장면은 문 대통령이 보통 월급쟁이와 다를 바 없는 친근한 상사라는 모습을 보여주기에 충분했고, 탈권위주의 지도력의 전형을 보여준 성공적 연출이었다. 이 장면은 탁현민 의전비서관이 청와대에 들어가 연출한 첫 작품이 아닐까 하고 생각한다. 탁 비서관은 뛰어난 연출 감각으로 문재인의 친숙하면서도 열정적인 이미지를 만들었다. 그는 5년간 국내 행사 1,195개, 해외 행사 635개를 소화하면서 문 대통령을 돋보이게 했다. 탁 비서관은 2023년 1월 이와 관련된 《미스터 프레지던트》라는 책을 내기도 했다.

　문재인 주연, 탁현민 연출의 청와대 이미지 정치는 훌륭하고 매우 잘 짜인 작품이었다. 이로 인해 문재인 정부 지지율은 매우 높이 올라갔다. 한국갤럽의 여론조사 결과 문재인 대통령 취임 직후인 2017년 6월 첫 주 국정 수행 평가는 긍정이 무려 84퍼센트였고 부정은 7퍼센트에 불과했다. 2년 차인 2018년 2월 긍정 평가가 63퍼센트까지 떨어지지만 이어진 평창동계올림픽과 4월 남북정상회담을 통해 지지율은 다시 83퍼센트로 치솟았다.

청와대만 있고 내각은 보이지 않아

　청와대의 이미지 정치는 국민에게 탈권위주의를 전달하는 데 성공했지만 속으로는 적잖은 문제점을 안고 있었다. 청와대 비서실은 대통령의 참모 기능을 하는 곳에 불과하다. 청와대는 법의 송부나 예산 편성에는 말을 많이 하지만 서명은 하지 않는다. 간섭은 하지만 책임이 없다는 말이다. 업무 분장도 특정되지 않은 청와대 비서실은 정무적으로 막강하지만, 행정적으로는 아무 책임을 지지 않는다.

　그러나 행정의 알파와 오메가는 법과 예산이다. 이것은 국무회의를 통해 행정 절차에 따라 이뤄진다. 행정 수반인 대통령은 국무회의를 통해 정부 정책을 구체화하고 실행하는 것이다. 따라서 대통령의 국정 운영은 청와대 수석보좌관회의에서 의견을 듣고, 국무회의에서 국무위원에게 지시함으로써 이행되는 것이다. 그러나 문 대통령은 수석보좌관회의에서 업무 지시를 하는 우를 범했다. 그것도 써준 내용을 그대로 읽는 모습을 보였다. 촛불정부가 비서 정치에 매몰돼 국정 운영을 아예 청와대에서 한 것이다. 정책 조언은 보이지 않는 곳에서 들어야 하지만, 게다가 그 자리에서 무언가를 읽으며 지시했다면, 그 문건은 어디에서 누가 써준 것일까. 물론 본인이 직접 작성했을 수도 있으나 이는 현실적으로 불가능하다. 행정을 아는 사람이 보기에 이는 허술한 연출일 뿐이다.

촛불정부에서는 청와대 수석보좌관회의만 보였지 국무회의를 하는 장관들은 보이지 않았다. 장관은 임명권자인 대통령의 철학으로 무장하고, 산하 공무원을 지휘해 대통령의 의지를 실현하는 야전 사령관이자 실무 책임자다. 그러나 문 정부에서 장관의 모습과 역할은 보이지 않았다. 영악한 관료들은 이를 간파하고 빠르게 대책을 마련했다. 관료 역시 장관보다 청와대 기류를 살폈던 것이다. 장관은 조직 장악력이 떨어졌고 행정 부처는 겉돌았다. 대통령은 많은 지시를 하지만 공무원은 움직이지 않았고, 결국 정책도 실행되지 않았다. 촛불정부 내내 이런 모습이 연출됐다.

이는 노무현 전 대통령이 정확히 경고한 대목이다. 노무현은 "관료를 배제하고는 돌아가지 않아요, 그리고 총론은 있는데, 관료들이 동의하지 않으면 각론이 안 올라와요"라고 토로했다. 대통령은 총론을 말하지만 관료가 움직이지 않으니 구체적 정책이 없고, 결국 실행되지 않는다는 말이다. 치밀하게 관료 개혁 청사진을 가지고 실행했던 참여정부조차 관료주의에 포획됐다고 토로했을 정도인데 아무런 계획이 없던 문재인 정부는 말할 것도 없다. 문재인 정부에서 일했던 한 인사는 "수보회의에서 업무 지시를 하다 보니 수석과 부처 차관 선에서 업무가 이뤄지고 장관은 겉돌게 되고 말았다"고 토로했다. 문 대통령이 국무회의가 아닌 수석보좌관회의를 선호한 까닭은 앞에서 예를 든 탁월한 연출가가 있었던 것도 한 원인이다. 그러나 보다 본질적인 요인은 따로 있었다.

청와대 주도 행정 행위를 가장 상징적으로 드러낸 것이 바로 개헌안 마련이다. 정부의 헌법 개정안 준비는 조국 민정수석이 주도하고 대국민 설명도 그가 했다. 이는 대통령은 개헌안을 국무회의 심의를 거쳐야 한다는 규정(제89조)에 비추면 잘못된 일이다. 헌법학자 허영 경희대 석좌교수도 지적했지만 당연히 법무부 장관이 개헌안을 준비하고 여론을 수렴해야 했다. 정부의 공식 기구가 움직여야 한다는 뜻이다. 게다가 청와대 민정수석이 주도한 개헌안은 여론 수렴이나 대국회 대책 등에도 소홀히 하고 말았으니, 결국 발의만 하고 끝난 것이다. 촛불정부는 개헌안 발의뿐 아니라 적폐 청산은 물론이고 국정 운영 여러 부문에서 이런 문제가 노정됐다.

이렇게 비서실 정치로 일관한 이유는 다양하겠지만 가장 큰 요인은 바로 문재인 자신이 행정 경험이 없는 비서 출신이기 때문일 것이다. 문 대통령이 역임한 민정수석이나 비서실장 모두 관료 조직을 장악해 직접 법을 개정하거나 예산을 챙겨서 정책을 실행하는 임무가 아니다. 청와대 비서실은 대통령에게 조언하고, 부처 간 갈등을 조정하는 기구다. 만약 문 대통령이 노무현 정부에서 청와대에만 있지 않고 장관이나 기관장을 해봤다면 대통령직을 수행하는 방식이 달랐을 것이다.

장관은 국무위원으로 대통령을 보좌해 국정을 심의하는 임무와 아울러 정부조직법에 소관 사무를 통괄하고, 소속 공무원을 지휘 감독할 권한이 있다. 특히 국가공무원법에 있는 고위 공무원의 임용 제청권, 3급 이하 소속 공무원에 대해선 일체의 임용 권한을 갖는다. 대통령이 가진 임용권에서 인사권과 징계권을 장관에게 위임했기 때문에 사실상 장관이 부처와 그 산하기관 인사권을 갖는다. 즉 장관은 인사권을 가지고 해당 부처를 장악해 대통령의 의지를 실현해야 하는 것이다. 공무원은 이렇게 구성되고 훈련된 조직이다.

노무현 대통령은 해양수산부 장관 경험이 있어서 관료를 장악하고 다루는 법을 알았다. 노 대통령의 해양수산부 장관 시절 일화 하나를 소개하겠다. 노 대통령이 해양수산부 장관 시절인 2000년은 외환 위기 직후로 금융기관이 통폐합되는 상황이었다. 금융 업무를 하는 수협도 그 대상이었고 바로 해양수산부 관할이었다. 국회의원들은 자신의 지역구 수협이 부실화되어 폐지 대상이 되는 것은 아닌가 하고 촉각이 곤두서 있었다. 수협 폐지를 막기 위해 해양수산부에 집요한 압력을 넣었다. 이때 노 장관은 "모든 것은 내가 책임진다, 수협 감사 내용을 정치인에게 유출하는 공무원은 징계하겠다"고 공언했다. 공무원은 정치권의 자료 요구와 압력에 시달렸고, 국정감사에서도 여야 가릴 것 없이 압력을 가했다. 그러나 노무현 장관의 엄격한 조직 장악으로, 원칙대로 한 끝에 수협 정상화를 이뤄낼 수 있었다.

수십 년 이어온 정부 정책은 대부분 이해관계가 복잡하게 얽혀 있다. 임명권자의 의지를 실현하려면, 적폐를 청산하려면 그 기득권자를 설득하고, 그래도 안 되면 단호하게 자르고 가야 한다. 기득권에 물들어 있는 것도 늘공(늘 공무원)이지만 정책을 실행할 사람 역시 늘공이다. 그 늘공의 인사권을 쥐고 지휘하는 것이 정무직인 장관과 차관의 임무다. 그러나 장관의 역할이 보이지 않으니 늘공이 장악될 리가 없다.

문재인 정부는 늘공을 장악하기는커녕 오히려 그들에 휘둘리는 장면이 여러 번 노출됐다. 청와대는 민정수석실 서기관급 공무원의 감찰 무마 폭로와 반발을 제어하지 못했다. 이것은 조국 민정수석의 조직 장악 미흡으로 치부할 수 있지만, 신현수 민정수석의 항명 사태는 납득하기 어렵다. 민정수석이 사의를 표하고 대통령이 반려하는 모습이 몇 차례나 반복된 것이다. 대통령 비서가 노골적으로 사의를 표명하고 휴가를 가버린 것도 있을 수 없는 일이지만 그것을 몇 차례나 반복하도록 방치한 일은 더욱 큰 문제다. 모범을 보여야 할 청와대 민정수석이 이런데 늘공에게 공직 기강을 요구할 수 있을까. 민정수석과 법무부 장관 사이가 이런데 청와대와 정부의 정책 조율이 제대로 이뤄질 수 있을까. 이 책임은 오롯이 대통령 문재인에게 돌아온다.

문재인은 인사권을 움켜쥐고 정부 부처 공무원 조직을 장악해 본 경험이 별로 없다. 공무원 조직을 장악해야 법과 예산이 뒷받침돼 정책이 시행된다는 경험을 쌓지 못했다. 한마디로 공무원 다루는 법을 배우지 못한 것이다. 게다가 임기 초반에 대거 기용한 교수 출신의 장관 역시 조직에 대한 인식이 없기는 마찬가지였다. 시민단체 출신은 조직 장악에 관한 기본적 개념이 더더욱 없었다.

비정치적 정치인의 한계

문재인 대통령은 매우 진지하게 고민하고 숙고하는 성격이다. 비서실장 시절에는 너무 고민하다 이가 모두 빠지기도 했다. 일종의 한처럼 여긴 검찰 개혁에 대해서는 고민과 숙고 끝에 정교한 실행 계획을 마련하기도 했다. 그가 노무현 시절 청와대에서 같이 일했던 인하대 교수 김인회와 쓴 《문제는 검찰이다》를 보면 검찰 개혁 계획이 매우 치밀하다. 1단계는 문제가 없는지 확인하는 단계, 2단계는 문제의 실체를 확인하는 단계, 3단계는 문제의 근본 원인을 파악하는 단계, 4단계는 문제 해결 방법을 마련하는 단계, 5단계는 해결을 위한 청사진을 마련하는 단계, 6단계는 실행 과정에서 반응이 나타나는 단계로 정교하게 만들었다.

이렇게 섬세한 계획을 세우고도 이행하지 못한 것은 본인의 내성적 성격 탓 외에는 설명할 수 없다. 그의 성격은 스스로 고백했듯이 학창 시절 발표를 위해 손을 들어본 적이 없을 정도로 소심하다. 부잣집 아들이 즐비한 중·고등학교 시절, 가난한 실향민의 아들인 그는 신분 차이로 친구들과 어울리지 못했다. 비록 고등학교 3학년 때 술과 담배를 하며 친구를 사귀지만, 곧 재수와 대학 입학, 사법시험 등으로 책에 묻혀 지냈다. 조용하고 내성적이지만 치밀한 그의 성격은 호방하면서 구설이 많았던 노무현과 잘 어울리는 조합이었을 것이다.

문재인은 첫 공직인 청와대 민정수석 시절부터 법률가로서 원칙을 강조했지만 단호하지 못했고, 신중했지만 소심했다는 평가를 받았다. 좋게 말하면 좋은 사람이고 나쁘게 말하면 우유부단한 사람이다. 대통령 비서실은 정치적 판단이 매우 중요한 곳이다. 대통령의 정치적 의지를 행정적으로 실현케 하는 지휘부이기 때문에 정치와 행정을 겸비해야 한다. 그러나 문 대통령은 비서실장 시절 정치적 문제에 대해 정치력을 발휘한 경험이 별로 없다. 변호사로 살아온 그는 정치적 판단보다 법률적 판단을 우선시했다.

대북송금특검이 그 대표적 예다. 전임 대통령의 통치 행위로 밀어붙이자는 노무현에 비해 그는 법률적 하자가 없는지에 매달렸다. 그는 대북송금특검을 받아들이는 것이 검찰 수사를 받는 것보다 유리하다고 강조했지만 그것은 법률적으로 그렇다는 말이다. 대북송금특검을 받은 것은 정치적으로 대단한 손실이었다. 이는 이후 정치 상황이 입증한다. 본인도 "민정수석실이 그 문제의 소관 부서가 된 것은 기본이 법률 문제였기 때문"이라며 "사실 엄청난 고도의 정치 문제였다. 정치 영역에서의 판단이 얼마나 어려운 것인지 실감했다"고 토로했다.

솔직히 그의 청와대 비서실장 시절은 원칙을 사수하는 단호함도, 조직을 장악하는 지도력도 별로였다. 비서실장 시절 내각을 장악해 조정하기는커녕 오히려 장관에게 면박당한 일화까지 있다. 비서실장으로 그의 주된 관심은 구설수 많은 노 대통령의 조용한 뒷수습이었다. 시끄러운 것을 싫어하는 내조형 참모였던 것이다. 문재인은 노무현의 마지막을 보면서 "그 일을 겪고 보니 적절한 대응이었는지 후회가 많이 남는다"고 말했다. 그는 "너무 조심스럽게만 대응한 것이 아닌가. …… 정면으로 '전직 대통령을 표적으로 삼은 비열한 정치 수사다!'라고 하면서 문제를 제기하고, 때로는 수사를 아예 거부한다든지 맞대응을 했어야 되지 않았는가 하는 회한이 있다"고 말했다. 그래야 했다. 노무현 대통령의 마지막 비서실장이었으면 검찰의 노무현 죽이기에 대해 '노무현을 욕보이려고 하려면 나부터 죽이고 가라'며 먼저 감옥행을 자처해야 했다. 그러나 그는 그런 정치력과 단호함이 없었다. 이인규의 《나는 대한민국 검사였다》라는 회고록을 여기서 언급할 가치는 없지만, 검찰의 속성과 권력의 잔인함에 대해 처절한 체험을 했다면 그는 더욱 정교하게, 더욱 단호하게 검찰에 권력을 행사해야 했다.

그의 조용한 참모 경험과 단호하지 못한 성격은 대통령이 되어서도 그대로 이어졌다. 대통령직은 신중하게 수행해야 하지만, 결정할 때는 단호한 정치력을 발휘해야 한다. 인혁당사건 피해자 배상금 반환 문제를 풀지 못하고 퇴임한 것도 나중 책임을 의식한 소심한 참모 스타일 때문이다. 물론 대통령의 권한은 헌법과 법률에 근거해 행사돼야 한다. 그렇다고 너무 몸을 사리다 보면 아무것도 할 수 없다.

문재인의 우유부단한 성격은 검찰 개혁을 추진하다 도리어 검찰 쿠데타를 진압하지 못한 것에서 절정을 이룬다. 일단은 너무 방심한 것으로 보인다. 문재인 정부 출범 4개월이 지난 2017년 9월 문재인은 "아직까지 검찰의 조직적인 반발은 보이지 않는다. 약간의 혼선 혼란이 있을 뿐이다. 반발이라고 호들갑 떨 필요는 없다. 애초 예상했던 것과 비교해 보면 저항이 거의 없는 것이나 다름없다"고 사태를 낙관적으로 봤다. 그리고 "개혁 과정에서 벌어지는 사소한 반발은 무시하거나 양해하거나 양보하면서 해결하면 된다. 중간 정도의 반발은 대화와 소통으로 풀어야 한다. 진짜 큰 반발은 투쟁이기 때문에 반드시 싸워야 한다"고 의지를 다졌다.

그러나 이런 강력한 의지는 막상 사태가 닥쳤을 때 실행되지 못했다. 2019년 8월 서울중앙지검 특수부 검사들이 조국 법무부 장관 주변에 대해 무차별 압수수색을 단행한 것은 대통령의 임명권에 대한 항명이다. 1979년 전두환 보안사령관이 정승화 육군참모총장 사저를 접수하는 12·12사태와 비슷하다. 이 과정에서 문재인은 그냥 속수무책으로 당하고 있었다. 오히려 검찰총장 윤석열 편을 들었다. 조국 후임으로 임명된 법무부 장관 추미애는 장관의 인사권과 수사지휘권, 감찰권 등을 총동원해 윤석열을 압박했다. 그리고 10개월 만에 윤석열을 징계위에 회부해 정직 2개월 징계를 이끌어냈다. 그런데 문재인은 2021년 1월 18일 새해 기자회견에서 "윤 총장에 대해서는 여러 가지 평가들이 있지만 저의 평가를 한마디로 말씀드리면 문재인 정부의 검찰총장"이라며 "윤 총장이 정치를 염두에 두고 정치할 생각을 하면서 검찰총장 역할을 하고 있다고 생각하지 않는다"고 말했다.

이 얼마나 우유부단한 태도였고 사태를 오판한 행동인가. 많은 국민은 문재인의 답답한 정치를 보면서 실망하고 좌절했다. 정치학자 찰스 메리엄은 민중이 정치권력에 혐오감을 가지고 등을 돌리는 요인에는 권력의 폭력성과 오만함도 있지만 융통성 없는 우유부단함도 크다고 지적했다.

결국 그는 대한민국을 바꾸겠다고 했지만 자신의 우유부단한 성격 때문에 아무것도 바꾸거나 극복하지 못했다. 대선 막판에 홍남기 기획재정부 장관의 여당 후보에 대한 비협조 역시 내부 반란이다. 문재인은 이에 단호히 대처해야 했고 분명한 권력의지를 보여야 했지만 그러지 못했다.

노영민 비서실장의 문제

문재인 주변 청와대 참모도 무능했다. 특히 노영민 비서실장이 문제였다. 그는 인사 검증의 책임자로, 검찰 쿠데타를 진압해야 할 야전 사령관으로, 청와대와 내각을 조율해 막판 정권 재창출을 해야 할 책임자로서의 역할을 전혀 못 했다. 오히려 윤석열 검찰정권 탄생의 공로자라는 평가를 받을 정도였다. 그는 윤석열 검찰총장이 임명하는 검사 인사를 검증하는 책임자였으나 사적 인연 때문인지 몰라도 비서실장 재임 내내 윤석열 검찰총장을 옹호했다. 노영민은 검찰이 법무부 장관 압수수색을 벌이는, 사실상 검찰 쿠데타 국면인 2019년 11월 국회 운영위원회 국정감사에서 "윤석열 총장이 독립적으로 잘하고 있다, 법과 원칙대로 했다고 생각한다"고 오히려 검찰을 옹호했다.

심지어 그는 청와대에서 윤석열 검찰과 소통했고, 검찰 쿠데타를 진압해야 한다는 내부 건의를 중간에서 차단했다는 의혹도

받고 있다. 그는 검찰 쿠데타를 진압하려는 추미애 법무부 장관의 발목을 잡았다. 변호사 정철승에 따르면 노영민은 법무부 장관 추미애를 청와대로 불러 "임기가 보장된 검찰총장을 겨우 정직 2개월 징계하려고 그 난리를 피웠느냐"면서 오히려 사표를 종용했다고 한다. 그의 이런 행보는 〈열린공감티브이〉 등을 통해 보도됐고, 그가 충북지사 선거에 나섰을 때는 개혁진보 진영으로부터 호된 비판을 받았다.

대선 막판에 청와대는 최소한 부동산값 폭등 문제에 대한 사과라는 정치력을 발휘했어야 했다. 그러나 청와대 참모진은 대선 막판 대통령 지지율이 40퍼센트라는 심기 경호에만 매달린 채 무기력하게 끌려갔을 뿐이다. 대선 막판 몇몇 민주화 원로들이 청와대를 방문해 "김대중 대통령은 나를 밟고 가라고 했다"면서 "부동산 폭등에 대해 최소한 사과를 하자"고 조언했다. 이에 청와대는 "김대중은 그런 말을 한 적이 없다"면서 돌려보냈다. 민주화 원로들은 민망한 표정으로 청와대를 나왔다고 한다.

문재인의 우유부단한 성격과 비서실장 노영민의 잘못된 처신은 심각한 상황 오판을 가져왔고, 이는 1979년 신군부의 등장을 막지 못한 12·12사태 때의 대통령 최규하, 비서실장 최광수와 똑같다. 검찰 권력을 해체하는 검찰 개혁은 하나회로 뭉친 군부 정권을 해체하는 군정 종식만큼 어려운 일이라서 단호하게 해야 했다. 김영삼 전 대통령이 하나회를 전격 해체하듯 용기와 결단이 있어야 했다. 그러나 문재인은 단호하지 못했고, 노영민은 사태 파악을 잘못했다. 문재인은 노영민을 비서실장으로 인선한 것부터 잘못이고, 특히 최장집의 애제자를 청와대 정무수석에 둔 것도 잘못이다. 최장집은 문재인을 맹비난했고 윤석열을 공개적으로 만나 정권 교체를 지지했다.

모든 것은 문재인의 비권력 지향적 성격에서 비롯된다. 애당초 그는 정의롭고 좋은 사람으로 살고 싶었지 살벌한 정치를 원하지 않았다. 노무현 대통령의 민정수석 제안에 그는 정치를 하지 않는다는 조건으로 수락할 정도였다. 이를 보면 스스로 정치를 한 것이 아니라 노무현의 죽음이 그를 정치로 끌어들인 것이다. 그는 고통스럽더라도 언론의 조명을 받으면 엔도르핀이 솟는 듯이 미소를 보이는 김대중, 노무현 등 기성 정치인과는 성격이 달랐다. 그는 정치적이지 않은 대통령, 아니 정치적이고 싶지 않은 대통령을 추구했다. 대통령으로서 사실상 마지막 인터뷰인 제이티비시JTBC '문재인의 진심'에서 "대통령 재임 기간이 행복했느냐"라는 질문에 "너무 힘들어서 선뜻 행복하다고 말할 수는 없을 것 같다"고 대답한 것은 진실이다. 그는 마지막 청와대 참모회의에서 "하루를 여기서 더 있고 싶은 대통령이 누가 있겠는가"라는 말을 했다. 이 말에 그의 모든 심경이 담겨 있다.

문재인은 자신이 일했던 노무현 정부에 대해 "돌이켜 보면 자랑스러움보다는 반성과 성찰이 더 많이 남는다"면서 "(노무현 대통령은) 홈페이지에 '여러분은 나를 버리셔야 합니다'"라는 글을 남겼다고 말했다. 그는 정치를 시작하면서 "지난 한계와 과오를 성찰하고 이를 뛰어넘는 정치를 보여 달라는 게 그분의 뜻"이라고 말했다. 그렇다. 지난 한계와 과오를 성찰해야 했다. 그것이 그의 말대로 역사를 배우는 이유이고, 미래를 준비하는 일이기도 하다.

문재인은 촛불혁명이 만들어준 촛불정부를 누구보다 잘 알고, 누구보다 책임이 컸다. 그는 먼저 촛불정부를 5년 만에 접을 수밖에 없었던 한계와 과오를 성찰해야 한다. 그 성찰의 결과는 개혁진보 재집권을 위한 자양분이 될 것이 분명하다. 노무현은 퇴임 후 진보의 미래에 대해 많이 고민하면서 이야기했다. 문재인도 그래야 한다. 더구나 문재인은 끝이 시작이라는 말을 좋아한다. 맞는 말이다. 끝을 낸 사람이 먼저 시작을 준비해야 한다.

3

무지하고 오만했던 정치 개악

문재인 정부는 여러 부문에서 무기력하고 오만했다. 혹자는 부동산 정책 실패를 이유로 들고 있지만 가장 치명적 오류는 바로 정치 개악이다. 그 이유는 민주당 스스로 촛불 세력임을 포기했기 때문이다. 민주당은 촛불연대 세력을 표의 확장성 부족이라는 이유로 배척했고, 나중에는 오만함에 취해서 스스로 이탈해 버렸다. 결국 촛불연대 세력의 분열이 촛불정부의 몰락을 가져온 가장 큰 원인이 됐다. 한 표라도 많으면 승리하는 다수대표제 대통령 선거에서 분열은 필패임이 당연하다. 여기에는 민주당 책임이 가장 크고 현실 정치를 모르는 정치학자의 공허한 이론과 이를 맹목적으로 따른 시민사회단체의 책임도 적지 않다.

정치는 대통령 선출 규정이 명시된 헌법에서부터 공직선거법, 정당법, 정치자금법 등 국회를 중심으로 하는 정치 관계법, 그리고 풀뿌리 정치를 규정하는 지방자치법이 서로 정교하게 연동돼 있다. 그러나 민주당은 정치 개혁에 대한 청사진은커녕 최소한의 원칙도 없이 단지 순간의 정략적 판단으로 일관해 법을 누더기로 만들어 버렸다.

먼저 헌법 개정 문제부터 따져 보자. 이 문제의 시작은 제왕적 대통령제라는 실체 없는 일종의 유령에서 비롯된다. 권위주의 정치 세력에 오랫동안 억눌려 있던 국민은 대통령 권력에 대한 일종의 공포심을 가지고 있다. 1987년 6월 시민혁명으로 개정한 현재 헌법은 대통령 직선제 도입과는 별도로 다양하게 대통령의 권한을 축소하고, 국회 권한을 강화하는 조항을 도입했다. 헌법 개정 이후에도 역대 국회는 예외 없이 제왕적 대통령제를 비난하며 대통령의 권한을 제한하는 생각을 짜내 대통령 권한을 축소하는 입법을 계속했다. 그것을 정치 개혁이라고 포장했다. 대통령 권한의 축소는 곧 국회 역량의 강화로 이어졌고, 이는 여야가 구분 없이 이해가 일치했다. 국회는 각종 연구 용역을 발주했고, 정치학자들은 행정부를 견제하는 안건을 계속 냈다. 언론도 면밀한 검증 없이 이에 동조했다.

그러다 보니 국민은 제왕적 대통령제를 해소하는 것이 정치 개혁이라고 여겼다. 현직 대통령조차 제왕적 대통령제를 개선하는 것을 사명처럼 여겼다. 결국 우리나라 대통령의 권한은 외국 대통령에 비하면 대단히 미약해졌다. 그런데도 많은 사람은 우리나라 권력 구조가 여전히 제왕적 대통령제라 믿고 있다. 그 이유는 끊임없는 국회 권력의 주장, 이에 부합하는 용역 보고서를 작성한 정치학자, 이를 검증 안 하고 받아쓰는 언론 때문이다. 여기에 진보 정치 세력은 제3의 정당 여지를 만들기 위해, 정치의 양극화를 비판하는 수단으로 제왕적 대통령제를 타파해야 한다고 주장했다. 전통 언론의 틀을 벗어나지 못한 언론학자와 언론도 광신자(팬덤) 정치의 원인이 바로 이 제왕적 대통령제 때문이라고 가세했다. 일부 내각제 개헌론자는 1987년 체제 극복이라는 모습으로 포장했다.

실체 없는 유령인 제왕적 대통령제

촛불혁명은 제왕적 대통령제를 총체적으로 검증하는 기회가 됐다. 2017년 19대 대선에서 문재인, 홍준표 등 대부분 후보가 제왕적 대통령제 폐해를 막겠다며 개헌을 공약했다. 6월 지방선거에서 개헌안을 같이 투표하면 비용도 절감된다는 공약도 비슷했다. 개헌안은 국회의원 과반수 발의나 대통령이 발의하는 2가지 방법이 있다.

개헌안 발의가 국회로 넘어가 헌법개정특별위원회(개헌특위)가 가동됐지만 1년 넘게 실효성 있는 조치를 내놓지 않았다. 문재인 대통령은 "개헌은 촛불광장 민심을 헌법적으로 구현하는 일"이라며 국회에 개헌안 발의를 압박했지만 국회는 시간만 끌었다.

2016년 12월 29일부터 2017년 12월 31일까지 1년간 가동된 국회 개헌특위는 실상 검토할 것은 다 검토했다. 문제는 개헌의 목적이 제왕적 대통령제였지만 실제 헌법을 뜯어보니 그렇지 않다는 것이다. 이는 이전부터 잘 알고 있던 사실이다. 국회 개헌특위는 일부 학자와 운동가가 권력 분산의 대안으로 거론했던 이원집정부제(혼합정부제)를 일찌감치 불가로 의견을 모았고, 현행 헌법이 최상의 제도라고 인정했다. 국회 개헌특위 보고서는 이렇다.

"행정부 내의 권력 분산은 분단국가로서의 특수성 등을 고려할 때 한국 상황에서 현실적으로 위험하고, 대통령과 총리의 소속 정당이 다를 경우 국정 운영의 혼란 등 부작용이 발생할 우려가 있다. 우리나라의 역사적 과정에서 만들어진 갈등 구조와 정당 현실에서 동물 국회, 식물 국회가 동물 행정부, 식물 행정부로 나타날 우려가 있다."(김경협 위원)

"이원집정부제는 이론적 합리성이 있을 수 있으나 현실적으로 여소 야대 상황에서 행정부가 정쟁에 빠질 우려가 매우 크다는 점을 고려할 필요가 있다."(최인호 위원)

"외국 사례를 보아도 대통령과 의회 중 하나가 분명한 책임성을 가지고 있다는 점에서 집행 권한의 이원화 방식은 현실적이지 않고 위험하며, 권력의 민주적 통제와 집행권 내부의 민주적 운영 및 내각 인사에서 의회와 소통이 중요하다."(김종민 위원)

헌법학자 출신 정종섭 위원은 절대 권력의 폐해를 들며 내각제를 주장했지만 호응을 얻지 못했다. 김경협 의원은 현실적으로 국민 선호, 역사적 경험, 분단 상황을 고려하면 대통령 중심제를 중심으로 논의가 필요하다고 말했다. 즉 제왕적 대통령제 개선을 위해 거론했던 이원집정부제나 총리를 국회에서 선출하는 방법 등은 애당초 논의 대상조차 아니었다.

그런데도 국회 개헌특위가 결론을 내리지 못한 것은 국회의원 선거 제도 개편에 대한 의견 차이 때문이다. 권력 구조, 즉 대통령 권한 문제가 아니라 바로 국회의원 자신의 문제였던 것이다. 여야는 국회의원 선거구와 비례대표를 헌법에 명시하는 문제로 차이를 보였다. 여당인 민주당은 선거의 비례성 원칙 준수 정도를 헌법에 명시하는 것으로 생각했고, 바른미래당, 민주평화당, 정의당은 연동형 비례대표제를 내용으로 선거의 비례성 원칙을 헌법에 규정할 것을 요구했다. 여당인 민주당은 헌법에 선거 비례 원칙을 준수하는 선언적 조항만 두기를 원했지만, 3당~5당은 다당제의 기반이 되는 연동형 비례대표제를 헌법에 명시할 것을 요구했다. 제1야당인 자유한국당은 권력 구조, 정부 형태에 부합하도록 국민 대표성 및 비례성 확대를 요구했다. 이는 지지 기반인 영남의 인구 감소를 의식해 농촌 선거구를 강조한 것이다. 즉 국회 개헌특위는 대통령 권력 구조나 분권형 대통령제에는 관심이 없고 자신의 존재인 국회의원 선거 제도에만 몰두한 것이다.

국회는 이렇게 헌법이 아닌 자신들의 문제, 공직선거법 문제로 개헌안 발의에 진도가 나가지 않았다. 이에 문재인 대통령은 2018년 2월 13일 '국민헌법자문특별위원회'(헌법자문특위)를 만들어 직접 개헌안 발의 준비에 들어갔다. 대통령의 개헌안 발의는 정부 수립 이후 박정희의 유신헌법, 전두환의 5공화국 헌법(간선제 7년 단임) 이후 세 번째다. 그만큼 대통령의 개헌안 발의는 신중한 행위이자 정치적 승부수인 것이다. 헌법자문특위는 정해구 정책기획위원장이 위원장을, 김종철 연세대 법학전문대학원 교수와 하승수 비례민주주의연대 공동대표가 부위원장을 맡았다. 나름대로 개혁적이고 진보적인 학자와 시민단체 관련자를 포함해 32명으로 구성됐다. 1987년 헌법, 즉 제왕적 대통령제라고 비난받던 권력 구조가 전문가의 검증 도마에 오른 것이다.

헌법자문특위는 한 달 만에 대통령 4년 연임제 헌법 개정안을 마련했다. 헌법자문특위는 3월 13일 이를 대통령에게 전달했고, 3월 20일 문재인 대통령은 이를 바탕으로 최종 개헌안을 발표했다. 조국 민정수석이 발표한 개헌안에는 생명권, 안전권, 정보기본권 등 기본권을 신설하고, 법률로 명시된 선거권, 공무 담임권 등을 헌법에 담았다. 근로라는 용어는 노동으로 바꾸고, 노동자의 권리를 대폭 확대하는 내용도 담았다. 재계에서 반대하는 동일 노동, 동일 임금 원칙도 헌법에 명시됐다. 국민의 기본권을 강화하는 내용이 많이 포함됐다.

개헌의 핵심인 권력 구조는 헌법자문특위 제안을 그대로 수용, 미국식 4년 연임제를 제시했다. 청와대는 개헌안을 발표하면서 "1987년 개헌 시 5년 단임제를 채택한 것은 장기간 군사독재의 경험 때문"이라며 "우리는 촛불혁명을 통해 새로운 대한민국을 열었고, 국민의 민주 역량은 정치 역량을 훨씬 앞서고 있기에 책임 정치를 구현하고 안정되게 국정을 운영할 수 있는 대통령 4년 연임제를 채택할 때가 됐다"고 그 취지를 설명했다.

개헌안은 불과 한 달 만에 만들었지만 매우 선진적이고 훌륭했다. 그런데 한 가지 의문이 설명되지 않았다. 당초 촛불혁명이 요구한 개헌 취지는 제왕적 대통령제를 개선한다는 것이다. 그러나 개헌안 발표 문안에 있는 '책임 정치를 구현하고 안정된 국정 운영'은 엄밀히 말하면 대통령 권한을 강화하자는 말이다.

4년 연임제는 실제 미국에서 보듯이 특별한 문제가 없으면 8년을 집권하므로 사실상 대통령 권한을 강화하는 것이다. 오히려 헌법 개정안에는 국민이 국회의원을 소환할 수 있는 국민소환제와 국민이 직접 법률안을 발의하는 국민발안제가 도입됐다. 이는 명백히 국회 권한을 축소하고 상대적으로 대통령 권한을 확대하는 조항이다. 그나마 다행인 것은 대선에서 결선투표제를 도입해 제3당의 활성화 여지를 마련했다는 점이다. 이는 프랑스와 유사한 권력 선출 방식이다.

이 개헌안에 대해 야당인 자유한국당은 "그토록 주창하던 제왕적 대통령제의 폐해를 해결하기 위한 대안은 어디에 없고, 오히려 대통령제를 강화하는 내용으로 점철돼 있다"고 비난했다. 민주평화당 역시 "개헌을 해야 할 핵심 이유였던 제왕적 대통령제 극복, 즉 대통령 권한의 분산 문제가 빠졌다"면서 "대통령 권한 분산 개헌은 촛불 민심이며 4년 연임제 개헌은 시대정신에 어긋나는 개헌"이라고 비판했다.

정치권의 이런 비판 역시 정략적이지만, 대통령은 당초 취지와 정반대되는 권력 개편안이 나온 이유에 대해 국민에게 자세히 설명해야 했다. 그러나 청와대도, 개헌안 마련에 참여한 학자들도, 단체들도 쉬쉬하고 넘어갔다. 그나마 곽상진 헌법자문특위 총강·기본권 분과위원장(경상대 법학과 교수)이 제왕적 대통령제에 대해 다음과 같이 비교적 자세히 설명했다. 그는 "정치권 일

각에서는 이것을 헌법상의 제왕적 대통령제가 문제라며, 권력을 나누어 분권형 총리제로 하자고 한다"면서 "그러나 분권형 총리제로 개헌을 하면 우리 정치가 이전과 달라질 것인가 하는 물음에 누구도 확실한 대답을 주지는 못할 것이다. 왜냐하면 제왕적 대통령제에서 비롯되었다는 대표적인 정치 행태들 대부분 헌법 규범에 근거한 것이 아니기 때문"이라고 말했다.

곽 위원장은 특히 "행정부 수장인 대통령이 여당 국회의원 공천에 영향력을 행사하거나 국정원 등의 4개 국가 권력기관을 사유화한 것 등은 헌법 어디에도 그런 규정은 없다. 그것은 오로지 헌법에도 없는 권력을 관행적으로 행사했던 잘못된 정치적 행태였을 뿐"이라며 "이런 잘못된 정치적 관행은 개헌으로 해결할 수 없는 것"이라고 단정했다. 그는 또 "지방자치제도의 확대 실시가 실질적인 대통령의 권력 분산 방법이 될 것"이라고 말했다.

제왕적 대통령제는 내각제론자의 '공포 마케팅'

헌법자문특위는 비록 한 달간이지만 정치학과 사회학, 헌법학 관련 교수 32명이 연구하고 검토한 결과 제왕적 대통령제는 권위주의적 대통령이 헌법에 없는 권한을 남용한 잘못된 정치 형태에서 비롯된 것이지 헌법의 문제가 아니었다는 점을 확인해 줬다. 제왕적 대통령제라는 프레임은 의회주의자 혹은 내각제론자의 일종의 공포 마케팅 결과라고 생각된다. 그러나 헌법자문특위는 이런 사실을 국민에게 자세히 설득하지 않았다. 국민이 거의 보지 않는 정책방송을 통해 형식적인 설명만 했을 뿐이다. 그 이유는 어차피 여당 의석이 원내 과반이 안 돼 개헌안이 국회를 통과하기 어려운 불가능한 상황이라 국회 권력과 충돌을 피하기 위해서였을 것이다. 당시에 나는 사회관계망서비스에서 이런 지적을 했다.

"진정 우린 제왕적 대통령제인가? 바이든 미국 대통령 취임과 우리 문재인 대통령의 엊그제 기자회견을 보면서 느낀 소회이다. 트럼프는 퇴임하면서 대대적 개인적 사면을 단행했다. 이에 비해 우리는 7대 종단 대표가 양심수로 규정해 석방을 요구한 사람도 사면하지 못했고, 검찰 기획 수사 희생양이라는 전직 총리도 복권시키지 못했다. 트럼프는 재임 시절 트위터로 국방부 장관과 국무 장관을 마구 해임하고, 대법원 판사를 자기 취향 인물로 임명했다. 이에 비해 우리는 검찰총장 한 명 해임하기 이렇게 어렵다. 이상한 정치 행위를 하는 감사원장 역시 해임 못 한다. 미국은 법에 없어도 대통령이 수시로 행정명령을 발동해 국정을 운영하고, 외국과 무역 전쟁까지 벌인다. 그런데 우리는 오래전부터 문제 많다던 법의 단 한 개 조항도 고치지 못하고 있다. 탈원전이라는 대통령 주요 정책 기조까지 행정부 내부에서 문제 삼고 있다. 심지어 촛불혁명의 도화선이 된 세월호 참사의 진상 규명조차 미흡하다고 아우성이다. 그것을 조사하던 사참위 원장은 사퇴해 버렸다. 도처에서 관료 때문에 개혁을 못 한다는 말이 나온다. 국회에도 거의 3분의 2에 가까운 여당 의석이 있는데도 말이다. 우리 대통령이 그리 힘이 없는가. 어제 3개 부처 개각을 보면 개혁보다 임기 말 개각이라는 느낌을 받았다. 사실 나는 엊그제 문재인 대통령 기자회견에서 지친 모습을 읽었다. 이런 우리 대통령을 제왕적이라 할 수 있겠나. 이런 우리 대통령제를 제왕적 대통령제라 주장할 수 있겠나. 제왕적 대통령제라 그리 주장했던 정치학자, 정치인들 제발 설명 좀 해 달라."

이 질문에 대한 대답은 1년 후 문재인 대통령이 직접 했다. 문재인 대통령은 퇴임 직전 제이티비시JTBC 손석희 사회자와 독점 대담을 가졌다. 인터뷰는 두 번에 걸쳐 방영됐는데 이런 대목이 나온다.

문재인: 대통령의 권한이 헌법이나 법률에 딱 정해져 있다. 중요한 권한이긴 한데 맘대로 휘두를 수 있는 것이 아니다.

손석희: 대통령 중심제에서 행할 수 있는 권한을 제왕적이라 하는 것이고…….

문재인: 아닙니다. 아닙니다. (손을 좌우로 흔들며) 우리나라는 전혀 제왕적 대통령제가 아니죠. 아주 민주적 대통령제이죠.

과거 권위주의 시대에 권위주의 유산에서 헌법이나 법률 권한을 넘어서 초법적인 권력을 행사한 것, 그것이 제왕적 대통령제라 프레임화해서 공격하는 것입니다.

앞서 헌법자문특위도 그리 판단했지만 법률가 출신 현직 대통령의 결론도 그렇다. 그렇다면 진실은 무엇인가. 다른 대통령제 국가와 비교해도 헌법상 우리 대통령의 권한은 대단히 미약하다. 대통령제를 채택하는 다른 나라와 중요한 몇 가지만 비교해 보자. 혹자는 자꾸 독일이나 영국 등 내각제를 채택한 나라와 비교하는데, 이는 올바른 비교가 아니다. 대통령제를 채택하는 미국과 프랑스와 비교해야 옳다.

1987년 개정된 우리 헌법에는 세계적으로 유례없는 대통령 5년 단임제를 만들고, 과거 5공화국에 있던 국회해산권도 없다. 유사시 법률 일부를 무력화할 수 있는 대통령의 최강 권력인 계엄선포권도 국회가 해제를 요구하면 반드시 따르도록 했다. 국회는 국정조사 권한이 부활되고 국회 개회 일수 제한 조항이 사라지고, 정기국회 일수도 늘어나는 등 행정부를 견제하는 권한이 대폭 강화됐다.

이에 비해 미국 대통령은 연임이 가능해 8년을 할 수 있고, 인사에서도 의회에 책임을 지지 않는다. 미국은 부통령에 대한 국회의 임명 동의 제도가 없지만, 우리는 총리 임명에 국회 동의는 필수다. 미국 의회는 행정부 국무위원(장관) 해임 권한도 없지만, 우리는 국회의 국무위원 해임 건의안을 정치적으로 수용하는 편이다. 물론 윤석열 정부는 이태원 참사에도 불구하고 행정안전부 장관의 해임 건의안을 수용하지 않았다. 대법관 임명도 미국은 법무부에서 하지만, 우리는 대법원장 제청과 국회 동의 절차를 밟도록 하는 등 대통령의 개입을 최소한으로 축소했다.

미국 대통령은 행정 명령을 통해 임기 동안 의회를 거치지 않고 소신껏 정부를 운영할 수 있지만, 우리 대통령은 꿈도 꾸지 못한다. 대통령의 긴급 명령권(헌법 제76조)은 내우·외환·천재·지변 등 중대한 재정·경제상의 위기로 국가안보와 공공의 안녕이 필요할 때만 발동할 수 있다. 그러나 이마저 발동 후 국회의 승인을 받아야 한다. 심지어 미국 대통령은 국방 수권법에 따라 테러 용의자(거동 수상자)는 영장이나 재판도 없이 무기한 인신 구속을 할 수 있다. 테러 단체와 관련되었다는 혐의만 있어도 그 국가에 경제 제재는 물론이고 의회 동의 없이도 대통령이 독자적으로 전쟁을 수행할 권한까지 부여했다.

상대적으로 미국 의회 권한은 대단히 미약하다. 미국 의회는 인구 비례로 선출하는 하원의 경우 임기가 불과 2년이고, 그것도 70만 명당 1명뿐이다. 주 단위로 선출하는 상원은 임기 6년으로 하원보다 권한이 막강한데, 바로 이 상원 의장을 대통령이 임명한 부통령이 겸직하고 있다. 상원은 국민의 대표라기보다 주의 대표이다. 이는 연방을 유지하기 위함이다. 대통령 선거는 단 1표라도 많으면 선거인단을 싹쓸이해서 미국 선거에서 인구 비례 원칙은 애당초 없다.

프랑스의 대통령 권한은 미국보다 훨씬 막강하다. 가장 큰 권한은 대통령이 국회를 해산할 권리를 가졌다는 점이다. 총선에서 여소 야대가 되면 대통령은 국회를 해산하고 다시 총선을 할 수 있다. 이는 입헌군주제 국가에서 군주에 버금가는 권한이다. 대통령 임기는 5년으로 연임이 가능하다. 과거에는 임기가 7년으로 연임이 가능해서 미테랑 대통령은 14년을 집권했다. 우리가 최악의 헌법이라고 일컫는 유신헌법은 프랑스의 드골헌법(임기 7년)을 차용한 것이다. 프랑스도 과거 우리나라처럼 총리 임명에 국회 동의 절차가 필요해서 여소 야대 때는 동거 정부가 등장했다. 그러나 동거 정부에서 극도의 비효율과 난맥이 나타나서 개헌을 통해 총리의 국회 동의 절차를 폐지했다. 대통령 권한을 대폭 강화한 것이다.

헌법상 대한민국 대통령 권한은 대통령 중심제를 하는 미국과 프랑스에 비하면 대단히 미약하다. 그런데도 대통령 권한을 제약하는 제도가 법률로 속속 도입됐다. 국무위원 인사청문회 도입, 국회 상임위원회 상시 개최 등이 그것이다. 국회 선진화법은 여당이라도 마음대로 법을 만들 수 없게 만드는, 대통령의 권한을 제한하는 제도다. 전면적인 지방자치 실시 역시 중앙에 집중된 대통령 권한을 크게 분산하는 조치다. 검찰총장, 경찰청장의 임기제 도입 역시 대통령의 자의적인 인사권을 제한하는 제도다. 공영방송 사장의 임명 절차 개선 등도 마찬가지다.

그 결과 우리는 대통령 권한이 세계에서 가장 미약한 대통령 중심제 국가가 되었다. 상대적으로 국회 권한은 막강하다. 노무현 대통령이 정치 못 해 먹겠다며 연정을 얘기한 것은 여소 야대 국회 앞에서 대통령이 할 수 있는 합헌적 행위가 별로 없다는 것을 절감했기 때문이다. 청와대 정무수석의 중요한 역할은 국회를 찾아 입법을 읍소하는 것이다. 국회 입법이 어려우니 시행령을 통한 정부 운영이 나온 것도 그래서다. 제왕적 대통령제의 실체는 헌법상 권한이 아닌, 국가정보원이나 경찰, 검찰, 국세청 등 사정기관을 통해 비정상적 통치를 했기 때문이다.

이명박, 박근혜 정권의 최고 정보기관장이 줄줄이 구속된 것이 그 증거다. 헌법자문특위가 4년 연임이라는 권력 구조를 제시한 것도 이런 배경이다. 그동안 우리는 의회주의자들의 공포 마케팅, 내각제론자에 매수된 몽매한 학자와 언론이 주입한 제왕적 대통령제라는 환상 속에 있었던 것이다. 불행히도 헌법자문특위 하승수 부위원장도 그런 환상에 빠져 있던 인물이다. 이런 문제점을 간과한 개혁진보 세력이 제3의 정당 여지를 마련하기 위해 제왕적 대통령제를 개선하는 개헌에 매달린 것이다.

제왕적 대통령제가 사실이 아님을 확인했으면 빨리 차선책을 찾아야 했다. 대통령 선거 결선투표제가 그 예다. 지금과 같은 극단의 양당 정치는 제왕적 대통령제 때문이 아니라 한 표라도 많으면 대통령에 당선되는 다수대표제라는 선거 제도 때문이다. 승자가 독식하는 다수대표제는 프랑스 정치학자 듀베르제 법칙을 들지 않더라도 필연적으로 양당제로 귀결된다. 극도의 정치적 양극화와 사표를 방지하기 위해서는 권력 구조를 아예 내각책임제로 바꾸든지 최소한 대통령 선거 제도부터 바꿔야 한다. 프랑스의 권력 구조가 대통령 중심제이면서 다당제 토대가 됐던 것은 바로 이 결선투표제 때문이다. 1차 투표에서 과반 득표를 하지 못하면 1위와 2위가 결선투표를 하는 제도 때문에 합종연횡이 이뤄지는 다당제가 정착한 것이다. 이는 제왕적 대통령의 권한과 무관한 것으로 대통령 선거 제도로 인해 나타난 현상이다. 촛불정부 개헌안에 결선투표제를 도입한 것도 그 때문이다. 그러나 문재인 정부는 이 대목의 중요성을 강조하지 않았다.

개헌안 발의를 학술 발표 하듯

문재인 대통령은 한 달 만에 뚝딱 헌법 개정안을 마련해 정치권에 던져만 놨지, 사전에 국민적 공론을 모으는 작업은 게을리했다. 언론도 성사 가능성이 없어선지 제시한 개헌안에 대해

심도 있는 토론은 거의 생략했다. 그러다 보니 헌법자문특위가 마련한 권력 구조인 4년 연임 제도와 결선투표제에 대한 심도 있는 논의는 이뤄지지 않았다. 조국 민정수석의 첫 번째 오류는 바로 이 개헌 작업을 마치 학술 발표를 하듯이 한 것이다.

헌법자문특위가 만든 4년 연임제 권력 구조 역시 문제가 많다. 권력의 연임은 관료제가 확고하게 정착된 바탕에서 가능하다. 1987년 헌법 개정에서 세계 유례없이 단임제를 채택한 것은 권력자의 장기 집권이 가장 큰 이유였다. 여기에는 미흡한 관료제가 작용하고 있다. 공무원은 어떤 권력자가 대통령으로 와도 정치적 외풍에 흔들리지 않고 합법적이고 합리적인 행정을 해야 한다. 그러나 공무원은 영혼이 없다는 자조에서 드러나듯 우리나라 공무원의 정치적 중립은 매우 취약하다.

미국의 공무원 제도는 우리나라 제도와 매우 다르다. 미국의 공무원 제도는 직무에 따라 공무원을 채용하는 개방적 직위 분류제다. 미국은 업무의 난이도와 책임성 순으로 직위를 분류하고, 상위 등급 자리에는 나름의 자격을 공시하고, 경쟁을 통해 채용하는 방식이다. 그 자리에는 꼭 공무원 출신이 아닌 교수나 기업 출신이 기용될 수도 있다. 이들은 주어진 자신의 업무만 수행하면 되기 때문에 인사권자의 정치적 영향력에서 비교적 자유롭다.

그러나 우리나라는 단 한 번의 공개 채용 시험을 통해 공무원이 되면 말단에서부터 승진과 인사는 상사와 부서장이 쥐고 있다. 승진의 한 단계 한 단계 모두 폐쇄적인 고과와 인사권자의 의지에 의해 결정된다. 그러니 상사와 임명권자로부터 자유롭지 못하다. 비근한 예로 대통령 단임제에서도 국가의 최고 정보기관이 선거에 개입하는데, 대통령 연임제에서 정보기관이 선거에서 중립을 지킬 수 있을까. 우리나라의 공직자 수준이 미국 정도로 중립 의무를 지킬 수 있을까. 4년 중임제도 우리 공무원 문화에 비추면 부적합한 제도다. 그래서 노무현 정부는 폐쇄적이고 계급제로 운영되는 공무원 채용과 운영 방식을 개선하기 위해 외부에서 공무원을 채용하는 개방형제 도입을 늘리는 등 제도 개혁에 심혈을 기울였다. 그러나 문재인 정부는 이런 공직 개혁에 대한 고민이 조금도 없었다.

헌법자문특위에 시민운동 출신 위원도 있었지만 시간에 쫓긴다는 이유로 국민에게 홍보하고 설득하는 절차도 대단히 미흡했다. 헌법자문특위는 전국적으로 지역의 시민사회 간담회 15회와 전국적인 숙의형 순회 토론회 5회를 벌였다고 했다. 그러나 영남권, 강원과 수도권, 충청과 호남권 등을 뭉뚱그려 3일 만에 했고, 그것도 참여 시민은 200명 남짓에 불과했다. 언론의 주목을 받지 못한 것은 물론이다. 개헌 작업에 지면을 할애해 심층 연재를 한 언론이 한 군데도 없다는 사실이 이를 반증한다. 충분한 대국민 홍보도, 관심도, 열기도 없이 개헌안을 마련했으니 개헌안에 대한 국민적 관심도 떨어질 수밖에 없었다. 헌법자문특위 위원 스스로 시간적 제한 때문에 더 많은 지역에서 실시하지 못한 것은 아쉬움으로 남는다고 고백할 정도다. 문재인 대통령이 만든 개헌안은 대단히 선진적이고 훌륭하지만, 이를 공론화하는 작업은 대단히 미흡했다. 국회에서 반듯이 통과시켜 성사하려는 의지가 빈약했다.

대통령의 개헌안은 3월 26일 국무회의 의결을 거쳐 국회로 송부됐다. 대통령 문재인은 아랍 에미리트 방문 중 전자 결재로 이를 승인했는데, 이것만 봐도 개헌안을 통과시킬 의지가 없었음을 반증한다. 그들만의 개헌안 만들기였다고 해도 일단 대통령이 개헌안을 발의했으면 반드시 통과해야 한다. 그러나 민주당은 야당을 설득하지도, 청와대는 전략적이지도 못했다. 대통령의 최고 권한인 헌법 개정안 발의를 너무 쉽게 생각한 것이다. 한마디로 어차피 되지 않을 개헌안을 공약했으니 국회에 한번 던져나 보자는 정도의 열의밖에 없었다.

나중에 문재인 정부 국정원장이 된 박지원 민주평화당 의원마저 자신의 사회관계망서비스를 통해 "통과되지 못할 대통령 개헌안을 발의하는 것은 헌법을 무시하는 것이며 대한민국을 무시하는 것"이라면서 "대통령 개헌안의 내용과 필요성은 인정하지만 개헌안이 발의되는 전 과정은 일방적이었고 특히 범정부 차원에서의 논의 부족, 민주당의 침묵 등 제왕적 대통령제의 폐해를 여실히 입증했다"고 비판했다.

결국 문재인 정부가 약속한 제왕적 대통령제 개선의 핵심인 헌법 개정은 불발에 그쳤다. 제왕적 대통령제라는 실체 없는 유령을 쫓은 결과였고, 다당제를 낳는 중요한 토대인 대통령 선거 결선투표제 역시 성사되지 못했다. 정치 개혁은 시작부터 꼬인 것이다. 이렇게 된 이유는 무엇보다 개헌안을 마련하는 절차를 지극히 형식적으로 했고, 국민의 중지를 모으는 것도 부실했기 때문이다. 청와대의 개헌 작업은 마치 시민운동을 하듯 면밀한 전략 없이 이뤄진, 심하게 표현하면 마지못해 한 연출이었다.

졸속 준연동형 비례대표제 도입

문재인 정부의 정치적 오류는 2018년 지방선거 선거구 획정에서 다시 드러난다. 지방선거, 특히 기초의원은 풀뿌리 민주주의의 출발이어서 소중한 토대다. 그래서 다양한 정치 세력의 참여를 위해 3~5인을 뽑는 대선거구를 채택했다. 인구 소멸 지역 지자체는 대표성을 고려한 측면도 있다. 그러다 보니 선거구가 너무 커졌고 도의원은 비례성에서 국회의원과 거의 비슷해졌다. 결국 2014년 헌법재판소에서 표의 평등 원칙에 어긋난다며 최소 3대 1로 조정하라고 헌법 불합치 결정을 내렸다.

이에 민주당과 국민의힘은 2018년 제7회 지방선거를 앞두고 기초의원 선거구를 2인을 뽑는 중선거구로 개악했다. 최소한 3명을 뽑는 선거구를 살릴 수 있었지만 두 당이 나눠 먹기 방식으로 담합한 것이다. 이는 기득권 양당에 유리해 대도시에서 제3당이 전멸하는 풀뿌리 민주주의의 말살로 나타났다. 적어도 기초의원은 다양한 정치 세력 진출이 가능하게 만드는 것이 풀뿌리 민주주의를 키우는 것이고 정치 개혁이다. 그러나 민주당은 이를 철저히 무시했다. 뒤늦게 문제의 심각성을 깨달은 민주당은 제8회 지방선거에서 시범적으로 30개 지역을 대선거구제로 복귀했다.

민주당의 정치 개악 절정은 국회의원 선거 제도이다. 앞서 헌법자문특위의 개헌안 마련 과정에서 국회의원 선거 제도는 논의되지 않았다. 정해구 정책기획위원장은 헌법자문특위 출범식에서 "정부 형태는 선거 제도와 밀접한 관련이 있어서 시간 여유가 있다면 같이해야 하는데 현실적으로 어려울 것 같다"면서 "선거 제도 쪽은 준비하지 않을 것"이라고 분명히 했다. 다시 말해 헌법의 권력 구조 개선과 국회의원 선거 제도 개선은 매우 밀접하지만 국회의원 선거법은 논의하지 않겠다는 것이다. 따라서 개헌에 실패해 대통령 선거 결선투표제 도입이 무산됐다면 적합한 대안을 찾아야 했다.

그러나 민주당은 어설픈 선거법 설계, 정략적 연대, 그리고 촛불 세력에서 스스로 이탈해 버렸다. 제1야당이 반대하는 제도로 선거법을 개정한 것도 명분이 없는 행위였다. 정치학자들은 현행 소선거구제와 일부 비례대표제인 국회의원 선거 제도가 민주주의 위기의 주범이라고 줄곧 주장했다. 연세대 교수 박명림은 "오늘날 대한민국 국민의 주권을 양도받아 정부를 구성하는 두 대표 기구인 대통령과 의회는 모두 공화국의 원리에서 크게 일탈하고 있다"면서 "민주와 공화, 주권과 권한 원리의 중대한 결격 요인을 근본적으로 환골탈태시키지 않는다면 대한민국은 소멸을 향해 계속 질주할 것이다"라고 주장했다.

박명림은 민주주의를 왜곡하는 중대한 결격 요인을 바로 비례성과 대표성, 민주성이 파괴된 선거 제도에 있다고 말했다. 옳다. 민심의 다원성과 다양성을 반영해야 할 다당제의 싹조차 파괴했다는 주장도 전적으로 옳다. 그러나 책상의 학자나 시민운동가는 이 문제가 대통령 선거 제도에서부터 비롯돼 국회의원 선거 제도로 연결된다는 사실을 모른다. 박명림은 그냥 연동형 비례대표제와 다당제를 주장했을 뿐이다. 다원화된 민심을 반영할 뿐만 아니라 사표를 방지하고 다양한 정치적 의견을 원내에 수렴해 다당제를 만드는 연동형 비례대표제는 좋은 제도이다. 그러나 정해진 임기에 따라 대통령 선거를 하는 대통령 중심제에서는 내각제처럼 수시로 연정을 할 수 없다. 대통령 선거는 다수 득표를 차지한 1인이 당선되는 다수대표제를 하고, 지방자치단체장 선거도 마찬가지다. 대통령 선거는 49대 51의 승자 독식 선거를 하면서 국회의원 선거는 정당이 난립하는 선거 제도를 도입한다면 심각한 제도의 모순이다. 최소한 프랑스처럼 대통령 선거에서 결선투표제를 도입하면 정당 간 연합이 가능해 연동형 비례대표제와 어울릴 수 있다.

결선투표 없는 대통령 중심제에서 정당 난립은 국정 난맥으로 이어질 수밖에 없다. 결선투표 없는 대통령 직선제를 하면서 연동형 비례대표제를 도입한 나라는 세계적으로 대한민국과 우루과이뿐이다. 민심의 다원성도 반영하고, 유권자의 비례 원칙도 지키고, 다당제도 정착되게 하려면 아예 내각책임제로 바꾸자는 주장이 솔직한 것이다. 아니면 대통령 선거에서 결선투표제를 도입하자고 개헌의 필요성부터 언급하는 것이 이치에 맞는 행동이다. 그런데 학자들은 이런 연계성을 간과하고 무작정 선거법 개정 문제만 따졌다. 이전의 대부분 정치학자, 개혁진보 정치학자의 주장도 마찬가지다. 이는 촛불혁명 이전에 계속 주장했던 길을 다시 가는 도돌이표 정치만 반복하는 것이다.

특히 선거법은 각 정당의 이해관계와 직결되는 만큼 모든 정파가 자신에게 유리한 조건을 제시한다. 여기에는 개혁 정당도 진보 정당도 예외가 아니다. 이때 집권 여당은 헌법 정신과 국정 운영, 그리고 정치 발전이라는 큰 판도 봐야 하고, 또 장기적 목표도 가지고 결정해야 한다. 민주당을 비롯한 모든 국회의원은 권력 구조와 국회의원 선거 제도의 밀접한 연관성을 알고 있다. 2018년 국회 개헌 및 정치개혁특위에서 안상수 위원은 "분산형 정부 형태가 되면 선거 비례성이나 중대선거구제 연계가 가능하나 대통령제를 주장하면서 소선거구제를 바꾸어 다당제 구조로 갈 수 있는 선거 제도 도입을 타협하기는 쉽지 않을 것임을 고려할 필요가 있다"고 말했다.

그러나 검찰 개혁 명분에 사로잡혀 고위공직자비리수사처(공수처) 설립을 필요로 하는 민주당과 기층 세력 지지가 상대적으로 약한 정의당은 연동형 비례대표제 도입에 사활을 걸었다. 선거 관련 학자는 침묵 혹은 무지했고, 전문성이 떨어지는 언론도 깊게 고민하지 않았다. 진보 언론조차 연동형 비례대표제가 최상의 제도로 생각했고, 심지어 이에 반대하면 반개혁 세력으로 지목될 분위기였다. 결국 제1야당의 반대에도 준연동형 비례대표제가 도입됐다. 지역구는 253석, 비례는 47석 가운데 30석만 연동률 50퍼센트를 적용해 배정했다.

이 준연동형 비례대표제는 처음부터 심각한 문제가 있었고, 또 졸속으로 통과됐다. 이 제도는 정당 득표율에서 지역구 당선자 수를 빼는, 지역구 당선자가 많으면 비례대표를 배정받지 못하는 이상한 구조로 설계됐다. 아예 지역구 당선자가 없는 편이 비례의원 배정에 유리하다는 모순을 안고 있는 것이다. 민주당이 자체적으로 여러 번 모의실험을 한 결과, 국민의힘이 위성정당을 만들어 비례 의석을 다수 가져가면 원내 과반 확보가 어려웠다. 결국 지역구 출마자 없이 위성정당을 만들어 비례를 배정받고 나중에 두 당이 합당하는 것이 훨씬 유리했다. 이 제도는 지역에서 열심히 터를 잡는 현장 정치가 아닌 명망가 몇몇이 있는 정당에 훨씬 유리했다. 지역에서 다양한 시민사회 활동을 통해 풀뿌리운동을 하기보다 중앙에서 선전을 더 중요하게 만들었다. 지방자치의 근간인 풀뿌리 민주주의의 토대를 와해시키는 정치 개악이었던 것이다.

게다가 이 준연동형 비례대표제는 지역 기반이 취약해도 10퍼센트 정도 비례 득표율만 얻으면 비례 의석 상당수를 가져갈 수 있다. 철저히 정의당에 유리하게 설계된 제도였다. 또 득표율 3퍼센트에 미달하는 군소 정당은 비례 의석 배정에서 제외해 원래 취지였던 다양한 정치 세력(민중당, 노동당, 녹색당, 기본소득당 등)의 원내 진출을 차단하게 만들었다. 실제 총선에서 정의당이 비례 득표율 9.67퍼센트를 얻었으니 여야가 위성정당을 만들지 않았다면 정의당은 준연동형 비례대표 30석 대부분을 싹쓸이했을 것이다.

준연동형 비례대표제의 가장 심각한 문제는 극우 혹은 종교 정당의 출현이다. 풀뿌리 민주주의보다 중앙당의 선전전이 중요하다 보니 재력이 많은 세력(자산가나 특정 종교인 등)이 정치 광고를 통해 국회에 진출하기가 매우 용이해졌다. 실제로 35개 정당이 난립한 21대 총선에서 상당수 정당은 비례 배정을 목표로 급조됐다. 정당별 비례 득표율을 보면 비례 의석 배정이 가능한 3퍼센트에 근접한 정당은 극우적이며 종교적 색채가 짙은 기독자유통일당으로 1.83퍼센트를 득표했다. 기행적 행보를 하는 허경영이 대표로 있는 국가혁명배당금당 역시 높은 득표율인 0.71퍼센트를 얻었다. 이는 과거에 국회의원과 지방의회에 진출한 적이 있는 민중당(현 진보당) 1.05퍼센트, 녹색당 0.21퍼센트, 노동당 0.12퍼센트보다 월등히 높다.

비례 배정을 노리고 정당을 창당하는 작업은 계속 늘고 있다. 2020년 총선 때 35개 정당이 난립한 이후 2년이 지난 2022년 정당 수는 45개로 늘어났다. 심지어 '거지당'까지 있다. 허경영의 국가혁명당은 2022년 대선에서 총선보다 더욱 약진해 0.83퍼센트를 득표했다. 이는 선거가 정치 아닌 특정 목적으로 악용되는 매우 심각한 문제를 안고 있다는 반증이다. 이는 정당 설립의 자유를 넘어 정당의 희화화이며, 선거 공영제를 선교 혹은 사업에 악용하는 행위다.

준연동형 비례대표제가 갖는 또 다른 문제는 정당 공천이 곧 국회의원 당선이라는 점이다. 상향식으로 공정한 공천이 이뤄지는 성숙한 민주 정당이라면 모르지만, 이합집산이 수시로 이뤄지는 우리나라 정당 문화에서 이것이 올바르냐는 문제가 제기될 수 있다. 특히 위성정당을 통한 비례의원 충원은 검증 절차가 거의 무방비하다. 비례로 당선된 일부 정당 의원의 철없는 의정 활동도 이 선거 제도가 낳은 폐해다.

준연동형 비례대표제를 졸속으로 도입한 민주당의 오류는 계속 이어지는 오류를 낳았다. 위성정당을 만들지 않겠다고 했지만 결국 위성정당인 더불어시민당을 만든 것이다. 민주당의 오만은 국민과 약속을 어긴 것도 있지만 더 큰 문제는 촛불의 마지막 요구를 스스로 외면해 버린 것이다. 촛불혁명을 주도했던 원로들은 '정치개혁연합'을 만들어 민주당에 개혁진보 세력과 연정을 요구했다. 정치개혁연합의 모태는 2015년 3월 촛불혁명 주도 세력이 만든 '민주주의국민행동(민주행동)'이다. 민주행동은 박근혜의 역사 왜곡에 항의하는 민주화운동 세력, 통합진보당 해산에 반대한 진보 정치 세력, 평화 통일 세력, 그리고 노동운동 세력을 결합한 것으로 이후 민중총궐기와 촛불혁명을 주도했다.

촛불혁명의 원로들은 정의당, 민중당(진보당), 녹색당, 민생당, 미래당 등 6개 정당과 연대를 요구했다. 그러나 민주당이 선택한 정당은 기본소득당, 가자평화당, 평화인권당, 시대전환 등이 참여한 '시민을위하여'다. 이들 정당은 역대 지방선거에서 단 한 명의 시의원조차 배출하지 못한 무명 정당이다. 정의당은 애당초 정치개혁연합에 가담하지 않았고, 녹색당과 민중당은 합당 후 정당을 해산하지 않기 때문이라는 이유로 거절했다. 하지만 기본소득당과 시대전환은 당초 약속과 달리 합당 후에도 해산하지 않고 계속 존속했다. 결국 기초의원 및 광역의원, 자치단체장, 지역구 의원 등을 배출해 나름대로 지역, 계층, 민족적 기반을 가진 진보 정당은 원내 진출이 좌절됐다. 대신 계급은 물론 민족적 기반도 없는 관념적 지식인 모임 수준이 원내에 진출하는 모순을 낳았다.

민주당은 연합 대상 선별에서 개혁진보 세력을 물리친 것은 물론이고 정치 발전에 대한 최소한의 고민도 원칙도 없이 오직 마음대로 요리할 대상만 선별하는 오만함을 보였다. 민주 정치에서 중요한 정당 질서를 순간의 이해타산과 원칙 없는 시장판으로 만들어 버린 것이다. 게다가 촛불 원로의 간곡한 호소도 외면하는 고집을 부렸다. 정치학자 찰스 메리엄은 권력의 이완과 종말의 특징으로 게으름, 자만, 그리고 고집이라고 정확히 경고했다. 필자는 2020년 3월 민주당의 이런 결정을 보고 촛불정부의 끝을 예언하고 촛불정부의 반면교사를 강조했다.

"가 보지 않은 길을 가려 했던 시민사회단체 원로들은 머쓱해졌고, 힘든 결정을 내린 민중당이나 녹색당은 심각한 내상을 치유해야 할 것입니다. …… 오류는 꼼수를 낳고, 다시 꼼수는 더 심각한 오류를 낳고 …… 이는 초심을, 정도를 잃고 눈앞의 허상만 좇은 탓입니다. 무엇보다 촛불혁명의 불꽃은 이렇게 꺼지는군요. 저는 왜 이런 참담한 결과가 나왔는지, 촛불혁명 이후 전개 과정을 복기하고 반성해 후대에 반면교사로 삼아야 할 것이라 믿습니다."

불행히도 이 예언은 적중했고 결국 이 책을 쓰고 있다.

4

180석의 무기력

 2020년 4월 15일 치러진 21대 국회의원 선거는 준연동형 비례대표제 도입으로 위성정당을 비롯해 무려 35개 정당이 난립하는 최악의 선거였다. 그러나 선거 연령이 18세 이상으로 확대되는 등 제도적 개선도 이뤄졌다. 또 코로나19라는 세계적 상황에도 66.2퍼센트라는 매우 높은 투표율을 보였다. 선거 결과는 집권 민주당이 180석에 이르는 대승을 거두었다. 여기에 정의당 등 우호 정당까지 합하면 거의 190석, 원내 3분의 2에 가까운 의석을 확보했다. 선거 결과는 압도적 표 쏠림으로 나타났고 흔히 주장하는 중도 세력은 없었다. 여당의 총선 승리 이유로는 코로나19에 따른 경제 위기에 대한 불안감, 선진 방역에 대한 호감, 남북화해와 한반도 평화에 따른 기대감, 투표 연령 인하에 따른 젊은 표의 가세 등을 꼽을 수 있다.

그러나 보다 본질적 요인은 촛불 과제 수행에 머뭇거리는 정부와 민주당을 화끈하게 밀어줘 보자는 개혁 심리가 작용했다. 촛불의 힘을 청와대에 이은 여의도까지 확실하게 밀어준 것이다. 총선 이전 민주당은 152석이라는 원내 과반에도 불구하고 국가보안법, 언론관계법, 노동관계법, 차별금지법 등 이른바 촛불혁명이 부여한 개혁 입법에 미온적이었다. 촛불혁명에 무임승차한 시민 세력과 중산층이 된 민주당 내부 세력의 집요한 우향우 주장으로 인해 촛불 명령은 이행되지 못하고 있었다.

이에 국민은 21대 총선에서 표를 몰아주면서 더욱 강력한 적폐 청산이라는 촛불 명령을 재차 요구했다. 이로써 문재인 정부는 현직 대통령은 물론이고 국회에서도 압도적 의석을 가지게 됐다. 이는 1987년 대통령 직선제 이후, 1988년 국회의원 소선거구제 도입 이후 가장 완벽하게 행정 권력과 국회 권력을 장악한 것이다. 이는 유정회라는 관제 국회의원을 통해 국회를 장악한 박정희의 유신 체제보다 훨씬 합법적이며 막강한 정치권력을 쥔 것이다.

촛불 주역의 평가는 낙제점

이렇게 막강한 힘을 얻었음에도 문재인 정부는 촛불 명령을 이행하지 않았다. 촛불의 요구는 공안 탄압 중지, 국가보안법과 테러방지법 폐지, 역사 왜곡 중단, 언론의 공정성 실현, 노동 개악 폐지, 성과퇴출제 폐기, 최저임금 1만 원 실현, 위험의 외주화 중단, 쌀 수입 중단과 대북 쌀 지원, 농산물값 보장, 노점 단속과 강제퇴거 중단, 장애등급제와 의무부양제 폐지, 청년·인권차별법 제정, 한·미·일 삼각 군사동맹 중단, 세월호 책임자 처벌, 안전사회 건설, 노후 핵발전소 폐기, 재벌 책임 강화 등등이다. 현직 대통령과 그 정도 국회 권력이면 모두 할 수 있는 일이다.

그러나 이런 약속은 대부분 지켜지지 않았다. 문재인 정부 임기가 불과 60일 남은 시점에서 촛불혁명 주도 세력인 전국민중행동의 다음과 같은 평가에는 촛불정부의 참담한 성적표가 그대로 나타나 있다.

"2016년 겨울 촛불광장에서 부패한 분단 수구 세력과 재벌 공범을 권좌에서 끌어내린 지 5년이 흘렀다. 문재인 정부는 촛불정부임을 자임했다. 기회는 균등하고, 과정은 공정하며, 결과는 정의로울 것이라 약속했다. 그러나 약속은 물거품이 되었다. 우리는 다시금 묻지 않을 수 없다. 대한민국은 민주

공화국인가?

문재인 정부가 약속했던 최저임금 인상은 휴지 조각이 되었다. 5인 미만 사업장은 근로기준법도, 주 52시간 노동도 적용되지 않는 노예 노동 지대로 남아 있다. 코로나 감염이라는 대유행 속에서 '일시적 해고 금지' 조치를 외면해 수많은 특수 고용자와 비정규직 노동자 들을 대량 해고로 몰아넣었다. 코로나19 감염병 여파와 4차 산업의 전환 등으로 2020년에만 263만 개의 일자리가 사라졌고 수많은 노동자가 불안전 노동자, 플랫폼 노동자로 전락했다. 2021년에는 비정규직 노동자가 64만 명 증가하여 역대 최고치를 찍었고, 이제 공식적으로 848만여 명, 비공식 1,100만 명에 이른다. 이들은 평균 171만 원의 월급을 받으며 고용 불안과 장시간 노동에 시달리고 있다. 또한 살기 위해 일하러 나갔다가 일터에서 죽는 노동자들의 상황은 전혀 개선되지 않고 있다. 청년층은 더욱 심각해서 4명 중 1명의 청년이 실업자가 되어 부유하고 있다. 위기에 빠진 농민은 안중에도 없는 2등 국민 취급을 받고 있으며, 노점상들은 불법으로 낙인찍혀 거리로 쫓겨나고 있다. 소상공인들은 집합 금지와 영업 제한 속에서도 버젓이 이어지는 임대료와 이자 부담으로 사지에 내몰리고 있다.

그러나 힘 있고 돈 가진 자들의 삶은 다르다. 그들은 땀 한 방울 흘리지 않고 부동산 투기로 1,000배의 수익을 올렸다.

평균 6억 원이었던 서울의 아파트 가격은 12억으로 폭등했으며, 임대업자들이 소유한 주택은 160만 채로 급증했다. 주택 소유 규모 1위를 기록한 자는 혼자서 1,670가구를 가지고 있다 한다. 재벌 그룹 총수 53명이 2020년 한 해 동안 챙긴 배당금만 1조 7,800억 원을 기록했다. 우리나라 상장 기업의 배당금 중 40퍼센트에 해당하는 14조는 고스란히 외국인 주주에게 흘러간다. 이렇게 만들어진 자산과 소득의 불평등은 기회의 불평등으로 이어지며 대물림되고 있다.

불평등을 바로잡고 정의를 세워야 할 정부는 무엇을 하고 있는가? 방역을 무시하며 '노 마스크' 파티를 일삼던 주한 미군에는 14퍼센트나 증액한 주둔 비용을 바쳤으며, 민생에 쓰여야 할 예산을 미국 무기 구매에 탕진했다. 하라는 재벌 개혁을 외면한 채 국정 농단의 공범 이재용은 국민 경제를 위한다며 구속 207일 만에 풀어줬다. 급기야 문재인 정부는 박근혜 사면을 발표했다. 박근혜는 국정 농단으로 헌정 질서를 짓밟고, 수많은 국민을 고통스럽게 한 죄로 징역 22년을 선고받은 중대 범죄자이다. 심지어 그는 '믿었던 이들의 일탈로, 혼신의 노력을 다한 일이 적폐로 낙인찍혔다'라고 주장하며, 어떤 반성도 하고 있지 않다. 문재인 대통령 본인이 부정부패와 관련한 5대 사범은 사면 대상에서 제외한다던 약속은 까마득하게 잊었는가?

또한, 문재인 정부 5년 동안 대통령이 약속했던 성역 없는 진상 규명이 이뤄지기를 간절히 기다려왔으나 정부는 대통령의 권한과 의지를 충분히 사용하지 않았으며, 지금까지 세월호 참사의 책임에 대해 국가수반인 대통령으로서 국가의 진정성 있는 사과는 없었다."

촛불정부 5년 동안 뭘 했기에 촛불 주도 세력으로부터 이런 참담한 평가를 받아야 했을까. 2022년 11월 14일 천주교 정의구현전국사제단은 이태원 참사에 대한 추모 미사 성명서에서 "건너야 할 강을 건너지 못하고 머뭇거리고 주저하다 결국 천금 같은 기회를 탕진하고 역사적 숙원을 저버린 우유부단이었기 때문"이라고 문재인 정부를 질타했다. 이들은 왜 우유부단하고 무기력했을까. 분단 문제, 언론, 부동산, 세월호 등 핵심 문제를 통해 그 무기력의 실태를 살펴보자.

종북몰이가 두려운 586세력의 이중성

촛불정권은 야당 시절 사상 최대로 무제한 토론을 시행하며 최악의 악법이라고 저지했던 것이 테러방지법이다. 심각하게 기본권을 제한하는 최악의 악법이라면 당연히 폐지하는 것이 옳다. 보수 정권에서 악법이 개혁 정권에서 선한 법일 수는 없다. 촛불 명령으로 이 법의 폐지를 요구했지만 촛불정부는 내내 이 테러방지법에 대해 일언반구 언급조차 하지 않았다. 그나마 언급했던 국가보안법 폐지를 보자. 총선 직후인 4월 16일 민주당의 비례정당인 더불어시민당 우희종 대표는 "(국민의 지지는) 현 정권 초기의 개헌 논의도 상기시킨다"며 "보안법 철폐도 가능하지 않을까? 허나 이럴 때일수록 천천히 조심스레 가야 하겠지"라고 조심스러운 국보법 폐지 운을 띄웠다. 이에 민주당 이인영 원내대표는 즉각 "개인적으로 그런 희망을 저도 가질 수 있고 누구나 가질 수 있다고 생각한다"면서 "그 문제는 나중 일이지, 지금 일은 아니다"라고 일축했다.

사실 국가보안법 폐지는 노무현이 시도하다 실패했던 것이고, 문 대통령에게도 숙원 사업이었다. 그가 2012년 대선을 앞두고 한 고백에서 "(참여정부 당시) 민정수석 두 번 하면서 끝내 못한 일, 그래서 아쉬움으로 남는 게 몇 가지 있다. 공수처 설치 불발과 국가보안법을 폐지하지 못한 일도 그렇다"고 말했다. 문 대통령은 또 "나도 김대중 정부 때 국보법을 폐지하지 않는다고 강하게 비판했다. 그런 비판이 그야말로 무색해졌다"고 고백했다. 그는 또 "국보법 폐지를 못 한 것이 그 시기에 진보, 개혁 진영의 전체적인 역량 부족을 보여주는 상징처럼 여겨진다"고 강조했다.

그런데 국민이 촛불을 들어 대통령으로 뽑아 주고, 마음만 먹으면 개헌을 제외하고 무엇이든 할 수 있는 국회 권력까지 줬다. 개혁진보 진영의 정치적 역량은 차고 넘쳤다. 그런데 국보법 폐지는커녕 7조 개정 작업조차 시도하지 않았다. 왜일까? 정치권의 이유는 이미 사문화된 법인데, 혹은 할 일이 많은데 국보법 폐지에 정력을 낭비할 수 없다는 것이다. 이는 참여정부 시절 국보법 개정 논란 악몽이 떠올랐기 때문일 수도, 당내 기류를 감안해 현실적으로 국회 통과가 어렵기 때문일 수도 있다.

하지만 이는 핑계일 뿐이다. 문재인 정부도 촛불혁명의 불을 댕긴 민중 세력은 부담스러운 존재였다. 표의 확장성 운운 이면에는 개혁진보 세력 내에도 여전히 편견과 혐오, 심지어 종북몰이가 엄존한다는 말이다. 이는 선거법 협상과 21대 총선 연정 논의에서 그대로 재연됐다. 개혁적인 민주당은 좌파 세력이 요구하는 국보법 폐지에 동조해선 안 된다, 진보와 연대를 끊어야 한다는 보수화된 권력 핵심부의 주장이 먹히고 있었는데, 이들은 끊임없이 중도 확장론을 통해 우향우를 강조하는 민주당 내 보수 세력이다.

여기에는 촛불정부 실세들의 이중성도 작용했다. 임종석, 조국, 백원우, 한병도, 신동호 등 청와대에 잔뜩 포진한 전대협 세대는 괜히 자신의 과거 문제가 재연되길 원치 않았을 것이다. 30대 80학번, 60년대 이후 출생자인 386세대는 50대가 되어 586

세대가 됐다. 이들은 국보법의 최대 희생자이자 한편으로는 최대 수혜자이다. 소위 운동권 경력으로 한자리하는 사람은 수혜자이고, 아직 음지에서 통일운동, 노동운동을 하는 사람은 희생자(본인은 절대 그렇게 생각하지 않을 것)일 것이다. 따라서 국보법 폐지에는 누구보다 586세대 정치인이 적극적으로 나서야 했다. 이는 책임 있는 자리에 있는 586세대의 시대적 의무이자 지금도 고생하는 동지에 대한 최소한의 도리다. 그러나 586세대는 그러지 않았다. 7대 종교 단체 지도자의 간곡한 호소에도 불구하고 이석기 사면을 외면하고, 총선 직전 원로들이 개혁진보 세력과 연대를 호소해도 차갑게 외면했다.

일본에서 통일운동을 하던 정경모 선생이 2021년 2월 97세로 숨졌다. 정경모는 숨지기 전 간절히 고국행을 원했다. 문 대통령에게 간곡하게 요청했고, 함세웅, 백낙청, 이부영 등의 원로는 탄원서를 보냈다. 그러나 청와대는 이를 차갑게 외면했다. 결국 정경모는 한 줌의 재가 돼서야 고국에 돌아와 묻혔다. 이에 비해 2003년 노무현 대통령은 독일에서 비슷한 활동을 했던 송두율의 귀국을 허용했다. 공안 당국의 반대를 설득해 귀국을 성사시켰고 법적 문제도 말끔히 해결해 송두율은 지금 아무런 문제없이 해외에서 활동하고 있다. 그러나 문 대통령은 늙은 통일운동가의 마지막 소망인 귀향조차 들어주지 못했다. 그 이유는 앞서 송두율의 경우처럼 공안 당국의 반대와 법대로 때문일 것이다. 그러나 과거 노무현은 이를 돌파했다. 그때보다 훨씬 많은 전대협 출신이 청와대에 있음에도 정경모의 마지막 귀향을 결정하지 못한 이유는 명확하다. 앞에 말한 것처럼 괜히 오해받을 일은 하지 않겠다는 소심함과 자기 보신 때문이다. 자신은 수혜를 다 받으면서도 희생하는 옛 동지를 방기한다면 그것은 비겁함이다. 바로 이것이 진정한 진보 분열 혹은 진보 이반의 중요 요소가 아닐까. 공약했던 국보법 폐지를 시도조차 하지 않았다는 것은 조국 사태에서 보여준 진보의 이중성 이상으로 개혁진보의 이반을 가져왔다.

촛불정부의 무기력과 이중성은 가장 큰 성과로 꼽는 남북문제에도 여실히 드러났다. 2018년 평창동계올림픽 북한 참가를 계기로 이어진 남북 사회단체 만남과 정상회담 등은 국민적 감동은 물론이고 전 세계적으로 관심을 끌어서 대단한 성과를 가져온 사건이다. 그러나 세차게 흐르던 남북 및 북미 대화는 딱 중단되고 말았다. 북한과 미국의 하노이 협상 불발이 그 이유라고 하지만 솔직히 미국의 압박을 극복하지 못한 것이다. 미국은 한국에 북한과 관계를 과속하지 말 것을 계속 경고했다. 특히 스티븐 비건 미국 국무부 대북특별대표는 노골적으로 "오케이하기 전까지 올 스톱하라"고 압박을 가했다. 이에 청와대 비서실장을 지낸 임종석은 뒤에 "(비건이) 볼턴에 비해서는 상대적으로 대북 온건주의자로 알려져 있지만 꽤 압박을 가했다"면서 "우리로선 받아들이기 힘든 일이었다"고 말했다. 문제는 그다음이다. 임종석은 "외교부 스톱, 통일부도 얼음 땡 …… 청와대에서도 일부는 부담스러워했다"고 밝혔다. 그는 특히 "미국에서 국장급, 실장급이 안 된다고 하면 우리는 부서 전체가 아무런 결정도 못 한다"면서 "그때 우리 관계 부처들의 모습을 보고는 남북 간에 뭔가를 밀고 가려면 우리가 반드시 극복해야 할 태도라고 느꼈다"고 말했다.

그는 남북 대화 단절의 책임을 외교부와 통일부 관료들에게 미루고 있는데 그보다 대통령을 비롯해 청와대 핵심 세력의 의지 부족이 더 큰 문제다. 의지만 있으면 장관을 교체해서라도 공무원을 동원할 수 있는 것이 권력이고 대통령의 정치력이다. 그것을 이끌어 내는 것이 비서실장이다. 남북 대화와 교류에서 미국이 제동을 걸지 않은 적이 언제 있었는가. 김대중도 그것을 설득해서 6·15남북공동선언을 이뤄냈고, 노무현도 유엔사 반대를 뚫고 육로로 길을 열었다. 문재인 정부 핵심으로 군림한 586세대는 자신이 다시 종북몰이 대상이 되는 것이 두려웠을 것이다. 그래서 치열함은 물론 적극적이지 않았다. 그 소심한 이중성이 정책의 무기력으로 드러난 것이다.

인사 실패가 야기한 부동산 문제

2019년 11월 문재인 대통령은 국민과 대화를 가졌다. 그때 한 여성이 자신은 1953년생으로 문 대통령과 동시대를 살아왔다고 밝히더니 "엄청나게 불평하러 나왔다"면서 폭등하는 부동산값 문제로 인한 서민의 고통을 호소했다. 이에 문 대통령은 "자신 있게 장담하고 싶다. 역대 정부가 늘 부동산을 경제 부양책으로 삼아 왔다. 그러나 설령 성장률에 어려움을 겪더라도 부동산을 경기 부양책으로 삼지 않겠다는 굳은 결의를 가지고 있다. 그래서 대부분 기간 동안 부동산 가격을 잡아 왔고, 궁극적으로 부동산 가격이 하락했을 정도로 안정화되고 있다. 특히 서민들 전월세는 정말……"이라고 말했다.

대통령의 이 발언을 듣는 순간 많은 사람이 충격을 받았다. 당시 김현미 국토부 장관은 무려 열여덟 차례나 땜질식 부동산 대책을 내놓았지만 부동산 가격은 계속 오르는 상태였기 때문이다. 야당은 물론 많은 언론이 정부의 찔끔찔끔 부동산 대책을 비판했지만 달라지지 않았다. 많은 사람은 문 대통령이 보고를 제대로 받고 있는가를 의심했다. 아니 최소한 신문은 보고 있나 하는 의문이 들었다. 당시 김헌동 경실련 부동산건설개혁본부장은 "대통령이 그 말을 하는 순간 숨이 탁 막히더라. 그 순간 나는 '찬스다'라고 생각했다"면서 "대통령의 눈과 귀를 가리는 참모의 실체를 확실히 드러낼 수 있다고 생각했다"고 말할 정도였다.

그리고 경실련은 2019년 11월 28일 '누가 대통령과 국민에게 거짓 보고하나?'라는 제목의 보도 자료를 냈다. 이 자료는 문재인 정부 출범 이후 서울 아파트값 변화를 분석했다. 이 자료에 따르면 서울 34개 주요 단지 아파트 가격은 문재인 정부 30개월 중 26개월간 상승했고, 전월 대비 가격 하락 기간은 단 4개월에 그친 것으로 나타났다. 서울 아파트값은 2017년 5월 평당 3,415만 원(25평 기준 8.5억)에서 2019년 11월 5,051만 원(25평 기준 12.6억)으로 평당 1,637만 원이 상승했다. 2년 반 동안 아파트 기준으로 4억 원이 뛰었다. 2019년 소비자 물가 상승률은 채 1퍼센트, 문재인 정부 연평균은 1.3퍼센트 정도이니 집값이 물가 상승률보다 12배나 폭등한 것이다.

부동산 시장도, 국민도 아우성이었지만 국토교통부는 정확한 실태를 파악조차 못 하고 있었다. 심지어 경실련과 부동산값이 폭등하느냐 마느냐를 놓고 감정싸움까지 했다. 경실련이 부동산 가격에 대해 공개 토론을 제의했지만 국토교통부는 비공개 토론을 하자고 했다. 나중에 드러났지만 국토교통부는 부실한 자료만 믿은 채 부동산 가격에 대한 정확한 실태조차 파악하지 못한 한심한 행정을 했던 것이다. 경실련에 의하면 국토교통부가 의지한 자료는 한국감정원의 〈전국주택가격 동향조사〉다. 실제로 이 통계를 보면 2018년 9·13대책 이후 2019년 1월부터 6월까지 서울 집값은 전월 대비 상승률이 빠졌다. 정부는 이를 인용하며 "2013년 이후 최장기간인 32주 연속 집값 하락"이라고 진단했다. 그러나 경실련은 이 자료 자체가 부실한 조사라고 주장했다. 경실련은 전체 중 30퍼센트에서만 거래가 있었고 나머지 70퍼센트는 거래 자체가 없는, 표본 자체가 부족한 자료로 마치 주식 시장 상황을 중계하듯 매주 단위로 아파트 가격 변화를 발표했다고 주장했다. 경실련은 또 "정부는 집값 안정세를 주장하기 위해 시장 상황에 맞지 않는 주택 가격의 동향 조사만 인용하며 여론을 호도하고 있다"고 주장했다. 결론은 경실련의 지적이 맞았다. 경제 현실을 정확히 파악하지 못하니 제대로 된 정책이 나올 리 만무했다.

결국 이 부동산값 폭등 문제는 촛불정부를 망친 가장 큰 요소 중 하나가 됐다. 2022년 7월 26일 국회에서 열린 '민주당 반성과 혁신: 민주당 집권 5년 반성과 교훈' 토론회에서 발제자 대부분은 "문재인 정부는 부동산 관련 땜질식 정책으로 국민의 신뢰를 상실했다"며 "임대차 3법은 부동산 가격 상승기에 도입하면 심각한 부작용이 초래될 수 있다는 전문가 지적을 무시하고 전격 처리했다"고 주장했다. 토론자들은 "부동산 투기 억제 정책은 있었지만 주거권 확보 정책은 없었다"면서 "부동산 정책은 잦은 정책 발표보다 더 큰 문제는 내로남불 정책으로 인식됐다는 점"이라고 지적했다. 민주당은 10년 사이 부동산 정책 실패로 두 번이나 정권을 내준 정부가 된 것이다. 노무현 정부도 2006년 부동산값 폭등으로 집 없는 서민에게 고통을 준 적이 있다. 결국 추경직 건교부 장관을 경질하고 대대적인 투기 억제책을 도입하는 등 수습에 나섰지만 민심을 돌리는 데 실패했고, 대선에서 패배했다.

문재인 정부도 바보같이 그 전철을 그대로 밟았다. 왜 이런 실수를 반복했을까. 당시 경제 정책을 책임진 청와대 정책실장은 김수현이다. 그는 서울대 도시공학과 석사와 박사로 《주택 정책의 원칙과 쟁점》, 《부동산은 끝났다》, 《꿈의 주택 정책을 찾아서》 등을 저술한 자타가 공인하는 도시·주택 정책 전문가로 통했다. 참여연대 활동을 하던 그는 노무현 정부 청와대 국민경제비서관으로 기용됐다. 그러나 노무현 정부 내내 자신의 이론과 정반대인 부동산값 폭등을 일으켰다.

이렇게 정책 실패가 검증된 인물을 문재인 정부가 다시 기용한 것부터 문제였다. 그는 문재인 정부에서 책임이 더 막중한 정책실장에 기용돼 아예 부동산 정책을 망쳐 버렸다. 2017년 8·2부동산 대책 때 특혜를 늘린 주택임대사업자 제도는 망친 정책의 대표적 사례다. 이는 주택임대사업자로 등록해 표준임대 계약서를 쓰고 소득세를 신고하면 세제 혜택을 주는 제도다. 집 한 채를 사는 사람은 집값의 40퍼센트, 두 채 사면 80퍼센트를 대출해 주는 모순 덩어리에다 임대사업자로 등록만 하면 세금을 한 푼도 내지 않고 대출도 더 해주는 제도를 만든 것이다.

이 제도는 전월세 폭등으로 인한 세입자를 보호하기 위해 도입했다지만 임대사업자들이 상점에서 물건을 사듯이 전국 아파트를 사재기하게 만들었다. 제도 도입 당시 부동산 중계업자조차 가격 폭등을 우려했지만 이 어설픈 탁상 이론가는 정책을 강행했다. 그에 대한 더 이상의 혹평도 있다. 경실련 김헌동 본부장은 "김수현은 노무현 정부 4년간 부동산값 폭등으로 노 정부를 망가뜨린 사람이고, 박원순 서울시장과 3년을 같이하며 서울시 부동산을 망치고, 문재인 정부 2년 부동산 정책을 망친 주범"이라고 신랄하게 비판했다. 솔직히 유명 대학의 부동산 정책 박사면 뭐 하겠는가. 부동산값 폭등을 야기한 정책을 편 것을 보면 부동산 중개사 수준만도 못한 것이다.

문재인 정부 경제 참모가 입과 책으로만 개혁과 진보를 따지고 실제 정책은 정반대로 갔던 이유는 무엇일까. 당시 경실련이 청와대 참모들의 부동산을 조사했더니 청와대 참모 37퍼센트가 다주택자였고, 이들이 소유한 부동산 가격은 3억~12억 원씩 올랐다. 특히 경제 정책을 책임졌던 김수현은 12억 원, 전 정책실장 장하성 역시 10억 원, 현 정책실장 김상조는 5억 원이 오른 것으로 나타났다. 이런 부동산 자산가를 기용함으로써 문재인 정부의 경제, 노동, 부동산 정책은 촛불 초심에서 어긋나고 말았다. 문재인은 부동산 정책에 실패한 김수현을 왜 또 기용했을까. 노무현 청와대에서 같이 근무했다면 그 사람의 정책 능력은 물론이고 자산가임도 알았을 것이다. 그런데 다시 기용한 것은 명백한 인사 실패다. 공교롭게도 김수현, 장하성, 김상조는 모두 참여연대 출신이다. 경제와 부동산 정책을 이렇게 하나의 시민단체 출신에게 맡긴 것도 문제다. 정책 결정에서 균형과 견제가 이뤄지지 않기 때문이다. 여기에 부동산 주무 부서인 국토교통부 장관 김현미는 무능 그 자체 인물로 이 역시 인사 실패다.

문재인 정부는 뒤늦게 공시지가를 현실화하고, 보유세를 높이고, 다주택자에 대한 양도세를 올리는 등 강도 높은 투기 방지 대책을 쏟아냈다. 이에 집 있는 중산층의 불안감이 가중되면서 서울과 수도권 민심은 돌아섰다. 문 정부 지지율이 37퍼센트로 취임 이후 가장 낮았고, 부정 평가가 55퍼센트로 가장 높았던 2021년 2월 한국갤럽 여론조사에서 부정 평가 이유로는 부동산 정책이라는 응답이 37퍼센트로 가장 많았다. 이에 당황한 민주당은 다시 보유세를 축소하려 하자 '더불어부동산'이라는 비아냥을 들었다. 시장 상황에 예민하고 복잡한 부동산 문제를 잡기 위해선 시장 원리를 정확히 파악해 정교한 정책을 펴야 하지만, 사태 파악도 못 한 책상머리 전문가들이 좌우 가리지 않고 마구잡이 대책을 쏟아낸 것이다. 문재인 정부의 부동산 정책은 원칙도 정교함도 신뢰도 주지 못한 우왕좌왕의 연속이었다. 집이 있는 사람도 집이 없는 사람도 분노하게 만든 것이다. 결국 민주당은 대선에서 서울과 수도권에서 완패했다. 개혁진보 세력이 서울과 수도권에서 패배한 것은 드문 일이다. 이는 지방선거 완패로도 이어졌다.

방치한 언론 개혁은 칼이 되어 돌아와

2022년 12월 2일 야당으로 전락한 민주당은 국회 과학기술방송통신위원회에서 방송관련법 개정안 4건을 단독 처리했다. 개정 핵심은 한국방송공사KBS, 문화방송MBC, 한국교육방송공사EBS 등 공영방송 이사를 9~11명에서 21명으로 늘리는 것이다. 이사는 국회 5명, 시청자위원회 4명, 방송·미디어 관련 학회 6명, 방송 기자, 피디, 방송기술인연합회 같은 직능 단체가 각 2명씩 6명을 추천하도록 했다. 민주당은 이 개정안이 이사 선출에서 정치적 입김을 줄이고 독자와 학회, 그리고 방송 직능 단체의 영향력을 키우는 법안이라고 설명했다. 원내 열세인 여당 국민의힘은 퇴장하는 것으로 반대했다. 이 법안은 2023년 4월 27일 야당 단독으로 국회 본회의에 부의했다. 그러나 이 법안은 대통령이 거부권을 행사할 것이 확실시돼 실효성은 없다. 이 법안이 상임위를 통과한 후 기자와 안호영 민주당 대변인 사이에 가벼운 설전이 오갔다. 기자들은 "민주당이 야당 때 강하게 추진하다 민주당 집권 5년 동안 추진하지 않은 데 대한 반성을 민주당이 먼저 해야 하는 것 아니냐"고 물었다. 이에 안 대변인은 원론적인 대답만 했다.

문재인 정부와 민주당은 집권 5년 동안 언론 개혁에 대해 손을 놓고 있었다. 촛불정부는 공영방송의 지배 구조 개선, 노사 동수 편성위원회 구성, 종합편성채널과 지상파 방송을 동일 규제로 체제 전환 등을 공약했다. 그러나 집권 5년간 아무것도 하지 않았다. 언론의 자율성을 존중한다고 하지만 이는 사실 방임이다. 자신의 정치적 이해가 더 중요했고, 이는 내로남불이라는 비판을 받을 만한 대목이다.

김대중 정부는 언론사 세무 조사를 통해 밤의 대통령이라는 〈조선일보〉와 〈동아일보〉 사주를 구속했고, 노무현 정부는 신문 가판을 없애고 기자실에 대못질이라도 했지만, 문재인 정부는 정말 아무것도 하지 않았다. 노무현의 청와대는 보수 언론 보도에 묻지도 따지지도 문책하지도 않았다. 단지 언론중재위나 소송을 통해 분명히 대응하라는 방침만 줬다. 그러나 문재인 정부는 권력 기반을 흔들고 민심을 이반시키는 가짜 뉴스가 창궐해도 속수무책, 손을 놓고 있었다. 거꾸로 민주당은 보수 언론의 보도 하나하나에 과도할 정도로 예민하게 반응했다.

문재인 정부는 종합편성채널 심사를 통해 단호한 언론 정책을 펴지 않았다. 불법으로 설립한 종합편성채널 엠비엔MBN은 방송법에 따라 승인을 취소하거나 최소한 6개월 이내 업무 정지 또는 광고 중단 등의 행정 처분을 할 수 있었다. 그러나 결정을 미적거렸다. 티브이조선은 2020년 심사에서 '방송의 공적 책임, 공정성의 실현 가능성과 지역·사회·문화적 필요성' 항목에서 210점 만점에 104.15점을 받아 50퍼센트에 미달했지만 과단성 있게 책임을 묻지 않았다. 아예 종편을 봐주기로 했다면 종편 설립에 대한 금전적 장벽, 즉 자본금 기준을 대폭 낮춰 이른바 진보 언론도 종편에 진출할 수 있도록 해야 했다. 그것이 자본에 의해 기울어진 언론 운동장을 최소한 평형으로 맞추는 조치였다. 그러나 문재인 정부는 이마저도 하지 않았다. 오히려 〈서울신문〉을 건설회사에 불하하는 우를 범했다. 이로 인해 윤석열 정부의 와이티엔YTN 민영화에 반대할 명분을 잃게 했다.

언론 분야 인사도 문제였다. 노무현은 철저하게 언론 개혁 의지를 실행할 참모를 구해 옆에 뒀다. 민주언론 단체나 언론노조, 기자협회 등 언론 개혁 활동을 하던 인물이 청와대에 합류했다. 그래서 각을 지더라도 제도권 언론에 맞서 언론 개혁을 추진했다. 그러나 문재인 정부 청와대는 대부분 기성 언론사 출신으로 채워졌다. 언론과 괜히 척지지 말아야 한다는 소심한 생각에서였을 것이다. 심지어 보수 언론 출신은 물론이고 과거 노무현 대통령 탄핵 사유를 폭로한 보수 언론 출신을 청와대 요직인 대변인에 기용하기도 했다. 언론 개혁에 적극적인 사람도 기성 언론의 높은 벽에 막히는 경우가 많은데 보수 언론 출신이 언론 개혁을 과감하게 추진할 리 만무했다.

방치한 언론 개혁은 결국 자신을 향한 칼이 되어 돌아왔다. 이른바 조국 사태로 이름 지어진 검찰의 먼지떨이 방식 수사는 언론의 도움 없이는 성공할 수 없었다. 검찰 개혁이라는 칼날 위에 서 있던 검찰이 조국 법무부 장관을 제압할 수 있던 것은 특수부 검찰과 언론의 오랜 공생 관계 때문에 가능했다. 여기에는 진보 언론도 마찬가지로 가세했다. 결국 촛불정부는 모든 것을 잃고 나서야 허겁지겁 방송관련법 개정에 나섰다. 내로남불이란 비판을 받은 것은 당연했다. 오히려 정권을 잃고 나서 티브이조선의 심사 조작 논란이 일면서 심사위원을 비롯해 한상혁 방송통신위원장과 방통위 간부들이 대거 사법 처리될 운명에 처했다.

이봉수 전 세명대 교수는 "민주당 대선 패배는 언론 개혁의 포기 때문"이라고 단정했다. 이 교수는 "엠비엔MBN은 자본 조달 방식부터 실정법을 위반했고, 티브이조선은 법정 제재가 그렇게 많은데도 솜방망이 처벌에 그쳤다. 언론중재법도 8인 협의체에 이어 특위를 만들어 민의를 왜곡하더니 결국 지지부진한 상황에 빠졌다"면서 "문재인 정부와 민주당은 언론 개혁 입법은 물론이고 주어진 권한조차 행사하지 못했다. 문재인 대통령은 자유주의 언론관에 경도된 탓인지 최소한의 시장 질서조차 바로 잡지 못했다"고 비판했다.

세월호 진상 규명조차 미완

촛불정부는 세월호의 슬픔을 바탕으로 들어선 정부라 해도 과언이 아니다. 2014년 4월 16일 304명의 어린 생명을 앗아 가는 세월호 참사가 일어나도 멀뚱멀뚱 살피기만 하는 박근혜 정부를 보고는 국민들이 들고 일어섰다. 세월호가 침몰할 때 '가만히 있으라'는 방송만 믿고 죽어간 어린 학생에 대한 죄책감을 가진 유족과 선생님, 그리고 항의 시민이 모인 4·16연대는 결국 박근혜를 대통령직에서 끌어내리는 데 큰 역할을 했다. 무엇보다 세월호 특별법 제정을 요구하며 광화문에서 생애 첫 단식투쟁을 감행했던 사람이 바로 문재인 대통령 자신이다.

따라서 문 대통령은 세월호 참사로 인한 사회적 명령을 모를 리 없었다. 세월호의 진실을 규명하는 일은 촛불정부에 주어진 태생적 사명과도 같았다. 문재인 대통령도 2018년 세월호 참사 4주기 합동 영결식에서 "촛불도, 새로운 대한민국의 다짐도 세월호로부터 시작됐다"고 말했다. 이 대국민 성명은 세월호 참사에 대한 촛불정부의 사명을 함축하고 있다. 문 대통령은 취임 5일 만인 2017년 5월 15일, 세월호 참사로 희생된 두 기간제 교사의 순직을 지시하는 등 세월호 진상 규명과 유족 지원을 아끼지 않았다.

그러나 야심찬 시작에 비추어 마지막은 초라했다. 문 대통령은 임기가 거의 끝날 무렵인 2022년 4월 16일 세월호 참사 8주기를 맞아 사회관계망서비스에 "아직도 이유를 밝혀내지 못한 일들이 남아 있다"면서 "세월호의 진실을 성역 없이 밝히는 일은 아이들을 온전히 떠나보내는 일이고 나라의 안전을 확고히 다지는 일"이라고 말했다. 그는 또 "진상 규명과 피해 지원, 제도 개선을 위해 출범한 사회적참사특별조사위원회가 마지막까지 최선을 다해 달라"고 말했다.

그러나 정권 재창출에 실패했고, 임기도 보름이 남지 않은 상태에서, 그것도 개인의 사회관계망서비스에 올린 이 글에 국민이 얼마나 공감했을지는 의문이다. 그가 최선을 다해 달라는 사회적참사특별조사위원회(사참위)도 조용히 사라졌다. 촛불정부의 대통령마저 세월호 진실을 밝혀내지 못했다면 도대체 대한민국에서 누가 세월호의 진실을 밝힐 수 있다는 말인가. 유족을 비롯한 일반 국민은 어디 가서 진실을 확인하라는 말인가. 먼발치에서 조언 하나 던지듯 하는 이 말은 촛불정부 대통령의 자세가 아니다.

세월호 참사는 2014년 경찰 및 검찰 수사, 감사원 감사, 국회 국정조사, 2015년 세월호 참사 특별조사위원회(특조위) 조사, 2017년 세월호 선체조사위 조사, 2019년 대검찰청 특별수사단 수사, 2018년에서 2022년까지 가습기 살균제 사건과 4·16세월호 참사를 다룬 사회적참사특별조사위원회 조사 등 우리나라

수사 및 감사, 조사 기관 거의 모두가 동원된 사건이다. 심지어 2017년 세월호 피해자 가족과 민간이 구성한 국민조사위까지 활동했다.

만에 하나 문재인 정부가 들어서기 이전인 2016년까지 활동한 세월호 1기 특조위가 박근혜 정부의 방해로 진실 규명에 어려움이 있었다고 하자. 그러나 문재인 정부가 들어서고 사참위나 대검찰청 특별수사단(단장 윤석열)까지 동원했는데도 진실 규명에 미진했다는 평가가 나온 점은 문제다. 특히 문재인 정부가 만든 사참위는 무려 3년 6개월간 활동했다. 그러나 사참위는 특별한 조사나 진실 규명을 위한 특별한 활동도 없이 위원회를 끝냈다. 위원회를 종료하면서 별도 발표조차 없었다.

역대 최대 규모의 조사 및 수사에도 불구하고 문재인 대통령 본인은 물론이고 많은 국민은 여전히 세월호 진실에 목말라하고 있다. 4·16연대는 2022년 12월 24일 '세월호 참사 진상규명 종합 보고대회'에서 문재인 정부 5년에 대해 "문 대통령은 세월호 진실을 끝까지 규명해 낼 것을 공약했지만 수사를 공안 권력 기구와 수사 기구, 특별조사기구의 자율에 맡기는 입장을 견지했다. 결과적으로 권력 기구의 기득권을 깨고 세월호 참사와 관련된 진실을 성역 없이 드러내서 책임을 규명하거나 낡은 권력 기구들을 근본적으로 개혁하는 데 큰 한계를 드러냈다"고 말했다. 세월호 참사의 진상 규명이 미흡했다는 평가다. 아울러

4·16연대는 "피해자들의 희생과 분투, 촛불시민들의 열망으로 만들어 낸, 다시 오기 힘든 기회를 맞아 대통령의 권한과 의지를 충분히 사용했다고 하기는 어렵다"고 아쉬움을 드러냈다.

'촛불도 세월호로부터 시작됐다'던 촛불정부가 세월호 진실을 깔끔하게 마무리 짓지 못한 것은 촛불정부의 무기력을 극명하게 보여주는 대표적 사례다. 3년 반이라는 충분한 시간과 예산 지원, 국가정보원 등 관련 기관의 협조 상황에서도 문제를 마무리하지 못한 이유는 무엇일까. 그것은 앞서 지적한 대로 사안을 끊고 맺고 마무리하지 못하는 문재인 정부의 고질적인 무기력 때문이다.

1기 특조위는 박근혜 정권의 조사 방해로 일을 못 했다고 치자. 1기 특조위에서 활동했던 장완익 2기 특조위원장은 시간이 절대 부족했다고 토로했다. 정말 시간이 부족했을까. 1기 특조위가 한 큰일로는 인천항 폐회로텔레비전을 모두 분석해서 당초 발표와 다르게 철제 빔 몇 개를 더 실었다는 사실을 밝혀낸 것이다. 철제 빔 몇 개 더 실은 것을 밝히는 일이 침몰의 근본 원인을 밝히는 데 그렇게 중요했는지 의문이다. 박근혜 정권의 방해로 본질에 접근하지 못하고 변방만 조사했다는 이유도 수용하자.

문재인 정부는 세월호 진실을 밝힌다고 3년 지속하는 사참위를 만들었다. 사참위는 당초 계획 3년에서 보고서 작성 기간 6개월을 연장해 3년 6개월을 활동했다. 문제는 이전 선체조사위도 그렇지만 사참위에도 비전문가가 대거 참여했다는 점이다. 특히 공명심이 앞선 변호사들이 문제였다. 여기에 음모론을 주장하는 비전문가들까지 합세해서 객관적이고 종합적인 조사는 어려웠다. 사참위 조사관은 철저하게 과학적인 조사를 통해 하나하나 사안을 검증해서 이를 종합하고, 그 과정마다 오해했던 유족을 설득하고, 언론을 통해 진실을 차근차근 설명했어야 했다. 그러나 사참위는 이러한 체계를 세우기는커녕 중구난방이었다. 공명심에 눈이 먼 몇몇 조사관은 각자 언론 선동에 매달렸고, 사무처장은 1년간 공석이었다. 결국 운영에 한계를 느낀 장완익 위원장은 못 하겠다며 도중에 사퇴해 버렸다.

흔히 외인설로 알려진 잠수함 충돌설은 이미 2017년 전문가들에 의해 논의 가치가 없다고 기각된 사안이다. 그러나 일부 조사관들은 이 외인설을 끝까지 주장했고, 음모론을 좋아하는 일부 언론을 활용해 선동하기도 했다. 게다가 사참위에 자문위원으로 들어간 유족은 자기주장만 담은 책을 내기도 했다. 상황이 이렇다 보니 사참위 한편에서는 진실 규명보다 음모론을 어떻게 구체화하느냐에 매달렸다. 세월호 침몰 원인을 규명하기보다 잠수함 충돌설을 입증하는 데 매달린 것이다. 세월호를 인양해 외력에 의한 파괴 부위가 없음을 눈으로 확인했는데도 음모론은 수그러들지 않았다.

유족들도 음모론에 대한 정확한 해명을 듣고 싶어 했다. 일부 유족들은 사참위 활동을 침몰 원인 규명보다 조사 활동의 방해 문제와 7시간 구조 문제로 옮겨갈 것을 요구하기도 했다. 심지어 음모론을 얘기하는 조사관을 유족이 만류하는 촌극이 벌어지기도 했다.

결국 사참위 조사 보고서에 적힌 대로 "외인설을 검증했는데, 증명하지 못했다"는 표현에 그동안 한 일이 그대로 드러나 있다. 검증했는데 증명하지 못했다는 비비 꼬는 말보다 '아니다'라고 말하는 것이 훨씬 솔직하고 분명한 표현이다. 물론 '만에 하나'라는 1만분의 1의 가능성까지 배제하자는 것은 아니다. 그러나 재난 사고의 원인을 가리는 것은 그 가능성을 모두 검증하는 것이 아니다.

사고는 10가지, 아니 100가지 요인이 직렬로 연결됐을 때 발생한다. 낡은 선박을 수입했으며, 불법 증축해 복원성이 떨어졌고, 화물을 과적했으며, 화물을 든든하게 고정하지도 않았고, 화물 과적을 속이려 평형수를 뺐으며, 수밀문을 열어놓고 운행했고, 사고 당시 조타수가 오류를 범하는 등등 수십 가지, 수백 가지 요인이 일시에 합쳐졌을 경우 발생한다. 이중 단 하나라도 정상으로 검사됐으면 세월호 참사 같은 사고는 일어나지 않는다.

그런데 음모론자들은 이 10가지, 100가지 가능성을 모두 검증하자고 주장했다. 물론 세월호 조사에서 '만에 하나'라는 가능성조차 없어야 한다. 하지만 사고 검증은 당시를 완벽하게 재연해 증명하는 것이 불가능하다. 조류의 세기와 방향은 재연이 가능하지만, 선장과 조타수의 심리적 상황까지 어찌 분석해서 실험할 것인가. 사고 원인 조사는 만에 하나의 가능성마저 따지는 것이 아니다. 침몰 원인을 과학적으로 가려서 가장 중요한 원인, 가장 가능성이 큰 원인을 판단하는 것이다. 100퍼센트 완벽한 사고 조사는 없다.

정상적인 절차라면 사참위 활동 기간 만료에 즈음해서 위원장이 그간 일한 내용과 성과, 특히 잠수함 충돌설과 국정원 소유설 등 국민적 의혹을 소상히 설명하고 나서 활동을 마쳐야 한다. 그러나 사참위는 중도에 위원장이 사퇴했고, 공무원 출신 위원장은 아무런 대국민 설명 없이 활동을 마무리했다.

이쯤 됐으면, 사참위가 못했다면, 문재인 대통령이 직접 나서서 국민에게 세월호 참사 원인과 오해에 대해 설득하고, 정부의 안전 대책에 관해 설명했어야 마땅하다. 여러 전문가와 관계자의 조사와 수사 등을 통해 엄밀히 검증한 결과, 잠수함 충돌 같은 외인설이나 국정원 소유설 등은 사실이 아니고, 정부는 기업인의 이윤 때문에 국민의 안전을 해치는 규제라면 풀지 않겠다고 약속해야 옳다. 그러고 나서 어린 희생의 진정한 의미인 안전한 세상을 만드는 데 힘을 모으자고 호소해야 했다. 그것이 책임 있는 위치에 있는 정치인의 자세다.

만일 세월호 참사의 근본 원인이 박근혜 정권 때 발표와 다르지 않다고 해서 누가 뭐라고 할 것인가. 그렇다고 해서 촛불 세력이 세월호 음모론을 만들어서 정치적으로 이용했다며 비난받고 오해받을 일인가. 그렇다고 해서 박근혜 정부의 구조 태만이 면책될 일인가. 그렇다고 해서 해경의 구조 통신 조작이 용서될 일인가.

사실 문재인 정부는 세월호 원인 규명을 사참위 내에서 마무리해 줄 것으로 기대했다고 한다. 그러나 사참위의 복잡한 내부 이견과 갈등 문제를 중립적 입장에서 보려다 그냥 방관한 것이다. 청와대는 사참위에 문제가 있다면 문제가 있는 조사관을 제외해야 했다. 새로운 사참위를 만들고 위원장을 새로 임명해서라도 소임을 완수해야 했다. 사참위가 못 하면 청와대가 나서서 마무리해야 했다. 하지만 문재인 정부는 이를 못 한 것이다.

이는 우유부단하고 소심한 문재인의 성격이 그대로 반영된 결과다. 사회관계망서비스에 글을 하나 쓰고 세월호 참사를 마무리한 것은 크나큰 잘못이다. 촛불은 세월호에서 시작됐다는 본인의 말에 비추어 대단히 무책임하게 마무리한 것이다.

끝내 해결 못한 인혁당 피해자 배상금 반환

촛불정부의 무기력을 보여주는 가장 상징적 사건은 바로 인혁당사건 피해자 배상금 반환 문제다. 이는 해결하기 매우 쉬운 촛불 과제임에도 촛불정부는 해결하지 못했기 때문이다. 몰라서 못 한 것도 아니다. 문재인 대통령이 누차 약속했고, 청와대와 국회도, 국가정보원도, 국가권익위도 모두 관여해 5년간 검토와 회의만 했을 뿐 해결하지 못했다. 이에 비해 윤석열 정부는 출범한 달 만에 그것도 단 한 번의 회의로 이 문제를 마무리 지었다. 이 문제는 문재인 정부의 무기력을 보여주는 상징적 사안이다.

우리 사법 역사에서 가장 참혹한 사건과 판결이 바로 1974년 인민혁명당재건위사건이다. 박정희 정권은 유신 체제 유지를 위해 고문으로 간첩을 조작해 8명을 사형에 처하고 20여 명을 장기간 투옥했다. 대법원이 사형을 선고하자 국제인권단체는 극렬하게 항의했다. 그러나 박정희 정권은 선고하고 하루 만인 4월 9일 8명의 사형을 전격 집행했다. 서대문형무소 사형장에서 하루에 사형 8명을 집행하기는 일제가 서대문형무소를 만든 1908년 이후 처음이다. 잔혹한 일제도 하루에 사형 8명을 집행하지 않았다. 국제법학자협회는 이날을 사법사상 암흑의 날로 기록했다. 하지만 노무현 정부 들어 재심을 통해 고문으로 조작된 사건임이 드러났고 국가는 손해 배상을 지급했다.

2012년 9월 박근혜 당시 대통령 후보도 "인혁당사건 등은 헌법적 가치가 훼손되고 대한민국의 정치 발전을 지연시킨 결과를 가져왔다"면서 "이로 인해 상처와 피해를 입은 분들과 그 가족들에게 진심으로 사과드린다"고 말했다. 박근혜가 부친이 저지른 많은 과거사에 대해 한 유일한 사과였다. 그런데 박근혜 정권 대법원은 과거사 사건에 대한 국가의 손해 배상액 산정 시점을 사건 발생 이후에서 최종 변론의 종결 시점으로 판례를 변경했다. 그 결과 과거사 사건의 국가 손해 배상액은 크게 줄었고, 이미 지급한 배상금도 회수해야 하는 사태가 벌어졌다. 그 대상이 무려 77명이다. 그런데 받은 돈을 남겨 둔 사람은 괜찮지만 빚을 갚거나 생활비로 써 버린 사람은 돈을 반환할 길이 막막했다. 게다가 시간도 상당히 지나서 원금보다 이자가 더 늘어났다. 국정원은 배상금을 준 피해자의 집은 물론이고 피해자 자식 월급까지 압류했다.

 국가에 압류당한 집이 경매에 넘어갈 즈음 다행히 촛불혁명을 거쳐 문재인 정부가 들어섰다. 문재인 청와대는 관련 비서관을 보내 사태를 조사했고, 걱정하지 마라, 잘 해결하겠다고 약속했다. 누가 보더라도 상식에 맞지 않는 판결이기 때문이다. 게다가 이는 국정원에서 대상자에게 청구했던 반환 소송만 취하하면 되는 매우 간단한 사건이었다. 걱정했던 사람들은 환호했고 모두 문제가 해결될 것으로 믿었다. 이후 몇몇 다른 언론에 이 같은 사실이 보도되고 청와대도 해결 중이라고 했지만 해결될 기미는 보이지 않고 시간만 흘렀다. 이 사건은 문 대통령 임기가 거의 끝나는 2022년 4월 19일 청와대 청원 게시판에 다시 등장했다. 인혁당 피해자 이창복 씨의 부인이 올린 다음의 청원이 그것이다.

"인혁당재건위사건에 대한 국가 배상금 중 5억을 다시 내놓으라는 이명박과 박근혜 정부에 이어, 최근 '압류를 풀어줄 테니 집을 팔아 원금만 갚도록 하는 방안을 추진해 보겠다'는 연락을 들었습니다. 원금을 훌쩍 넘는 이자라도 탕감해 주겠다는 것도 감사하지만, 한 사람의 인생과 가족을 희생시킨 나라가 이래도 되는지요. …… 우리 부부는 문재인 대통령께서 집을 압류하고 강제 경매 소송까지 벌인 인혁당 '빚 고문 사태'를 해결해 주시려니 믿고 기다렸습니다. 나라를 위해 고생하시다 청와대를 떠나는 두 분은 새집으로 들어가시겠지만, 일생을 희생하고 빨갱이라는 누명에 시달린 남편 이창복과 저는 헌 집에서 쫓겨날 형편입니다. 힘 있고 돈 있고 권력을 가진 사람은 사면도 해주시면서, 일생을 송두리째 빼앗아 간 이 나라가 똑같은 국민인 저희 역시 구해 주어야 올바른 것 아닙니까?"

뒤늦게 알려진 사실이지만 청와대는 국가인권위원회 권고안을 받으면 해결할 수 있을 것이라 믿고 인권위로 넘겼고, 인권위는 대통령이 결정하라고 다시 공을 청와대로 넘겼다. 국회의원에 호소해 특별법이 발의됐지만 통과되지 않았다. 피해자는 "국정 농단 주범인 박근혜를 사면하신 문재인 대통령님! 법무검찰개혁위원회와 국가인권위원회의 권고안대로, 퇴임 이전에 인혁당재건위 피해자와 가족들을 대상으로 하는 '빚 고문' 사태를 해결해 줄 것을 마지막으로 탄원합니다"라고 글을 맺었다. 이 탄원서는 2022년 5월 10일 문재인 정부 종료와 더불어 청와대 게시판에서 사라졌다.

문제는 문재인 청와대의 실행 능력이다. 국정원과 법무부 실무자는 나중에 감사받을 것이 두려워 규정을 들어가며 청와대나 인권위, 심지어 특별법 근거를 요구했을 것이다. 그랬다면 청와대가 책임지고 국정원에 책임 있는 공문을 보내 취하를 시키든지, 아니면 국정원장이 책임지고 소 취하서에 서명해 지시하면 된다. 문재인 청와대가 그리하지 않은 것은 법조문에 매달린 탓도 있지만 나중에 배임이라는 죄가 돌아올까 두려웠던 것이다. 정무직 기관장은 정무적 책임을 지는 것인데 아무도 그럴 용기가 없었던 것이다. 자리만 차지했지 합당한 책임은 지지 않은 것이다.

전교조 합법화 문제도 똑같다. 박근혜 정권에서 법이 아닌 시행령에 의해 법외 노조 통보를 받은 전교조에 대해 노동부 행정개혁위원회는 원상 복구(합법화)를 권유했지만 문재인 정부는 끝까지 책임을 지지 않았다. 결국 2020년 9월 대법원이 노동부의 법외 노조 통보는 위법이라는 판결이 나온 끝에 원상이 회복될 수 있었다.

문재인 정부와 민주당은 국회 180석이라는 역대 최대의 의석을 가졌으면서 촛불혁명이 부여한 임무인 '적폐청산, 재조산하'를 거의 손도 대지 못했다. 문재인 정부가 검찰 개혁에 매달리는 동안 엄청난 예산을 들여 2세 교육을 담당하는 교육 개혁은 물론이고, 문민정부가 들어선 지 오래됐지만 엄청난 예산과 자리를 여전히 차지하고 있는 국방 개혁도 손을 대지 못했다. 촛불정부에 들어간 책임자들은 자리만 차지하고 앉았지 그에 걸맞은 책임을 지지 않았다. 사회학자 김동춘은 이를 보고 국민의 고통을 자신의 권력과 맞바꿨다고 혹평했다. 이런 촛불정부의 무기력과 이중성에 국민은 실망, 아니 절망했다. 여기에다 문재인 정부 내부의 도덕적 문제가 드러나면서, 가치 배분에서 소외된 세력이 분노하면서 결국 촛불정부는 맥없이 무너지고 말았다.

5

총체적 관료 장악 실패

　현대 정치에서 관료가 독자적으로 정치를 하는 관료정치는 이만저만한 고민거리가 아니다. 이것은 동서양을 막론하고 공통적 현상이다. 심지어 1당 국가인 중국마저 개혁에 저항하는 관료 때문에 골머리를 앓을 정도다. 매우 복잡하게 얽힌 현대 사회에서 문제를 발굴하고, 정책 대안을 마련하는 데 전문성을 가진 관료는 절대 필요하다. 그렇게 쌓인 고도의 전문성과 거대해진 조직은 점차 그 자체가 거대한 권력이 된다. 흔히 우리는 이를 관료와 마피아의 합성어인 관피아로 부른다. 이들은 문민 통제를 벗어나 스스로 권력을 쥐고 정치를 하기도 한다. 군부 정치는 가장 후진국에서 나타나는 관료정치의 한 형태다. 요즘 흔히 나타나는 국가 정보기관에 의한 정보 정치도 그렇고 검찰, 경찰, 국세청, 공정거래위원회 등 사정기관을 이용한 사정 정치도 정도의 차이는 있지만 마찬가지다. 이는 민주주의에 대한 도전으로 이들에 대한 문민 통제가 필요한 이유다.

오랜 세월 쌓인 적폐는 관료와 유착 관계에서 비롯되는 것이 대부분이다. 특히 민간의 감시가 소홀한 국방, 외교, 검찰, 경찰 등과 사법부, 정보기관 등 폐쇄적 분야는 그들만의 독자적 정치 역량을 가지고 있다. 청산해야 할 과거사 문제 대부분이 바로 이들 기관에서 발생하는 것도 그런 연유이다. 따라서 적폐 청산에는 관료 개혁이 전제되지 않으면 불가능하다. 그러나 현행 제도에서 오랫동안 이익을 봤던 관료들은 쉽게 움직이지 않는다. 철밥통이라 부르듯이 지금도 편하고, 퇴직해서도 유용한 자리가 보장돼 있기 때문이다. 하지만 개혁은 말로만 되지 않는다. 법과 예산 배정을 바꾸는 공무원이 움직여야 한다. 또 적폐를 청산하고 그를 위해 새로운 정책을 시행하려면 역시 관료를 동원하지 않으면 안 된다. 행정을 하는 사람이 그들이기 때문이다. 그래서 관료정치를 넘어 적폐가 된 관피아를 개혁하려면 매우 정교하고 입체적인 전략이 필요하다.

적폐청산과 재조산하를 이루는 것이 목표였던 촛불정부가

촛불혁명이 부여한 임무를 달성하려면 관료 장악은 필수였다. 이는 김대중, 노무현 정부도 심도 있게 준비했던 것인데 문재인 정부는 너무 검찰 개혁에만 매달렸다. 검찰 개혁에 힘을 다 쏟아서 오히려 검찰에 당해버린 것이다. 결국 문재인 정부는 관료 장악에 실패해 모두를 잃은 정부라 할 수 있다. 사회학자 김동춘은 "검찰 관료는 문재인 정부의 실정에 편승해 아예 집권에 성공했다"고 토로했을 정도다. 문재인 정부는 관료 장악에 실패해 검찰정부라는 또 다른 관료정치를 불러온 것이다.

촛불정부의 관료 장악 실패를 냉정히 복기해야 하는 것은 앞으로 이 같은 사례가 재연되지 않기 위함이다. 문재인 정부가 관료 장악에 실패한 결정적 이유는 앞에서 설명한 어설픈 비서정치가 관료들로 하여금 청와대만 바라보게 했기 때문이다. 그 역효과로 국무위원이 무기력해져 관료 장악에 실패했고, 이는 또다시 문재인 정부의 무기력으로 나타났다. 문제는 문재인 정부가 사전에 관료를 장악할 대책은 물론이고 최소한의 연구조차 없었다는 점이다.

간과한 그들만의 관료 연대

우리나라에는 고시 제도라는, 종주국 중국에도 사라지고 없는 공무원 충원 제도가 남아 있다. 중앙정부가 시험을 통해 고위 관료를 뽑아 지방에 파견하는 제도다. 흔히 고려 광종 때 중국 쌍기의 권유로 도입된 고시 제도는 지방 호족의 발호를 막도록 했는데, 이는 중앙집권적 국가 기원의 중요한 판단 근거로 삼는다. 이 관료제는 고려, 조선을 거치며 국가 형성에 성과를 낸 것이 사실이다. 그러나 근대 이후 여전히 고시 제도를 유지하는 나라는 거의 없다. 지방 분권 시대에 비추어 보면 중앙집권적 관료제는 낡은 제도다.

과거 공무원 처우가 빈약하던 시절에는 우수한 인재의 공직 유인 이유로 고시 제도의 필요 여지가 있었다. 그러나 요즘 성인 대부분이 대학을 졸업하는 고학력 시대에 단 한 번의 시험으로 4단계나 직급이 높은 공무원으로 임용하는 고시 제도는 존재의 정당성은 물론이고 효율성도 별로 없다. 오히려 고시 제도를 통해 임용된 고위 공무원은 특유의 우월감으로 똘똘 뭉친다. 과거 권위주의 시대 육군사관학교를 나온 군부나 윤석열 정부의 검사도 강력한 관료의 우월감을 바탕에 깔고 있다. 특히 사법시험에 합격해 판사나 검사로 임용되면 사법연수원 시절부터 4급 대우로, 행정고시 5급보다 우대한다. 소년등과 한 이들은 재직 중에도 각종 특혜 교육을 받고, 그래서 고위 공무원으로 진급하면 국정의 실무를 장악한다.

우리나라 관료제의 또 다른 문제는 외국처럼 직무 단위와는 달리 엄격한 계급 구조로 이뤄져 있어 특정 고위 세력에 의해 장악될 우려가 있다는 점이다. 우리나라 현대사에서 가장 고질적이던 군부 정치의 하나회 세력, 검찰의 특수부 인맥, 국가 재정과 예산을 움켜쥔 기획재정부 내에 있는 과거 경제기획원(EPB) 세력, 국토교통부와 건설업계가 유착한 토건 세력 등은 공무원의 사조직, 즉 관료 적폐의 한 모습이다. 이런 공무원 사조직이 존재하는 것은 우리 특유의 계급 질서와 사조직 문화 탓이다.

우리나라 공직은 한 번의 시험으로 사법연수원이나 중앙공무원교육원에 입소하고, 이런 공통의 교육기관을 통해 동문 연대감으로 무장한다. 여기에 한국 특유의 서열 문화인 기수까지 가세해 군건한 선후배를 넘어 형님과 아우라는 신뢰를 형성한다. 하다못해 동기나 선후배는 검찰과 법원, 심지어 변호사로 연결돼 있어서 기소는 물론이고 변론과 판결에도 큰 영향을 미친다. 행정은 법률안 심사나 예산 배정에서, 즉 행정부 운영에 절대적 영향을 미친다.

정부 업무는 많은 부처의 업무 조정 과정을 거친다. 현대 사회의 국정 운영은 단순히 한 분야에만 미치지 않기 때문이다. 예를 들면, 농림부는 수입품과 관련해 외교부와 긴밀히 협조해야 할 사안이 많다. 그런데 문제는 기획재정부는 예산으로, 인사혁신처는 공무원 인사와 해외 연수로, 외교부는 해외 근무로, 법무부는 기소권의 힘으로, 하다못해 보건복지부는 병원에 특진을 알선하는 권한으로 이익을 나눠 먹는다는 점이다. 이들은 검찰이나 법원 등 각 부처에 배치돼서 각자 일을 하지만 자신의 이익에 대해서만큼은 철저하다. 각 부처 공무원은 그 업무 조정을 얼마나 자기 부처의 이익을 극대화하며 원만하게 처리하느냐에 따라 평가를 받는다. 따라서 공무원은 고위직으로 갈수록 자기의 이익이 극대화된다. 이것이 바로 공무원의 철밥통이다.

관료들은 현직에 근무할 때만 이권과 결탁하는 것이 아니다. 사실 더 많은 이권은 퇴임 이후다. 재직할 때 인맥을 퇴직 후 민간 기업으로 옮겨서도 이용해 이익을 극대화한다. 바로 전관예우다. 검사나 판사 사직 후 법무법인에 취직해 일 년에 수십억을 버는 법조계의 전관예우는 유명하지만, 다른 부처라고 해서 예외가 아니다.

경제 관료 출신 한덕수 국무총리는 대형 법무법인 김앤장에 취업해 4년여 동안 18억 원을 받았다. 민간 기업이 약간의 자문으로 이렇게 엄청난 보수를 줄 리는 만무하다. 필시 그 이상의 역할을 했기 때문이다. 국회에서 공직자윤리법 등을 강화해 취업 심사를 꼼꼼히 해도 영리한 공무원은 대부분 빠져나간다.

치밀했던 노무현의 관료 장악

노무현 정부는 관료 적폐를 알았다. 고시 제도를 폐지하지 못했지만 관료 개혁에는 적잖은 노력을 기울였다. 그래도 결과적으로 실패했다고 고백했다. 노무현 대통령이 당선자 시절 유일하게 방문한 정부 부처가 바로 중앙인사위원회였다. 중앙인사위원회는 공직 인사 정책과 인사 행정을 전문으로 하는 부서로 김대중 정부 때인 1999년 설립됐고, 노무현 정부 때인 2004년 장관급으로 확대되면서 독립했다. 김대중 정부는 외환 위기라는 비상 상황에서도 자연스럽게 공무원 개혁을 이루어냈다. 작지만 효율적인 정부를 지향한 김대중 정부는 사상 처음으로 공무원 숫자를 줄였다. 책임운영기관제, 개방형직위제, 성과연금, 성과상여금제도 등을 도입해 철밥통이라는 공무원을 개혁했다. 중앙인사위원회는 2008년 이명박 정부 들어 행정안전부로 흡수됐고, 지금은 인사혁신처로 남아 있다.

노무현 정부 5년 기록을 정리한 《참여정부 5년의 기록》을 보면 참여정부는 민주주의, 경제, 사회, 균형 발전, 다음으로 정부 혁신이다. 노무현 정부는 영국, 미국, 북유럽, 일본의 행정 개혁의 장단점을 분석하고, 공무원 개혁을 연구해 정교하게 정부 혁신, 즉 관료 개혁에 나섰다. 성과 평가의 강화, 팀제로 대표되는 결재 단계의 축소, 전자 정부로 대표되는 레드 테이프(형식적 문서) 제거, 공직 윤리 강화를 통한 투명성 제고, 지식 관리로 대표되는 혁신 마인드의 배양, 기록 관리의 강화 등이 핵심 내용이다. 이 밖에 부처 간 기득권 타파를 위해 부처 간 이동, 고시 제도 폐지(사법고시 및 외무고시 자격시험으로 변경), 행정고시도 개방형 공무원을 늘려 고시 출신의 순혈주의를 타파하는 등 부단히 관료정치 차단에 노력했다.

관료의 저항도 만만치 않았다. 교육부 장관 이해찬이 교사 정년을 65세에서 62세로 줄이려고 할 때 엄청난 반발에 직면했다. 교사의 반발은 예상했다 치더라도 문제는 교육부 공무원의 반발이었다. 차관은 물론 국장급 대부분이 교원 정년 단축에 반대했다. 당시 이해찬 장관은 국장을 배제하고 직접 과장과 함께 교원 정년 단축을 추진해 성사시켰다. 그나마 이해찬 정도의 결기 있는 장관이 했으니 가능했지 보통 장관이었다면 십중팔구 중도 포기, 아니면 시도조차 하지 않았을 것이다.

그렇게 정교하고 과단성 있게 관료 개혁을 추진했던 노무현 대통령도 한계에 부딪혔음을 고백했다. 노무현 대통령은 회고록에서 "이거 하나는 내가 좀 잘못했어요. 내가 잘못했던 거는 오히려 예산을 가져오면 색연필 들고 '사회 정책 지출 끌어올려' 하고 위로 쫙 그어 버리고, '여기에서 숫자 맞춰서 갖고 와', 이 정도로 나갔어야 하는데 …… 지금 생각해 보면 그래요. 그리 무식하게 했어야 되는데 바보같이 해서……"라고 고백했다. 관료 개혁을 무식하게 했어야 한다는 말은 공무원을 신사적으로 대접했다는 말이다.

공무원을 대하는 상징적인 차이가 바로 공무원을 바라보는 시각이다. 김대중, 노무현, 문재인 대통령은, 공무원은 국민이 채용한 고용인이라는 선진적 인식을 가지고 대우했다. 당연히 공무원도 노조를 가져야 한다고 생각했다. 이에 비해 이명박과 박근혜의 공무원 관은 무식 그 자체였다. 이명박 대통령은 취임 직후인 2008년 3월 10일 기획재정부 업무 보고에서 "공무원은 국민에 대한 서번트(머슴)"라며 "주인인 국민보다 앞서 일어나는 게 머슴의 역할"이라고 선언했다. 이들은 공무원은 국민의 종이라는 케케묵은 1960년대 권력관계 이론에 머물러 있었다. 머슴이 노조를 만드는 것은 용납할 수 없었다. 이들은 공무원을 대하는 방법도 머슴을 다루는 식으로 동원했다. 인사권을 단호하게 행사하는 것이다. 예를 들면, 이명박 정부 시절 맹형규 행정안전부 장관은 차관급 인사가 언론에서 나대는 행동을 좋아한다는 것을 알자 잔인하게 경질했다. 또 맹 장관은 전도양양한 모 국장의 보고 태도를 문제 삼아 과장급으로 강등해 산하기관에 인사 조처한 사례도 있다. 맹 장관의 행정안전부 공무원들은 군기가 바짝 들 수밖에 없었다.

공무원을 신사적으로 대하며 창의력을 발휘하게 하는 것이 훨씬 선진적 조직 운영이다. 그러나 불행히도 노무현 대통령이 이후에 토로했듯이 무식하게 다루는 방법이 즉각 효과가 있다는 점도 부인할 수 없다. 관료들은 무서운 인사권자에는 굴복한다. 잘못 대들다가는 혼난다는 것을 알기 때문이다. 그러나 너무 순진하다고 판단되면 거꾸로 물어뜯는다. 무식한 상사에게는 굴종하면서도 인사권자가 만만해 보이면 대들면서 물어 버리는 그런 심리가 있다.

당연한 말이지만 공무원에게 창의적인 정책을 요구하는 방법이 가장 좋다. 유능한 관료를 머슴처럼 다뤄 창의력을 꺾는 것은 정상적인 조직 운영 방법이 아니다. 하지만 임기 5년에 시급히 개혁 작업을 하려면 위악도 필요하다.

장관이 굳센 결심을 하고 취임해도 관료들은 갖가지 방법을 동원해 개혁을 무력화시킨다. 개혁에 맞서 아부도 하고 위협도 한다. 아부는 의전과 보고다. 빨간 카펫과 장관 전용 엘리베이터, 화려한 보고서가 그것이다. 외교부는 정상회담을 무기로 최고 인사권자를 자기편으로 만든다. 대통령이 한 번 해외 순방에 맛을 들이면 중독이 된다. 위협의 대표적인 것은 '규정상 아니 됩니다'라는 말이다. 개혁하려고 하면 규정을 들면서, 혹은 전례를 들면서 반대한다.

촛불혁명으로 등장한 문재인 정부가 '적폐청산, 재조산하'를 외칠 때 잔뜩 긴장한 관료들은 속으로 웃었다. 문 정부는 검찰 개혁 외에는 아무런 계획이 없다는 것을 알았기 때문이다. 문재인이 만든 검찰 개혁은 의미와 목적, 심지어 청사진까지 치밀하게 계획했지만 실행에는 실패했다. 검찰 개혁을 주도할 초대 법무부 장관 내정자는 중도 사퇴했고, 후임자는 너무 점잖았다. 그렇게 2년이 지나면서 개혁의 동력이 떨어졌다. 조국의 말대로 집권 1~2년 만에 전광석화처럼 해치워야 가능하지만 시기를 놓친 것이다.

결국 별장 성 접대를 받은 검사가 두 번이나 무혐의 처분을 받아 공소시효가 완성돼 버렸고, 피해자 3만 8천여 명을 낳은 부산저축은행사건을 무혐의로 수사한 검사는 검사장과 검찰총장으로 승진했다. 운동권 학생의 첩자로 있다가 경찰에 특채된 의혹의 인물도 경무관으로 승진하고, 노무현을 사정하는 계기를 제공한 한상률 전 국세청장도 건재했다. 뒤늦게 법무부 장관에 조국을 투입했지만 정치 검찰의 집요한 저항에 부딪혀 맞대응하다 힘을 소진해 버렸다. 나머지 관료 개혁에는 손도 대지 못했다. 그러다 보니 모피아(기획재정부와 마피아의 합성어) 세력은 대선 막판, 여당 후보의 요구에 노골적으로 반기를 들었다.

결국 부산저축은행사건을 무마했던 검사들은 더욱 성장해 촛불정권을 무너뜨리는 주동 세력이 됐다. 서울시 공무원 간첩 증거 조작으로 징계까지 받은 이시원 검사가 대통령 공직기강비서관으로 근무해도 아무렇지 않은 세상이 되고 말았다. 정치는 존재하지 않고 온통 압수수색과 구속영장만 난무하는 세상을 만들었다. 과거에 관용을 보였거나 무심코 간과했던 오류가 자신의 목을 죄고 있는 것이다.

공직 사정은 공무원의 정치적 중립 의무를 위반한 것에 대한 처벌이며, 공직 기강을 바로 세우는 것이다. 이것은 본분을 망각한 관료의 말로를 경고하는 것이고, 앞으로 그런 부당한 지시를 거부하라는 본보기를 보이는 것이다.

지금 우리가 군부 쿠데타 걱정을 덜 수 있는 것은 전두환, 노태우에 대한 사법 처리와 재산 추징 등 집요한 청산 노력 때문이다. 더불어 끊임없이 전두환을 정치적, 사회적으로 응징하는 사회 분위기를 만든 덕분이다. 쿠데타를 하면 영원히 패가망신하고 죽어서도 대를 이어 단죄된다는 점을 분명히 함으로써 군부가 다시는 반란을 꿈꿀 수 없는 분위기를 만들었기 때문이다. 그런데 개혁진보 세력은 공직 기강 작업에 관용을 베풀었고, 국민 화합으로 얼버무렸다.

문재인 정부가 관료 조직을 장악하지 못하고 무기력했던 이유는 복합적이다. 가장 큰 이유는 앞 장에서 언급했듯이 대통령의 청와대 위주의 국정 운영이 장관의 조직 장악을 방해했기 때문이다. 다음은 인사 문제다. 무엇을 해야 하는지 모르는 심약한 사람을 장관으로 임명했거나 조직을 장악해 촛불 정신을 실현하는 데 관심이 없고 자리나 지키려는 무능한 인물을 임명했기 때문이다.

관료 포위를 극복한 이재명

성남시장, 경기지사를 지낸 이재명은 관료 다루는 법을 알았다. 성남시장 시절 이재명은 중앙정부와 사사건건 충돌했다. 2016년 성남시는 중앙정부와 경기도의 반대를 무릅쓰고 청년배당, 무상교복, 산후조리지원 등 3대 복지 사업을 강행했다. 정부는 성남시를 사회보장기본법 위반으로 대법원에 제소했고, 성남시는 헌법재판소에 대통령을 상대로 권한쟁의심판을 제기했다.

일개 기초자치단체장이 중앙정부와 정면으로 맞서 싸우기 위해서는 공무원의 동의와 협조 없이는 불가능하다. 성남시의 재정력지수(자치단체 스스로 운영할 수 있는 재정 능력)가 아무리 높아도 중앙정부는 각종 감사와 승인 등을 통해 지방정부를 통제할 수 있다. 게다가 경찰과 검찰, 국세청과 정보기관 등 막강한 권한을 쥔 중앙정부를 상대로 일개 기초자치단체가 싸운다는 것은 무모한 행위다. 실제로 이재명이 성남시장으로 있을 때 4일 중 3일은 감사를 받았다. 다른 기초자치단체는 거의 받지 않는 전면 특별감사도 두 번이나 받았다. 그는 시장 시절 "우리는 감사를 거의 매일 받는다. 우리는 그렇게 훈련돼 있다. 작년(2015년)까지 260여 건의 감사를 받았다. 감사 일수가 임기 중 921일이었고, 지금은 1,000일이 넘지 않나 싶다"고 말했다.

시장이야 정치적 야심이 있어 중앙정부와 맞선다지만 그 밑에서 일하는 공무원은 얼마나 힘들겠는가. 시달리던 공무원은 시장의 비리를 사정기관에 제보할 수도 있다. 그러나 이재명 성남시장 시절 시장을 비판한 공무원은 단 한 명도 없다. 이것은 이재명이 관료를 장악하는 방법을 알았다는 반증이다. 이재명의 공무원 조직 운영 방식은 신상필벌을 분명히 하고, 공무원이 책임져야 할 일은 시장 자신이 분명히 책임지는 방식이다. 공무원이 소극적인 이유는 나중에 감사원이나 복지부 등 중앙 부처 감사에서 지적받아 공직 생활에 문제가 되는 것이 두렵기 때문이다. 이재명은 소극적인 공무원에게 시장이 전적으로 책임진다고 명시했다.

문재인 정부가 초대 법무부 장관으로, 검찰과 언론의 적폐를 청산할 지휘관으로 박상기 연세대 법대 교수를 임명한 것은 패착이고, 방송통신위원회 위원장으로 이효성 성균관대 신문방송학과 교수를 임명한 것도 패착이다. 해당 분야의 전문성 때문에 임명했겠지만 이는 순진한 생각이다. 아예 전공과 무관한 분야의 장관이 오히려 낫다. 장관과 해당 부처가 아무런 인연이 없다면 과거에 신세 진 일도, 앞으로 신세 질 일도 없다. 사전 인연이나 선입관이 없으면 장관은 객관적으로 인사권을 행사할 수 있다.

실제 장관의 업무 수행 조건에서 해당 분야 전문성은 별로 중요하지 않다. 장관의 전문성보다 더 중요한 것은 건전하고 상식적인 판단력과 임명권자의 의지를 실현할 확신과 기득권을 혁파할 용기다. 미국 백악관 인사자문국의 장관 인선 기준은 첫 번째가 대통령의 통치 철학에 대한 확신, 두 번째가 도덕적 바탕과 청렴, 세 번째가 이익 단체와 국회 등 정책에 영향을 미치는 기관을 상대하는 다부짐, 네 번째가 자신이 맡은 직책의 본질을 이해할 역량, 다섯 번째가 혼자만 나서지 않는 협력 등이다.

대선 막바지에 민주당 대선 후보 이재명은 코로나19로 인한 소상공인 피해 지원 추경을 요구했지만 홍남기 기획재정부 장관은 공개적으로 거부했다. 대선을 앞두고 여당 후보의 지원 요청을 이리 노골적으로 거부한 장관은 보기 힘들다. 문 대통령도 홍남기 장관에게 아무 제재를 가하지 않았다. 이재명 후보는 이미 관료 장악 문제를 이렇게 토로했다. 그는 '관료에 포획되지 않으려면…… 노무현 대통령님의 회한'이라는 제목으로 다음과 같이 토로했다.

"새해 첫 독서. 노무현 대통령님께서 퇴임 후 남기신 《진보의 미래》를 다시 꺼내 읽습니다. 서슴없이 '관료에 포획됐다'고 회고하신 부분에서 시선이 멈춥니다. '균형 재정' 신화에 갇혀 있는 정부 관료들에 대한 이보다 더 생생한 술회가 있을까요. 대안으로 '시대의 기온으로 관료주의를 극복해야 한다'고 덧붙이셨습니다. 관료 조직을 적대시하기보다 시대의 온도, 시대의 가치관을 통해 '계절'을 만들어 내야 한다는 말씀이지요. 오늘날 코로나와 양극화로 서민들이 '먹고사는 문제'를 넘어 '죽고 사는 문제'로 사투를 벌이고 있는 이때, 대통령님은 어떤 말씀을 주셨을까요. 새삼 거인의 부재를 느낍니다. 그 고뇌의 뜻을 이어가는 것은 남은 이들의 몫이겠지요."

문재인 정부가 모피아를 장악하지 못해 이재명 후보는 대선에서 졌다. 검찰 역시 관료라는 점에서 문재인 정부의 총체적 관료 장악 실패가 결국 정권을 놓친 것이다. 뒤이어 들어선 윤석열 정부의 기획재정부는 대선 전에 안 된다던 소상공인 지원 추경예산을 뚝딱 만들어 냈다. 단지 임명권자만 바뀐 것인데 불가능을 가능으로 바꾼 것이다. 관료들은 보수 정권이 무식한 방법으로 자신을 다룰 것임을 체험적으로 알기 때문이다.

6

실패한 중도 확장론에 매몰

 2022년 3월 9일 대통령 선거와 6월 1일 지방선거에서 연거푸 패배한 민주당은 비상대책위원회인 '새로고침위원회'를 만들어 패인을 분석한 보고서를 냈다. '이기는 민주당은 어떻게 가능한가'라는 제목의 보고서는 패배의 원인을 중·장기적으로 확인하고 차기 선거를 위해 한국 유권자를 분석했다. 이 조사는 단순 여론조사가 아닌 'Q 방법론'을 사용하고 3천 명을 대상으로 한 웹 조사였다.

 이 보고서의 결론은, 유권자는 전통적 이념 성향에 따른 진보, 중도, 보수층이 아니라 평등·평화 37.7퍼센트, 자유·능력 25퍼센트, 친환경·신성장 18.8퍼센트, 반권위·포퓰리즘 9.3퍼센트, 민생우선 6.4퍼센트, 개혁우선 6.3퍼센트 등 6개 집단이라고 밝혔다. 보고서는 또 민주당 지지층은 평등·평화 55.7퍼센트로 가장 많고, 친환경·신성장 18.4퍼센트, 반권위·포퓰리즘 7.8퍼센트, 개혁우선 6.3퍼센트, 자유·능력 6.3퍼센트, 민생우선 5.5퍼센트라고 분석했다. 보고서는 "전통적 진보, 보수 구도가 붕괴하고 새로운 지지층 확장이 필요하다"고 결론을 맺었다.

수긍할 만한 보고서다. 그러나 이 유권자 집단을 크게 구분하면 평등·평화, 친환경, 개혁우선 등 진보적 가치만 따져도 60퍼센트가 넘어 개혁진보 집단이 과대하다는 문제가 엿보인다. 어쨌거나 이를 보도한 언론 대부분은 유권자 관심이 다양하게 분화됐다는 측면보다 진보와 보수라는 양극화는 낡은 이론이라는 것만 강조했다. 정작 이 보고서가 내린 결론은 "이러한 유권자 지형에서는 세부 정책 내용에 대한 구체적인 분석과 대안 없이 막연한 진보나 중도를 지향하는 것이 실제로는 잘못된 선택을 할 수 있다"라는 것이다. 즉 반권위·포퓰리즘 집단과 민생우선 집단은 이념 성향이 다르지만 기본 소득에 공통적 관심을 가진다는 것이다.

이것은 요즘 유권자, 특히 젊은 층은 자신의 관심 의제에만 집중하는 특성을 가졌기 때문이다. 따라서 민주당 핵심 지지층을 확장하기 위해서는 진보 의제를 개발해 확장하고 정교한 방법으로 설득하는 것이 중요하지 무턱대고 중도를 지향하지 말라는 것이 이 보고서가 내린 결론이다.

사실 개혁 정당 성격의 민주당은 진보 정당 의제를 계속 수용하고 확장해 왔다. 많은 노동관계법과 의료보험, 무상급식은 진보 정당인 민주노동당이 내세우던 의제였지만, 이제는 개혁적인 민주당이 수용한 의제가 되었다. 민주당의 기본 소득도 마찬가지로 진보 정당의 의제를 차용한 것이다. 보수 정당 역시 신자유주의 영향에 따른 기회균등 의제를 많이 발굴하고 확장했다. 최장집 등이 포퓰리즘 정책이라며 악의적으로 생각했던 무상급식은 보수 정당마저 지금은 당연한 것으로 생각한다. 국민의힘도 20대 남자 표심을 잡기 위해 오래전 폐지한 군복무 가산점을 다시 들고나오고, 여성가족부 폐지를 내세웠다.

이 보고서는 말미에 민주당 핵심 지지층의 이반 이유를 들면서 "양당제에 안주하여 특권을 누리고, 출세하고 싶은 기득권 정당"이라고 비판했다. 이는 바로 진보 의제 개발과 정교한 확장을 게을리했다는 비판이다.

선거 제도가 표심을 지배한다

우리와 같이 결선투표 없이 다수대표제를 채택하는 대통령 선거는 한 표라도 많으면 대통령이 되는 구조라서 결국 양자 대결로 압축된다. 현행 권력 구조가 정해진 1987년 대통령 선거에서 이른바 '1노 3김'의 다수 후보가 경쟁을 벌일 때 제기된 승리 이론 중에는 4자 필승론이 있었다. 당시 재야의 두뇌로 알려진 이해찬이 창안한 김대중 대권 이론으로, 다수가 경합하면 결집력이 높은 호남 표를 가진 김대중 후보가 승리한다는 이론이다.

이 4자 필승론은 여론조사에서 김영삼 후보에게 뒤지지만, 김대중 후보가 출마를 강행하는 이론이 됐다. 그러나 이 이론은 될 만한 후보에게 표를 몰아주는 유권자의 투표 행태를 간과했다. 듀베르제의 법칙을 인용하지 않더라도 한 표라도 많으면 당선되는 승자 독식의 다수대표제는 양자 대결로 모아진다. 이는 역대 대통령 선거 모두에서 나타나는 현상이다.

그러나 이 4자 필승론의 아류를 아직도 신봉하는 사람들이 있다. 바로 중도 확장론자다. 개혁진보 세력이 정권을 잡으면 항상 나오는 것이 바로 이 중도 확장론이다. 이는 유권자가 보수, 중도, 진보, 이렇게 3개 층으로 분포돼 있다는 형식 이론에서 출발한다. 이는 평소 여론조사에서 표시되는 지지율 30~40퍼센트를 개념화한 것으로, 무당층이 30퍼센트 정도 존재한다는 수치를 근거로 하고 있다. 이는 개념적 혹은 여론조사에서는 타당한 구분이지만 한 표라도 많으면 대통령이 되는 선거 제도, 특히 결선투표가 없이 대통령 선거를 하는 우리 선거 실태에서는 정확한 분석의 틀이 아니다. 왜냐하면 보통 사람은 정파성을 부정적인 것으로 생각하는 경향이 있어서 여론조사에서 솔직한 속내를 드러내지 않는다. 정권의 성격에 따라 자신의 정치의식을 숨기는, 흔히 말하는 '샤이 보수'나 '샤이 진보'가 있기 마련이다. 따라서 선거 초반에는 부동층이 많이 나타난다.

일반적으로 선거 분석가는 개혁 세력 30퍼센트, 진보 세력 5~10퍼센트, 보수 세력 35~40퍼센트, 중도 세력 25~30퍼센트로 대별한다. 이는 여론조사 기관마다 다르고, 보수 정부냐 진보 정부냐에 따라서도 약간 차이가 있지만, 대체로 이런 수준이다. 그러나 여기서 중도 세력의 상당수는 이미 투표 의사를 결정한 사람이다. 여론조사에서 나오는 부동층의 75퍼센트는 가짜이고, 실제 부동층은 응답자의 25퍼센트에 불과하다는 해석도 있다. 즉 30퍼센트의 부동층 가운데 25퍼센트, 전체의 7.5퍼센트 정도만 부동층이라는 것이다. 그래서 유능한 여론조사 기관은 무응답층에 대해 과거 응답을 감안해 교차 검증을 하기도 한다. 한신대 교수 이해영은 "중도는 없다. 중도는 사회조사나 여론조사에만 존재하는 어떤 사회적 환상이고 실재는 아니다"라고 주장했다. 예리한 분석이다.

2019년 민주당 부설 정책연구소인 민주연구원 이진복, 박혁 두 연구원은 '대한민국 중심 정당의 혁신적 포용 노선-더불어민주당의 길'을 발간했다. 이 보고서는 "민주화 이후 대한민국 정치 양상은 '정권 교체의 정치 동학'이 작동하여 10년 주기로 정권 교체가 이뤄졌다"면서 "정권 교체의 정치 동학은 유권자가 비등한 양대 진영 지지층과 결국에는 양자택일할 수밖에 없는 부동층으로 나누어진 유권자 진영을 전제한다"고 설명했다.

초반 부동층이 결국 양자 대결, 양당 대결로 귀착되는 것은 역대 대통령 선거를 분석하면 설명이 된다. 현 대통령 선거 제도에서 30퍼센트대 득표율로 대통령 당선자가 나온 경우는 1987년 대선 딱 한 번이다. 첫 직선제 대통령 선거인 1987년 대선은 군부 세력 노태우와 보수 세력 김종필, 개혁 세력 김영삼, 진보 세력 김대중 등 이른바 1노 3김이 맞붙은 선거였다.

많은 국민은 개혁 세력 김영삼과 진보 세력 김대중의 단일화를 요구했지만, 김대중은 4자 필승론을 내세우며 단일화에 응하지 않았다. 결국 야권 분열로 노태우가 36.6퍼센트로 당선되면서 군정이 연장되었다. 부산과 경남의 김영삼 후보는 28.0퍼센트, 호남의 김대중 후보는 21.1퍼센트, 충청의 김종필 후보는 8.1퍼센트로, 3김이 지역을 볼모로 표를 모은 결과, 야권 분열로 군정 종식에 실패했다. 그나마 3김이었으니 이 정도 표를 모을 수 있었다. 지역을 볼모로 막강한 정치력을 가진 3김이 사라진 이후 대통령 선거에서 제3, 제4의 후보는 자연스레 도태되고 선거 양상은 양자 대결로 바뀐다. 이는 유권자의 사표 심리에 의한 자연스러운 현상이다.

한국갤럽이 발표한 '1987년~2022년 역대 대통령 선거 사전 여론조사 추이'를 보더라도 3김이 사라진 이후 대통령 선거는 특별한 사태가 없는 한 양자 구도로 전개돼 30퍼센트대 당선자는 나오지 않았다. 13대 대선에서 2위를 차지한 김영삼은 이후 3당 합당을 하는데, 1992년 14대 대선에서 양자 대결이 아니면 승산이 어렵다는 현실적 판단을 한 것이다.

14대 대선에서 제3의 후보 정주영과 제4의 후보 박찬종이 초반 선전했지만 투표가 가까워질수록 양자 대결로 수렴됐다. 한때 13퍼센트라는 높은 지지율을 보였던 박찬종은 6.4퍼센트만 득표했다. 결국 김영삼 42.0퍼센트, 김대중 33.8퍼센트로 결판이 났다. 이렇듯 중도 확장론은 3김이 각자의 지역을 장악하고 있을 때 그나마 효용성이 있는 분석이다. 1997년 15대 대선에서 김대중 후보가 김종필과 이른바 '디제이피(DJP)연합'을 통해 정권을 쥔 것이 마지막 실례라 할 수 있다.

그러나 3김이 완전히 사라진 2002년 12월 16대 대선의 경우 정몽준은 9월까지 30.8퍼센트의 높은 지지율을 기록하고, 노무현은 16.8퍼센트로 3위였지만, 대선이 가까워지면서 당 기반이 미약한 정몽준의 지지율이 급속히 약화되면서 11월 8일 사퇴했다. 결국 양자 대결이 이루어져 한 달 후 노무현 후보가 48.91퍼센트로 이회창 후보 46.58퍼센트를 누르고 당선됐다.

2007년 12월 17대 대선은 지지율이 월등히 높은 이명박 후보와 약체 여당 후보의 대결로 인해 제3, 제4의 후보가 난립한 선거였다. 그러나 이 선거 역시 정당 지지세가 약한 이회창, 문국현의 퇴조에 따라 2강 대결로 압축됐다. 2012년 12월 18대 대선은 초반 안철수가 20~30퍼센트의 높은 지지율을 보였으나 9월 이후 지지율이 빠지면서 사퇴, 결국 치열한 2파전 끝에 박근혜가 51.61퍼센트로 당선되었다.

2017년 19대 대선은 현직 대통령 탄핵이라는 이상 상황에서 제3, 제4의 후보가 난립했던 독특한 선거였다. 문재인 41.1퍼센트, 홍준표 24.0퍼센트, 안철수 21.4퍼센트로 3강이고, 유승민은 6.8퍼센트, 심상정은 6.2퍼센트 득표했다.

즉 역대 대통령 선거를 분석하면 기존 양당인 2강 대결이 본질이고, 정치 변혁 분위기로 등장한 중도 세력, 즉 제3의 세력 지지율은 투표일이 다가올수록 축소된다. 역대 대통령 선거 가운데 1987년 1노 3김 선거를 제외한다면 30퍼센트대 득표로 당선되는 사례는 없었다. 모두 양자 대결로 수렴돼 41퍼센트~51퍼센트 득표로 당락이 결정된 것이다.

이것은 결선투표가 없는 승자 독식의 대통령 선거 제도에서 오는 필연적 현상이다. 이는 존재(형식)가 의식을 지배하기 때문으로, 요즘같이 과학 기술이 급속히 발전하는 시대라면 이념보다 존재가 앞서고, 제도화된 사회일수록 법규가 의식을 지배한다. 특히 투표 심리와 형태는 선거 제도에 의해 크게 영향을 받는다. 한 표라도 많은 사람이 대통령에 당선되는 선거 제도에서 유권자는 누가 당선돼야 하는가보다 누가 당선이 안 될까를 선별하게 된다. 자신의 표로 승부를 결정하고 싶은, 이른바 사표 심리가 작동하는 것이다. 그래서 진보당 당원이면서 민주당에 투표하는 행태가 벌어지는 것이다.

이런 현상은 열성 당원이 적극적으로 참여하는 최근의 정치 현상과 맞물려 더욱 두드러진다. 정치 팬덤은 인터넷과 사회관계망서비스를 통해 수용되고 확산되는데, 이는 정보 유통의 변화에 따라 세계적으로 나타나는 정치 현상이다. 인터넷과 사회관계망서비스는 누구나 자신의 정치 의사를 펼 수 있는 수단이다. 그 의사 표현은 수치로 나타나고 즉각 호응도 얻을 수 있다. 특히 사회관계망서비스는 손쉬운 친구 맺기와 끊기로 특정 정보만 편식하게 되므로 정치의식 형성에서 양극화로 나타나기도 한다. 일부 정치학자는 정치의 팬덤 형성이 정치 엘리트가 의도적으로 조장한 인민민주주의의 폐해라고 주장하는데, 이는 기술 발전에 따른 언론 시장의 변화를 간과한 오판이다.

이런 정치 상황에서 제3, 제4의 정치 세력은 더욱 입지를 잃고 있다. 18대 대선에서 3당 후보였던 통합진보당 이정희 후보가 "박근혜 당선을 막겠다"며 도중 사퇴한 것도 이런 정치 환경 때문이다. 이 선거에서 박근혜 51.61퍼센트, 문재인 48퍼센트 득표는 정치의 양극화 실태를 뚜렷이 드러냈다. 2022년 20대 대선도 18대 대선처럼 윤석열 대 이재명 후보가 치열한 접전을 벌였고, 그 결과 0.73퍼센트 차이로 당락이 갈리는 극단적 사례를 보여주었다. 여기서는 제3의 정치 세력 심상정의 2.6퍼센트 득표가 승패를 가르는 결정적 요인이 됐다. 결론적으로 중도 확장론은 초기 여론조사나 개념상으로 존재하지만 결과적으로 그리 유용한 분석 이론이 아니다. 안철수가 극도의 중도주의인 '극중주의'極中主義, Radical Centrism를 표방하면서 중도 정당을 만들었지만 실패한 이유도 여기에 있다. 우리나라 정치 제도에서 중도는 기회주의자로 인식될 뿐이다. 2022년 대선에서 안철수가 이를 입증했다.

중도 확장론자의 발목 잡기

개혁진보 세력에서 대통령이 당선되더라도 개혁적 정책만 실행할 수 없으며, 보수 정권이 탄생하더라도 보수 정책만 시행하기는 어렵다. 그래서 개혁 정부이건 보수 정부이건 정책 결정을 당론이나 공약보다 중간으로 수렴하는 것이 일반적이다. 그렇다고 해서 자신의 본래 색깔마저 잊으라는 것은 아니다. 개혁적이고 진보적인 당론과 정책, 공약은 유권자와의 약속이기 때문이다.

개혁진보 정권이 처음에는 야심 차게 시작하지만 곧 시들어 버리는데, 이는 인사에서 극명하게 나타난다. 사회학자 김동춘은 "재벌 개혁을 위해 청와대 경제수석으로 임명한 김태동은 정부의 빅딜론을 비판하다 3개월 만에 정책기획수석으로 자리를 옮겼고, 노무현 정부에서 케인스주의 성향의 개혁파 경제학자 이정우 초대 정책실장이 도중하차했다"면서 "이들은 좌파 성향이 아니라 진보 자유주의 혹은 사회민주주의를 지향하는 학자였는데, 민주당 정부는 이들조차 잡지 못했다"고 평가했다.

개혁적 인사가 임명된 지 얼마 되지 않아 경제 개혁 일선에서 물러난 것은 건의를 빙자하면서 집요하게 해코지를 하는 중도 확장론자들 때문이다. 김대중 정권은 외환 위기IMF라는 특별한 경제적 상황이, 노무현 정권은 물밀 듯이 몰려오는 신자유주의 파고에 대처해야 하는 나름의 이유가 있었다. 김대중 정부는 보수 김종필과 연대를 통해 집권해서 우향우 압박을 받은 것이 사실이다.

그러나 독자적으로 정권을 잡은 노무현이나 문재인은 중도 확장보다 오히려 민주노동당, 혹은 통합진보당, 정의당 등 진보세력과 연정을 더 선호했다. 실제 촛불혁명에서 주도적 역할을 한 진보 세력과 연정은 당연했다. 특히 문재인 정권은 촛불의 명령으로 개혁진보 정책을 실행하라는 시대적 요구도 있었고, 또 180석에 이르는 국회의 지지 세력도 갖췄다. 그러나 문재인 정부는 인사에서부터 소극적이었다. 사회학자 김동춘은 "노무현, 문재인 정부는 중도 자유주의 성향의 학자를 각료로 임명하거나 아예 정치인이나 관료 출신, 김앤장 출신의 법률가를 청와대 참모로 기용했다"면서 "이렇게 임명된 자유 보수적인 학자와 전문가들은 주택, 교육, 노동 정책에서 최소한의 개혁 시도조차 거부하는 경우가 많기 때문에 결국 임명권자인 민주당 대통령의 권력 기반과 지지율을 허무는 데 일조했다"고 평가했다.

어설픈 우향우 인사가 결국 대통령의 지지율과 권력 기반을 흔들었고 대선 패배로 나타났다는 뜻이다. 이는 경제 정책과 교육 정책뿐만이 아니다. 문재인 정부의 언론 정책도 언론에 책잡힐 일이 없는 중앙 언론사 출신만 기용해서 펼쳤다. 이 역시 어설픈 중도 확장론자의 요구 때문이다. 김대중, 노무현 정권에서도 그랬지만 촛불정부에서도 중도 확장을 집요하게 요구하는 세력은 언제나 똑같았다. 민주당 내에서 기득권이 된 586세력과 관료 출신, 그리고 교수 등 관념적 중산층이다. 권력 밖에서 개혁적인 지식인임을 자처하는 먹물들도 이런 주장에 가세했다. 참여정부에서 노무현에게 좌측 깜빡이를 켜고 우회전을 종용했던 세력이 그들이고, 문재인 대통령에게 중도 확장을 강요했던 이른바 수박이라고 표현되는 정치인이 그들이다.

이들을 보면 몇 가지 공통점이 발견된다. 그것은 이른바 서울대, 고려대, 연세대SKY 같은 명문대 출신의 운동권, 교수, 시민운동가, 언론인이 많다는 점이다. 대통령 후보 경선에서 패배한 이낙연 후보도 명문대 언론인 출신이다. 학생운동권 출신 상당수도 초심을 버리고 끊임없이 중도로 변신을 시도했다. 이들은 중도로의 변신을 통해 정치적 안정판을 마련하고, 경제적, 사회적으로 기득권 세력에 편입됐다. 이들은 '정치는 생물'이라는 경구를 입에 달고 다니며 좌파와 결별, 중도 확장이 민주당의 성숙이고 진화라고 설파했다. 자기의 삶이 그것을 입증했기 때문이다. 이들에게 민족과 통일을 얘기하면 달라진 세상 물정 모른다는 핀잔을 듣고, 국가보안법 폐지를 주장하면 사문화된 법에 연연할 필요가 없다며 전술적 문제를 지적한다.

비정규직을 없애는 일자리 문제, 최저임금을 1만 원으로 인상하는 정책에 작은 문제라도 생기면 즉시 '그것 봐라'하며 비판의 본심을 드러낸다. 특히 국가보안법 수사 소식이 나오면 '그래서 좌파와 결별하라고 했다'면서 종북몰이에 슬쩍 가담한다. 검찰이 흘리는 수사 내용에는 민감하게 반응한다. 이들은 촛불혁명에서도 기회주의적 태도로 일관했고, 촛불 명령이 무엇인지 관심도 없었다. 단지 최고 권력자를 자신의 신념과 같은 노선으로 끌어들이는 일에 몰두할 뿐이다. 그래야 자신의 변절을 합리화할 수 있고, 향후 운신의 폭도 넓어지기 때문이다. 그래서 원로 언론인 남재희는 "개혁 과제가 산적한 나라에서 '중도화' 운운은 결국 수구의 길"이라고 일갈했다.

이런 중도 확장론자가 보기에 2021년 민주당 대통령 후보 경선에 나온 이낙연은 촛불정부 다음을 잇는 차기 대통령으로 손색이 없었다. 이낙연 전 대표 자신도 중도 확장론을 표방했고, 이 점이 민주당 내 중도 확장론자와 맞아떨어진 것이다. 실제 이낙연은 촛불정부 첫 총리로 국정 운영의 실무 책임자였으며, 당 대표까지 지냈다. 행정 경험은 물론이고 정치 경력도 이재명보다 월등히 나았다. 안정적 삶, 무난한 대외 관계 등 경력과 성향으로 보면 안정적인 후보였다. 그러나 이낙연은 당내 기반이 없는 이재명에게 1차 투표에서 완패했다. 민주당 당원과 일반 국민이 이낙연의 애매한 표의 확장성을 거부했기 때문이다. 이재명은 경선 내내 적폐 청산을 외치며, 중도 확장론을 비판하며 이낙연과 차별화를 강조했다. 다음은 이재명의 책에 나오는 말이다.

"우리 정치권에는 '중도 확장론'이라는 실체 없는 유령이 떠돌고 있다. 기울어진 운동장 논리를 극복하기 위한 제법 유력한 집권 방안으로 20년째 제시되고 있다. 이 유령은 노동자, 서민, 중산층을 위한 당연한 정책을 과격한 진보라 낙인 찍고 우향우를 강요한다. 평화를 위해 북한과 대화해야 하고 경제를 위해 통일하자는 당연한 상식을 주장하면 종북으로 매도당할 수 있으니 군복 입고 휴전선을 찾게 만든다.

이들은 1997년 대통령 선거에서 김대중이 김종필과 연대해 승리한 것을 대표적 사례로 든다. 그러나 그렇지 않다. 2002년 노무현의 승리는 정몽준에게 연연하지 않는 단호함의 승리였다. 중도 확장론에 대해 나는 홍상수 감독의 영화 제목처럼 〈그때는 맞고 지금은 틀리다〉고 판단한다. 김대중과 노무현의 2승을 거치면서 진보의 외연은 넓어졌고, 3승을 바라보는 지금은 진보냐 보수냐가 아니라 유능하냐 아니냐가 더 중요한 기준으로 자리 잡았다. 더 진실하게 말하면, 지금 진보로 지칭되는 영역은 사실 보수이고, 보수로 지칭되는 영역에는 가치를 논하기도 어려운 '부패 수구 기득권 세력'이 많다. 그렇기 때문에 자신감을 갖고 당당하게 내 주장을 내세우며 국민에게 호소해야 선택받을 수 있다."

민주당 경선에서 이재명의 압도적 승리는 당원은 물론이고 국민도 어설픈 중도 확장론을 심판하고, 촛불혁명의 명령인 '적폐청산 재조산하'를 완수하라는 의미였다. 진보로 외연을 넓히라는 요구였지 보수와 영합하라는 것이 아니었다. 그러나 대선 경선에서 승리해 민주당 후보로 신분이 바뀐 이재명의 행보는 본심과 달리 중도 확장 행보를 걸었다. 경선에서 당심과 민심을 확인했음에도 중도 확장론자들이 집요하게 요구했기 때문이다. 이들은 여차하면 후보 교체론에 불을 붙일 태세였다. 표의 확장성 요구에 시달린 나머지 민주당은 선거에서 많은 오류를 범했다.

대표적 오류 중 하나가 윤미향 의원의 제명 시도다. 민주당은 이재명 후보 지지율이 30퍼센트 중·후반에서 40퍼센트 초에 정체하자 일종의 자해 정치를 하는 무리수를 뒀다. 부동산 투기 등 문제가 있는 의원을 선별해 탈당, 혹은 제명을 추진하다가 수사로 소명되자, 이번에는 보수 언론이 집요하게 문제 삼는 윤미향 의원의 제명을 추진했다. 윤미향 의원은 보수 언론의 문제 제기, 국민의힘의 정치 쟁점화, 검찰의 기소라는 전형적인 순서로 언론과 검찰의 공세 대상이 됐다. 국민의힘에서 '윤미향 티에프' 위원장을 맡았던 인물이 강기훈 유서대필사건 검사 곽상도라는 사실도 기억해 둘 필요가 있다.

이에 민주당 윤호중 원내대표를 비롯해 김종민, 박용진, 조응천 의원 등은 윤미향 의원 제명을 요구했다. 이유는 바로 표의 확장성이다. 과연 그럴까. 당시 필자는 '확장성 운운의 허구'라는 제목으로 민주당 행보를 사회관계망서비스에서 비판한 적이 있다. 그 요지는 이렇다. "촛불혁명을 끝내고 치러진 대선에서 문재인 후보가 얻은 표는 41.08퍼센트에 불과했다. 이것은 현재 이재명 후보가 진영 투표(당 조직)에서 문재인 후보가 얻은 표를 거의 확보했다는 것을 의미한다. (무응답 감안) 지난 대선에서 '폐족'이랄 수 있는 홍준표 후보가 24.03퍼센트, 유승민 후보(비록 탈당해 탄핵에 동조했지만)는 6.76퍼센트를 얻었다. 심지어 박근혜를 사수한 조원진 후보도 0.13퍼센트나 득표했다. 여기서 관건은 21.4퍼센트를 얻은 안철수 후보의 표다. 당시 안철수 국민의당은 보수개혁 표에다 김한길과 천정배 등 호남 홀대론에 분노한 '동교동계'가 바탕이 됐다. 이 표의 3분의 1은 국민의힘과 서울시장 선거 연합을 거치며 이미 윤석열 후보 쪽으로 갔다. 권노갑, 정대철 등 일부 동교동계가 민주당으로 복귀했지만 김한길에서 보듯이 아직 어정쩡하다. 이재명 후보의 호남 지지율이 확 늘지 못하는 것이 그 증표다. 다음은 지난 대선에서 6.17퍼센트를 얻은 정의당 심상정 후보의 표다. 다가오는 대선에서 이 정도 표가 나올 가능성은 거의 없다. 그러나 이들 중 상당수는 정권 교체를 외치고 있다."

그러고 나서 다음과 같은 결론을 내렸다.

"민주당이 윤미향 의원 제명을 시도하고 있다. 표의 확장성 때문일 것이다. 그러나 이는 허구일뿐더러 선거 전략상 오류이다. …… 안철수 후보가 단일화 없이 계속 갈 것인가 여부는 이번 대선 최대 변수일 것이다. 단일화되지 않으면 이재명 후보의 신승이겠지만 단일화된다면 어찌 될까. …… 결국 지금 시급한 것은 민주당에서 이반한 개혁진보 세력의 재결집이다. 어차피 정권 교체, 선제 타격 세력에 읍소한다고 표가 돌아오지 않는다.

확장성 운운하지만 이는 허구이다. 지금 민주당은 자신의 정체성을 확실히 하고 정도를 걷는 것이 필요하다. 그런 면에서 윤미향 제명은 매우 잘못된 카드다. 이는 개혁과 진보 세력 결집에도 도움이 안 되고, 극우 언론 적폐와 공안 적폐에 굴복하는 것이기 때문이다. 사법 심사도 끝나지 않은 상태에서 정당성마저 없다."

결국 지난 대선은 안철수와 윤석열의 후보 단일화, 심상정의 무모한 완주가 승패를 가른 것이다. 아마추어 정치 분석가도 할 수 있는 선거 분석을 민주당은 표의 확장성이라는 정체 모를 유령에 홀려 자해 정치를 한 것이다. 이는 조국 사태에서 경험했고, 윤미향 사태에서 확인했고, 지금 이재명 사태에서 똑같이 진행되고 있는 것이다. 윤미향 의원이 1심 판결에서 대부분 무죄 판결을 받자 이재명 대표는 자신의 사회관계망서비스에 "인생을 통째로 부정당하고 악마가 된 그는 얼마나 억울했을까"라며 "검찰과 가짜 뉴스에 똑같이 당하는 저조차 의심했으니 …… 미안하다, 잘못했다"고 사과했다. 이 대표의 이런 공감은 짙은 동병상련이기도 하지만 대선에서 오류를 시인한 측면도 있다.

중도 확장론에 근거한 최악의 인사가 바로 윤석열 검찰총장과 최재형 감사원장의 기용이다. 이해찬 전 대표도 대선 이후 자신의 출판기념회에서 "윤석열 검찰총장이 대표적 인사 실패 사례"라고 지적했다. 두 사람은 이미 법조계에서 정평이 나 있던 보수적 인물이다. 인사 검증 책임자였던 조국도 윤석열은 평생 민주당을 찍지 않고, 뼛속부터 보수주의자라는 것을 알았다. 그런데도 그를 기용한 것은 중도 확장론이 중요하게 작용했을 것이다. 청와대와 당에는 586운동권 세력이 포진하고 있어서 이미지 분식 필요성도 일부 작용했을 것이다.

중도 확장론에 근거한 민주당 최악의 정치적 오판이 바로 21대 총선을 앞두고 이뤄진 선거 연대다. 민주당은 정의당, 민중당(현 진보당), 녹색당과 연대를 버리고, 동아리 수준의 기본소득당과 정체불명의 시대전환 등과 손을 잡았다. 촛불 원로의 간곡한 호소에도 위성정당을 만들고 정작 촛불 주도 세력은 제외한 것이다. 그 이유 역시 중도 확장이다. 정의당은 애당초 위성정당에 참여하지 않았지만, 민중당을 버린 것은 왼쪽을 버리고 오른쪽으로 확장하려 했기 때문이다.

오류가 검증된 중도 확장론

어설픈 중도 확장론은 노무현 정부에서 허위임이 입증됐고, 노무현도 스스로 고백한 오류다. 노무현은 고건에게 초대 총리를 제안하면서 "개혁 대통령을 위해선 안정 총리가 필요하다"고 말했다. 그러나 노무현은 2006년 12월 "고건 총리가 양쪽을 다 끌어당기지 못하고 스스로 고립됐다. 결국 나와 정부에 참여한 사람들이 왕따가 됐다. 결과적으로 실패한 인사"라고 말했다. 인사를 통해 중도 확장을 시도했지만 결국 실패했다고 고백한 것이다. 그런 노무현의 실패를 문재인이 또 반복한 것이다. 노무현이 많은 교훈을 여러 책에 남겼지만 가장 중요한 요소를 문재인은 까먹은 것이다. 오른쪽으로 가는 중도 확장은 필연적으로 왼쪽의 진보 세력과 분리를 가져오고 그들의 이반을 불러온다. 결국 중도 확장론은 지지 세력까지 잃어버리는 결과를 초래한다. 뒷장에서 자세히 언급하겠지만 개혁진보 세력의 이반이 그것이다. 이는 실제 선거에서 정확히 확인됐다.

2022년 대선이 끝나고 민주당 서울시당이 여론조사 전문가인 정한울 한국리서치 전문위원에게 의뢰해 받은 '대선이후 정치지형 변화와 향후 진로모색'이라는 제목의 심층 보고서가 나왔다. 이 보고서는 탄핵정치연합 세력, 즉 촛불혁명의 주도 세력 분열을 선거 패배의 요인으로 꼽았고, 분열의 한 원인이 민주당이라고 지목했다. 보고서는 또 탄핵정치연합이 해체된 것은 2020년 총선 이후라고 지적했다. 민주당을 지지했던 세력이 잔류 민주와 이탈 민주로 분열한 반면, 국민의힘은 올드 보수와 뉴 보수가 연합을 강화한 것으로 나타났다. 정한울 전문위원은 이탈한 민주 세력이 10~15퍼센트로 이들은 20대 남성, 50대 여성, 서울과 영남 등 30대, 서울 및 부산과 경남의 지역 지지자, 중도층이라고 밝혔다. 정한울 전문위원은 "'잔류 민주'와 '이탈 민주'

유권자를 복원하기 위해선 2017년 촛불집회 당시 탄핵정치연합처럼 이들을 다시 연합하는 리더십이 필요하다"면서 "이탈 민주를 복원하지 않으면 보수 우위 구도가 현실화되고, 이탈 민주층 설득을 위한 포지션 이동을 잔류 민주층이 수용해야 연합이 가능할 것"이라고 지적했다.

물론 잔류 민주와 이탈 민주에 앞서 개혁진보 세력의 분열이 가장 큰 대선 패배 요인이다. 1퍼센트로 승부가 갈린다는 많은 경고에도 불구하고 무모하게 표를 분산시킨 정의당 심상정 후보의 대선 완주가 결정적 패인이다. 그다음이 21대 총선을 앞두고 선거 연대에서 촛불 세력, 즉 탄핵정치연합을 와해한 민주당의 오판도 촛불정부 몰락의 원인이다. 이미 무용한 것으로 검증됐던 표의 확장론자의 주장을 수용했던 민주당의 판단이 결정적 패착인 것이다. 중도 확장론자들이 주장한 '좌파는 표가 안 된다'는 의견 역시 허구였다. 게다가 이 중도 확장론자들은 대선 기간 내내 선거운동은 거의 하지 않고 관망하는 태도로 일관해 당원들로부터 빈축을 샀다.

이런 맥락의 분석은 이뿐만 아니다. 민주당이 대선 패배 후 만든 '새로고침위원회'는 민주당 핵심 지지층과 대선에서 이탈한 102명을 상대로 집단별로 인터뷰했다. 여기에서 민주당의 태도와 운영, 비전에 대한 심도 있는 지적이 이뤄졌다. 이 보고서 '이기는 민주당은 어떻게 가능한가'에서는 "한국에서 어느 정당도 평등·평화 집단과 능력주의 보수 집단의 지지를 동시에 받을 수 없다. 그것을 추구하는 것은 바보 같은 짓이 된다. 그 중간에 선다면, 어정쩡하게 선다면 두 집단으로부터 모두 버려질 것이다. 허공에 뜨는 셈이다. 분명히 말할 수 있지만 그런 중도는 없다. 왼쪽으로 가야 한다느니, 오른쪽으로 더 가야 한다느니 하는 말도 마찬가지"라고 결론을 맺었다.

결국 문재인 정권은 노무현 정권과 마찬가지로 여론조사에나 존재하고 선거에는 실재하지 않은, 가능하지도 않은 중도 확장론에 홀린 것이다. 실체 없는 산토끼를 잡으려다 집토끼도 놓치는, 두 마리 토끼를 다 잃고 만 꼴이다. 중도 확장은 표를 더 얻기는커녕 진보와 거리를 더 멀게 함으로써 결국 극우보수 세력이 승리하게 만드는 것이다. 역사학자 토인비의 지적처럼 로마제국이 한니발이 이끄는 남쪽의 카르타고가 무서워 북서로 확장하다 게르만족을 만나 멸망한 것과 같다는 말이다.

정치는 원래 국민과 약속한 모습으로 초지일관 중심을 잡고 나가야 하는데 촛불정부는 어설프게 변신 혹은 확장하다 모두를 잃었다. 이는 정치 도의상 명분도 없고, 정치 발전 측면에서도 옳지 않다. 촛불정부는 본래 과제와 책임을 망각하고 기득권화됐다. 심하게 말하면 국민과 약속을 어긴 배신이고, 적폐와 동거였다. 어설픈 중도 확장론을 신봉하는 먹물들의 오판이 촛불혁명의 대의를 그르치고 만 것이다.

7

조국을
어찌 볼 것인가

　문재인 정권 쇠망을 말하면서 법무부 장관 조국을 빼놓고 말할 수 없다. 그는 서울대 법대 교수에서 청와대 민정수석으로 전격 발탁됐다. 그는 제왕적 대통령제라는 오명을 쓰고 있던 1987년 헌법 개정 작업을 비롯해 국정원, 감사원, 검찰 등 권력 기관 개혁을 진두지휘했다. 이로 인해 리틀 문재인이라는 별명을 얻으며 촛불정부 최고의 실세로 통했다. 그러고는 곧장 법무부 장관에 임명돼 문재인 정부의 오랜 숙원인 검찰 개혁의 사령탑을 맡았다.

그러나 검찰의 털어내기식 수사가 시작되자 딸의 의학전문대학원 부정 입학 의혹 등 이른바 조국 사태를 치르며 최악의 나락으로 떨어졌다. 부인은 징역 4년 실형이 확정됐고, 딸은 의전원 입학은 물론 의사 면허까지 취소됐다. 본인 역시 기소됐다. 정치평론가 김만흠은 "민주당의 대선, 지방선거로 이어진 이 모든 사태의 시작"이라는 혹독한 평가를 했으며, 민주당 대선 패배의 주범으로 꼽았다. 조국은 개인적으로 천당에서 지옥을 오간 인물이고, 개혁진보 세력의 분열을 가져온 인물이고, 정치적으로 촛불정부의 성패를 가른 인물이다. 그의 흥과 망은 촛불정부 흥망의 축약판이라 할 수 있다.

그는 준비된 개혁가였나

그는 개혁진보 진영에서 가장 준비된 인물로 평가받았다. 많은 사람은 촛불혁명이 문재인 정부에 부과한 과제인 '적폐청산'과 '재조산하' 작업을 그가 맡을 것으로 생각하고 기대했다. 그는 평소 사회적 약자와 소수자를 위해 목소리를 높였고 게다가 잘생기기까지 한 법학자였다. 청와대 역시 그를 임명한 이유로 "비검찰 출신 법치주의, 원칙주의, 개혁주의자로서 대통령의 강력한 검찰 개혁과 권력기관 개혁 의지를 확고히 뒷받침할 적임자로 판단했다"고 설명했다.

이는 사실이다. 그는 이론과 계획을 갖춘 준비된 개혁가였다. 그는 2010년 일찌감치 《진보집권플랜》이라는 책에서 정치, 남북문제, 사회, 경제, 교육 등 진보가 집권하기 위한 계획과 시행할 정책의 밑그림까지 그렸다. 그는 "진보개혁 진영이 재집권한다면 진보의 고속도로를 깔아야 한다 …… 진보개혁 진영이 재집권한다면 처음 1~2년 동안 어떠한 제도적 개혁을 할 것인지는 물론, 대통령 임기 중간에 있는 선거에서 어떻게 이겨 진보개혁 진영을 강화할 것인지에 대해서도 영악할 정도의 전략을 짜두어야 한다"고 말했다.

조국은 특히 브레이크 없는 괴물인 검찰 개혁의 당위성과 소신, 그리고 고위공직자비리수사처라는 해결책까지 설파했다. 이 책을 읽은 문재인 당시 변호사가 소감을 써 보냈다고 한다. 그래서 문재인 정부에서 그가 첫 교수 출신 민정수석으로 기용됐을 때 많은 사람이 고개를 끄덕이며 적임자라고 말했다. 그는 확고한 신념도 있고 영민하기까지 했다. 그는 대통령 임기 5년 가운데 3년이 지나면 레임덕이 온다며 집권 1년 차에는 무엇을 하고, 2년 차에는 무엇을 할지, 그런 식의 5개년 계획을 가지고 있다가 전광석화처럼 실시해야 한다고 주장했다. 특히 취임 1~2년 내 제도적 말뚝을 통해 사회의 판을 바꾸고, 지지 계층을 결집시켜야 한다고 말했다. 조국의 계획은 마치 김대중 정부의 제

2의 건국을 보는 것처럼 규모가 크고, 그보다 훨씬 정교했다. 조국은 재조산하의 목표는 물론이고 영민하게 실행 방법까지 제시하고 있었다. 이런 준비된 개혁가를 촛불정부가 기용하는 것은 당연했다.

조국이 쓴 이 책에 대해 악평하는 사람도 있었다. 노무현 정부 때 문재인 비서실장과 같이 청와대에 있던 홍보수석 조기숙이 대표적이다. 그는 2012년 문재인이 대선에서 패한 이유가 국가의 역할을 강화하는 구좌파 정책을 들고나왔기 때문이라고 주장했다. 조기숙은 "문재인이 구좌파 정책으로 선거에 임하도록 하는 데 가장 큰 영향을 미친 건 조국과 오연호의《진보집권플랜》이었다"면서 "밥 먹여 주는 데에도 실패한 구좌파 프레임으로 대선이 치러지도록 유도한 일등 공신"이라고 비난했다.

조기숙의 이런 판단과 비평에 동의하지 않는다. 조국의 문제는 다른 곳에 있었다. 민정수석으로 그가 대통령으로부터 부여받은 임무는 권력기관 개혁이다. 국정원과 감사원 등의 문제를 조정하는 것이다. 권력기관 개혁은 권력 내부의 힘겨루기를 조정해야 하는 일로 대통령의 확실한 신임 없이는 추진하기 힘들다. 그리고 권력기관 개편이야 은밀히 이뤄지니 겉으로 드러날 일은 없다. 그러나 개헌 추진 작업에서 드러난 민정수석 조국을 보면서 '아닌데' 하는 생각이 들 정도로 실망스러웠다. 헌법상 대통령이 가진 최고의 권한은 바로 헌법을 바꾸는 권한, 개헌안 발의권이다. 앞에서 기술한 것처럼 개헌안 발의는 원래 법무부 장관 업무지만 워낙 중요한 사안이니 민정수석이 맡은 것까지는 이해한다고 치자. 그러나 국민헌법자문특위를 통해 개헌안을 만드는 과정은 매우 부실했으며, 어떻게 국회에서 통과시킬지, 최종 국민투표까지 어떤 복안으로 국민을 설득할지에 대한 구체적 전략은 보이지 않았다.

그가 텔레비전에 나와 개헌안을 설명할 때 국회 통과조차 불가능한 저런 개헌안을 대통령이 발의할 수 있을까 하고 우려했다. 이 과정을 보면 《진보집권플랜》에서 강조한 치밀함도 영민함도 보이지 않았다. 대통령의 최고 권한인 개헌 문제를 마치 시민운동, 혹은 학술 발표를 하듯이 한다는 생각이 들었다. 그는 대통령의 개헌안 발의가 무위에 그치면 막대한 정치적 부담을 안는다는 점을 몰랐다. 시행이 되지 않는 정책은 정부 불신의 씨앗이 된다는 것을 모른 것이다. 이는 나름대로 정교한 개혁 청사진을 가졌지만 정책을 다뤄보지 못한 학자나 시민운동가의 한계일 수도 있다.

그리고 그는 치밀하게 계획했던 집권 1년 차, 2년 차에서 무엇을 실행했는지 보여주지 못했다. 과연 문재인 집권 1년 차, 2년 차에 국민이 체감하는 적폐 청산이 이뤄졌는가, 국민에게 실질적 도움이 되는 재조산하가 이뤄졌는가는 의문이다. 물론 민정수석 혼자 문재인 정부의 모든 업무를 수행할 수는 없다. 하지만 그가 계획했던 사안 중 청와대에서 이룬 성과를 꼽으라면 얼른 떠오르지 않는다. 오히려 2017년 유재수 전 부산시 경제부시장 사건 때 일어난 감찰반에 대한 논란을 보면 사건의 진실 여부를 떠나 그가 자기의 청와대 민정수석실조차 확실히 장악하지 못했음이 드러났다.

무엇보다 조국은 민정수석으로서 치명적 오류를 범했다. 그것은 바로 윤석열 검찰총장을 만든 것이다. 그를 서울중앙지검장으로 발탁하고, 몇 기수나 승진시켜 검찰총장으로 임명한 것은 다름 아닌 청와대다. 그는 검찰총장 윤석열 인선에 찬반 의견만 수집해 인사권자에게 보고했다고 말하고, 자신은 찬성 혹은 반대를 했는지는 정확히 밝히지 않았다. 하지만 그는 당시 반대 이유를 정확히 알았다. 그는 "특히 당 법사위원을 비롯한 법률가 출신 국회의원 대다수와 문재인 대선 캠프 법률지원단 소속 법률가 다수는 강한 우려 의견을 제시했다"고 밝혔다. 그 우려는 '무차별적이고 무자비한 수사의 대가다', '뼛속까지 검찰주의자다', '특수부 지상주의자다', '정치적 야심이 있다' 등이라고 말했다.

검사 윤석열의 성격을 정확히 꿰뚫은 것이다. 심지어 조국은 검사 윤석열이 지인과 기자들에게 '나는 선거에서 민주당을 찍은 적이 없다'라고 여러 번 자랑스럽게 말한 세평까지 알고 있었다. 무엇보다 윤석열 검찰총장 인사청문회 때 야당 의원 김진태의 질문을 보면 윤석열 부인의 학력에 심각한 문제가 있음을 알았을 것이다. 야당의 인사청문위원이 알 정도를 청와대 검증에서 드러나지 않았다면 검증 제도의 문제이고, 그런 사실을 알면서도 임명했다면 심각한 정무적 판단의 오류다. 이런 정무적 판단의 오류를 일으킨 이유와 배경은 무엇일까. 윤석열 지명자와 그 부인의 됨됨이를 알았으면 검증을 책임진 민정수석은 결사적으로 총장 임명을 막아야 했다. 민정수석으로 윤석열 검찰총장 임명을 묵인한, 아니 저지하지 못한 것은 대단한 실수다. 물론 그가 통제할 수 없는 차원에서 임명 결정이 내려질 수도 있다. 조국은 뒤늦게 당시 민정수석으로 포괄적 책임을 느낀다고 토로했지만 그 정도로는 미흡하다.

검찰 쿠데타를 제압하지 못하고 당해

문재인 정부의 첫 법무부 장관인 학자 출신 박상기는 착하기만 했다. 대통령 문재인이 가장 조바심을 갖는 검찰 적폐 청산은 진도가 나가지 않았다. 총리실이 매년 실시하는 '2018년도 정부 업무평가'에서 법무부는 미흡 평가를 받았다. 실제 총리실이 미흡으로 판정한 이유는 '권력기관 개혁 등 주요 개혁 입법이 지연되는 한계'라고 밝혔다. 미흡 평가를 받은 부처는 교육부, 환경부, 고용노동부 등 4개 부처인데 나머지 3개 장관은 이미 교체됐다. 따라서 현직 장관의 미흡 판정은 법무부가 유일했고, 이는 사실상 경질 통보였다.

촛불 과제 수행에 미흡한 장관이라는 판정을 받았으면 경질이 불가피하고, 후임은 촛불 과제를 잘 수행할 인물이 적격일 것이다. 조국을 민정수석에서 곧장 법무부 장관으로 임명하는 데 부담도 있지만 대통령 문재인은 검찰 개혁이 시급했을 것이다. 그만큼 검찰 개혁을 잘 알고, 준비된 개혁가는 없기 때문이다. 그가 공직자 검증의 오류, 민정수석실 내부의 조직 장악 미흡 등의 문제가 있음에도 법무부 장관에 기용한 것은 그 때문일 것이다. 그는 이미 검찰 개혁 방안에 대해 나름의 소신과 계획까지 가지고 있었다.

조국의 법무부 장관 임명은 검찰 개혁을 확실히 하겠다는 대통령 문재인의 강력한 의지의 표현이다. 문재인 역시 과거 청와대에 같이 근무했던 김인회 인하대 교수와 검찰 개혁의 철학과 원칙, 그리고 지침서까지 자세히 연구한 바 있다. 검찰 개혁에 대한 실천적 경험과 이론적 연구의 합작품이라고 평가한 이 연구는 《문제는 검찰이다》라는 책에 잘 정리돼 있다. 이에 따르면 검찰 개혁은 국민의 높은 관심과 지지, 구체적이고 정밀한 개혁 방안, 정치권의 검찰 개혁에 관한 공감대가 3대 성공 요소라고 분석했다. 검찰 개혁의 신념을 가진 대통령과 법무부 장관의 등장은 특수부 검사들에게는 심각한 도전이었을 것이다. 검찰 나름의 주도면밀한 대응책을 준비하고 있음이 분명했다.

그러나 조국과 문재인은 검찰의 역습을 간과했다. 조국은 "당시 누가 상상이나 했겠는가. 문 대통령이 발탁한 윤석열 검찰총장이 역시 문 대통령이 선택한 법무부 장관과 그 가족을 표적 수사 하리라는 것"이라고 토로했다. 그랬다. 이는 주도면밀하게 계획된 검찰 쿠데타였다. 2019년 8월 9일 법무부 장관에 조국이 지명되고 1주일 만인 8월 16일 그의 가족과 부동산 문제에 관한 언론 보도를 시작으로 27일 서울중앙지검 특수부가 법무부 장관에 대한 압수수색을 실시한 것은 노골적인 항명이었다. 그로부터 기소까지 4개월 동안 법무부 장관 주변에 대한 전방위적 수사는 쿠데타 과정이었다. 당시 웬만한 사람들은 검찰의 이런 행동이 매우 이례적이고, 일종의 쿠데타라는 것을 알았다. 어느 정도 시사 상식을 가진 사람이라면 법무부 장관에 대한 검찰의 압수수색은 하극상임을 알았을 것이다. 당시 경희대 교수였던 김민웅은 "사회 정변에 즉각적인 타격을 주는 군사 쿠데타와는 다른 유형의 정변이다. 일종의 궁중 쿠데타인 셈이다. 실제로 진행되는 사태는 검찰 개혁 반발 세력이 반발성 선제공격으로 그 본질이 압축되는 것은 아닌가 한다"고 말했다.

이는 법무부 장관 조국도 알았을 것이다. 늦었지만 검찰 쿠데타임을 알았다면 신속히, 그리고 과단성 있게 진압했어야 했다. 그러나 야당과 언론을 이용한 검찰 쿠데타가 지루하게 이어져도 청와대 대응은 무기력하기만 했다. 검찰의 수사 상황 유출과 이를 검증 없이 받아쓰는 보수 언론, 이를 정치 공세로 이용하는 야당이 세상을 온통 흔들었다. 이 3개 세력의 공세에 문재인 정부는 속수무책이었다. 조국의 최후 진술처럼 최소 70군데에 달하는 압수수색이 이뤄졌고, 가족 누구의 동의도 없이 제출된 개인 컴퓨터, 그 안에 있던 몇천 페이지 분량의 10년간 문자 대화가 공개되고 조롱을 받았다.

현직 법무부 장관이 산하기관 검찰에 이런 수모를 당하고 있음에도 문재인 정부는 총체적으로 무기력했다. 이런 권력의 무기력한 대응에 분통을 터뜨리며 달려간 사람들이 바로 서초동 촛불이다. 2020년 8월 몇몇 인사들이 《검찰개혁과 촛불시민: 조국 사태로 본 정치검찰과 언론》이라는 제목으로 이른바 '조국 백서'를 출간한 것도 이런 실태를 고발하기 위해서였다. 필자 역시 윤석열 검찰을 정리할 다음 방법을 사회관계망서비스에 올린 적이 있다. 촛불정부가 얼마나 무기력해 보였으면 일개 시민이 법적, 행정적으로 윤석열 총장 정리 방법을 제시했겠는가. 다음은 당시 필자가 주장한 글이다.

"문재인 정부, 언제까지 이렇게 아마추어같이 갈 겁니까. 윤석열 말대로 법대로 하면 됩니다. 검찰총장 수사가 문제 있다면 법무부 장관이 지휘권을 행사하던가, 그것이 어렵다면 다양한 다른 방법을 찾아야지요. 일단 공직기강비서실을 통해 검찰의 직무를 감찰해 수사 상황을 빼돌려 직무 규정을 어긴 검사를 찾아 징계하면 됩니다. 최강욱 비서관, 왜 그걸 못 해요. 총리실도 대대적인 공직 감찰에 나서면 됩니다. 이낙연 국무총리는 왜 점잔만 떨고 있나요.

윤석열 총장 이후 특수부 출신이 비정상적으로 승진했다면 인사혁신처를 동원해 인사 감사를 하면 됩니다. 그래서 인사 문제가 드러나면 인사권자인 검찰총장의 해임, 파면을 요구하세요. 조직이 비대해졌다면 행정안전부 감사를 통해 검찰 조직을 팍 줄이면 됩니다. 효율적인 것은 기획재정부를 통해 기밀비 등을 비롯한 검찰 수사 예산을 팍 깎아 버리세요. 경찰이나 국세청을 통해 문제 있는 검사는 정식 조사, 수사하세요. 조국처럼 털면 안 나올 검사 있을까요. 아예 감사원을 동원해 검찰 조직 전체에 대해 종합 감사에 착수하세요. 민주당도 입으로만 떠들지 말고 검찰 조직에 국정조사를 요구하세요.

그것도 안 되면 대통령이 검찰총장을 해임하세요. 총장을 국무회의 의결로 임명했다면 국무회의 의결로 해임할 수 있는 것이 기본입니다. 검찰총장 해임 권한에 논란이 있다면 일단 자르고, 헌법재판소 판단을 받아보세요. 그러나 절대로 박근혜처럼 국정원을 동원해 사생활을 캐지 마세요. 당당하게 법대로, 공개적으로 헌법에 명시된 대통령의 권한을 행사하세요. 그럴 자신이 없습니까. 문 대통령, 제발 비서실장 시절처럼 어리바리하지 마세요. 힘들게 사는 국민 휴일도 쉬지 못하고 촛불 들게 하지 마세요."

신분 세습이 조국의 진짜 문제

이른바 조국 사태라 부르는 일련의 과정에서 우리가 얻어야 할 교훈은 정치 검찰 문제나 언론의 보도, 그리고 야당의 정략적 태도가 아니다. 오히려 문재인 정부는 무기력한 대처에 대해 반성을 해야 한다. 오죽했으면 광화문의 촛불시민이 휴일에 쉬지도 못하고 서초동으로 달려갔겠는가. 조국은 전두환의 하나회에 필적하는 정치 검찰을 혁파하겠다고 공공연하게 말했다. 그러려면 《진보집권플랜》에서 말했던 것처럼 영민한 사전 계획과 과단성 있는 행동이 있어야 했다. 특히 문재인은 "진짜 큰 반발은 투쟁이기 때문에 반드시 싸워서 이겨야 한다"고 전의를 다지기까지 했다.

조국과 문재인은 나름대로 정교한 계획을 세웠다고 하지만 실행하지 못했다. 이는 자신의 패만 보여주고 상대편 패를 보지 못한 것이다. 조국과 문재인은 대검 정보분석관의 범죄 정보력을 간과했고, 검찰의 입에 목을 매는 특유의 취재 방식을 활용하는 언론의 정교한 여론 몰이를 예상하지 못했다. 군부 하나회를 능가하는 검찰의 사조직을 격파하기 위해선 정교한 실행 계획과 쾌도난마와 같은 결단력이 필요했다. 하지만 소심한 조국과 문재인은 무기력하게 끌려갔다. 결국 어설픈 조국과 문재인 정부는 검찰 쿠데타에 속수무책, 당하고 말았다.

복기하면 조국에 대한 압수수색이 검찰 쿠데타의 시작이라면, 정치에 뛰어들어 야당 후보로서 문재인 정부에 칼을 겨눈 것은 2차 쿠데타다. 그리고 2022년 3월 9일 20대 대통령 선거에서 0.73퍼센트 차이로 승리한 것은 검찰 쿠데타의 완성이다. 이는 전두환과 군부 하나회의 쿠데타 전개 과정과 매우 유사하다. 하나회 전두환이 1979년 12·12사태로 직속상관인 육군참모총장 정승화를 연행한 것이 1차 쿠데타라면, 1980년 5·18광주항쟁을 계기로 국가보위비상대책위원회 상임위원장으로 취임해 실권을 쥔 것이 2차 쿠데타다. 대통령 최규하를 겁박해 하야시키고 80년 8월 27일 통일주체국민회의에서 대통령에 선출된 것은 군부 쿠데타의 완성이다.

이와 유사한 지적을 청와대 대변인 출신 국회의원 김의겸이 이미 경고했다. 김의겸은 "윤 전 총장이 5·18을 언급하니 젊은 시절 전두환 장군이 떠오른다. 둘의 모습은 많이 겹쳐 보인다"며 2단계 쿠데타를 예로 들었다. 그는 1979년 12·12사태와

이듬해 5·17비상계엄 전국 확대라는 두 차례에 걸쳐 쿠데타를 했으며, 12·12사태 때까지만 해도 대권이 아닌 하나회 조직 수호가 목적이었다고 설명했다. 이어서 "윤 총장의 시작도 조직을 방어하기 위해서"라며 "검찰의 권력에 조국 장관이 겁도 없이 개혁의 칼날을 들이대니 조국을 칠 수밖에 없었다"고 평가했다. 대학교수였던 김민웅도, 청와대 대변인을 지낸 여당 의원도, 전두환과 같은 수법의 쿠데타가 진행되고 있음을 사회관계망서비스에서 공개적으로 경고했다. 그런데도 그 누구도 저지하려고 나서지 않았다. 다 알고 있으면서도 맥없이 당한 것이다.

조국은 법무부 장관에서 그만둔 후인 2021년 5월 《조국의 시간》이라는 책을 냈다. 그가 법무부 장관으로 임명된 후 정치 검찰에 당한 아픔을 기록하고 해명한 책이다. 이 책에서 그는 검찰, 언론, 야당의 연합을 비난했다. 그는 야당과 보수 언론이 동원된, '살권수'(살아있는 권력에 대한 수사)를 빙자한 정치 검찰을 비판하고 있다. 그는 검찰, 언론, 야당의 일방적 주장에 대해 최소한의 해명을 위해 이 책을 썼다고 밝히고 있다. 그러나 이 책은 정치 검찰에 당한 기록만 있을 뿐 그가 민정수석이나 법무부 장관으로 무엇을 했는지, 10년 전 썼던 《진보집권플랜》을 어떻게 현실에 적용하려 했는지에 대해서는 기록하지 않았다.

그는 인사권과 징계권을 가진 법무부 장관이었다. 책에는 그 권력을 사용하지 못하고 쿠데타에 맥없이 당한 유약한 상황만

나열하고 있다. 검찰 쿠데타를 알았다면서 이를 제압할 대책회의 내용은 없고 일방적으로 당하는 내용만 있다. 조국의 법무부도, 이낙연 총리의 내각도, 문재인의 청와대도 검찰 쿠데타에 질질 끌려만 갔다. 도대체 뭘 했는가. 이 시간이 그들에게는 고통의 시간이었을지 모르지만 촛불시민이 볼 때는 답답한 통탄의 시간이었다. 결국 조국은 취임 36일 만에 법무부 장관에서 물러났다. 그의 사임은 본인의 의지라지만 실상은 선거를 앞둔 민주당의 강한 요구였다.

조국은 분명 촛불정부에 큰 빚을 졌다. 조국은 스스로 "수구 보수 진영으로부터 좌파 진보성을 공격받았고, 좌파진보 진영으로부터는 강남성에 대한 비판을 받았다"면서 "법무부 장관이 되자 이 둘이 합쳐져 위선이 됐다"고 고백했다. 그는 진보적 학자로서 말과 삶이 일치하지 않았던 점에 대해 사과하고 "나를 밟고 전진하시길 바란다"고 말했다.

하지만 개인적 그의 잘못은 강남 좌파라서, 말과 행동이 다른 내로남불이라서가 아니다. 교육을 통해 자녀에게 신분을 세습하려 했다는 점이다. 의사라는 직업은 우리 사회에서 곧 신분이다. 신분의 세습은 근대와 현대를 가르는 중요한 기준이다. 개혁진보의 역사는 바로 그 신분 세습을 끊는 과정이다. 그러나 조국은 부모의 역량을 편법으로 동원해 자식을 의전원에 보내려 했다. 이는 무한 경쟁에 지친 젊은이들이 좌절하기에 충분했다.

우리는 조국과 같은 586세대가 대거 분노한 이유를 유심히 봐야 한다. 같이 운동하던 586세대는 각자 보통의 사회로, 공장으로, 시민사회로, 전문가로 흩어지고 일부는 정치에 뛰어들어 정치 비서로 나섰다. 그러다 운 좋게 정권 창출 언저리에 섰다가 기관장도 하고 국회의원도 됐다. 과거에 같이 운동하던 586세대는 여기까지 인정한다. 비록 지금 변변한 지위도 돈도 없지만 자신이 선택한 삶에 후회하지 않는다. '단지 나는 운이 없었을 뿐이야, 그래도 내가 돈이 없지 체면이 없나.' 이렇게 스스로 자위할 뿐이다. 그러나 부모 찬스가 자식 대로 이어지는 세습 성격이라면 문제가 달라진다. 그 부모 찬스가 편법까지 동원한 것이라면, 현재 처한 자신의 열패감까지 더해져 극렬한 반발과 적개심을 가지게 된다.

조국 사태에서 드러난 운동권의 이반, 진보 세력 이반의 밑바탕은 바로 이것이다. 자신의 고통과 그들의 특권을 자기 세대까지는 참을 수 있지만, 그 고통과 특권이 자식에게까지 세습되는 것은 참을 수 없다. 결국 이는 증오의 투표 심리로 나타난다. 대표적인 것이 1997년 신한국당 이회창 후보 아들의 병역 비리 문제다. 국민들은 체중 미달 논란보다 아버지 찬스로 군대에 가지 않았다는 것에 분노했다. 이 분노는 70퍼센트가 넘는 지지율을 40퍼센트대로 끌어내렸다. 2023년 2월 국가수사본부장에 임명됐다가 낙마한 정순신에 대해 국민이 분노한 것은 아들의 학교 폭력보다 이를 악착같이 무마하려 했던 현직 검사 아버지의 비정상적 역할 때문이다. 흙수저를 한탄하던 젊은 층의 이반은 말할 것도 없다.

8

참여연대의
과욕과 무능

1990년대 신자유주의 기류를 타고 새로운 형태의 사회단체가 등장하기 시작한다. 이른바 시민단체다. 시민단체의 특징은 사업의 수혜자가 불특정 다수이고, 주식회사처럼 단체의 활동 결과에 회원이 책임지지 않는다는 점이다. 사회 활동을 주식에 투자하듯 간편하게 할 수 있는 단체가 생긴 것이다. 이는 사회단체등록에 관한 법률로 행정관청에 등록을 의무화한 사회단체와 성격이 다르다. 사회단체는 특정 목적의 사회적 활동을 하면서 회원의 권리와 의무를 강조하고, 단체의 활동 결과에 회원도 일

정 부문은 연대 책임을 진다. 그러나 시민단체 회원의 권리와 의무는 사회단체에 비하면 매우 느슨하다. 활동과 연대는 소수 상근 활동가 위주로 이루어지고 불특정 다수 회원은 회비를 내는 것으로 활동을 대리 만족한다. 시민단체는 2000년 제정된 민간단체 지원에 관한 법률로 설립에 날개를 달았다. 정부와 지방자치단체가 시민단체를 지원할 법적 근거를 만든 것이다.

이런 시류에 생긴 시민단체 중에서 박원순, 김기식, 조희연 등이 만든 참여연대가 대표적 존재다. 1994년 대학운동권 출신이 시작한 참여연대(참여민주사회와 인권을 위한 시민연대)는 앞서 만든 경실련(경제정의실천시민연합)보다 진보성을 강화해서 '좌실련'이라 불리기도 한다. 참여연대는 재벌 개혁을 위한 소액주주운동과 부패 정치인에 대한 낙선운동, 사립대학 반값등록금운동 등을 사회 의제로 만드는 데 성공하면서 영역을 넓혔다. 여기에는 명문대 운동권과 전문직 사무원에 대한 언론의 공감이 큰 역할을 했다. 또 거버넌스라는 정부와 시민단체의 협치 개념을 만들면서 시민단체는 정책 감시를 넘어서서 정책 개발에도 참여하기 시작했다.

사실 시민단체 세력은 단순히 시민운동에 만족하려 하지 않았다. 이들은 유럽의 녹색당을 모델로 직접 정치에 참여하길 원했다. 1995년 지방선거에서 시민 후보, 혹은 환경 후보라는 이름으로 나선 것이 그 반증이다. 여건상 정당이 되지 못했지만 궁극적으로는 정부 정책에 참여하는 것이 목표였다. 그러나 시민 후보나 환경 후보는 지방선거에서 당선되지 못했다. 그 이유는 시민단체와 관련된 법률적 제한, 시민단체의 역량 부족, 대중적 지지의 한계, 특히 시민단체가 대안 정치에 대한 이념과 정책을 마련하지 못한 점, 한국 정치의 구조적 문제인 지역 분할 구도가 대안 정치 공간을 허용하지 않는 점 등이 있을 것이다.

시민단체 세력은 독자 정치 세력화 대신 기존 정당을 통한 정책 실현을 택했다. 특히 1997년 김대중 정부가 시민단체 출신을 기용하기 시작했고, 참여정부를 표방한 노무현 정부에서는 참여연대 출신이 요직에 다수 기용됐다. 시민단체는 언론에 자주 노출되는 이점을 안고 정치 엘리트 충원의 주요 통로가 됐다. 학생운동권은 물론이고 대학교수와 전문직 등 인재가 더욱 몰려 시민단체는 웬만한 정당 수준의 정책 집단으로 자리를 잡았다.

촛불 과제 수행에 나선 참여연대

전문직 사무원 위주의 시민단체는 사회적 문제를 찾아내고, 나름 개발한 정책은 온건한 행동으로 언론을 통해 알렸다. 이는 머리띠를 두르고 거리에 나서 문제를 제기하고 요구를 관철하는 노동조합이나 협회 등의 단체와 활동 방식이 달랐다. 게다가 정교한 분석과 대안까지 마련된 시민단체의 보도 자료는 언론의 구미에 딱 들어맞았다. 언론이 사회적으로 의제를 만들면 정부가 따르지 않을 수 없다. 시민단체의 문제 제기, 언론을 통한 의제화, 정부 정책 반영이라는 순환 구조가 만들어진 것이다.

그러나 2015년 시작한 촛불혁명은 잘나가는 시민단체 입장에서 새로운 도전이었다. 시민단체는 사안이 발생하면 관련 전문가를 소집해 토론하고, 성명 초안을 회람하고, 그 결과 보도 자료를 만들어 언론에 발표케 하는 다소 긴 과정을 거친다. 그러나 촛불시민은 인터넷과 사회관계망서비스라는 가상의 공간에 모여 토론하고 모금하고, 다음 날 저녁이면 촛불을 들고 나선다. 시민단체 회원은 회비를 납부하는 것으로 만족하지만, 촛불시민은 직접 촛불을 들고 광장에 나서는 실행 행위가 뒤따른다. 따라서 촛불혁명 초기 시민단체는 별로 기능하지 못했다. 시민단체는 민중총궐기를 시작으로 거칠게 박근혜 퇴진운동을 벌이는 민중단체와 적잖게 충돌하고 갈등했다. 민중단체는 박근혜 하야를 이끌어야 한다는 것이고, 시민단체는 직무 정지 등 온건한 방법을 요구한 것이다. 시민단체는 헌정 중단을 의미하는 하야는 과격하다고 판단했기 때문이다.

그러나 막상 촛불혁명이 성공하고 촛불정부가 들어서자 대우를 받은 것은 민중단체보다 시민단체였다. 그중 참여연대는 '만사참통'(만사 참여연대로 통한다)이라 할 정도로 과분한 배분을 받았다. 일부 활동가를 빼고 전문직 경력자는 손쉽게 정책을 만들었고, 인사권자 입장에서도 과격한 이미지가 없어서 쉽게 요직에 기용할 수 있었다. 5월 10일 문재인 정부가 들어서고 한 달도 안 된 6월 1일, 참여연대는 국정기획자문위원회를 방문해 '입법·정책 개혁 과제'라는 보고서를 전달했다. 참여연대 정책위원장 이태호는 "적폐 청산과 촛불 개혁을 이뤄 나라다운 나라에 대한 국민 열망에 부응해야 한다"며 마치 '교시하듯' 9개 분야 90개 정책 과제가 담긴 보고서를 전달했다. 이 보고서를 넘겨받은 김연명 국정기획자문위 사회분과위원장은 "적극 참고하겠다"고 호응했다. 김연명 사회분과위원장 역시 참여연대 사회복지위원장 출신이다.

이후 두 달도 안 된 7월 19일, 국정기획자문위는 문재인 정부가 5년 동안 수행할 국가 비전과 국정 목표를 발표했다. 국가 비전은 '국민의 나라, 정의로운 대한민국'이고, 이를 달성할 실천 전략으로 5대 국정 목표와 20대 국정 전략, 100대 국정 과제를 설정했다. 5대 국정 목표 중 첫 번째가 '국민이 주인인 정부'로 '촛불 민주주의 달성'을 명시했다. 촛불혁명의 명령을 따르겠다는 의지의 표현이었다. 여기에는 참여연대가 제시한 고위공직자비리수사처 설치, 국정원 개혁, 최저임금법 개정, 근로기준법 개정, 아동수당법 제정, 기초연금법 개정, 종합부동산세법 개정, 한반도 비핵화와 평화체제 구축 병행추진 등 상당수 국정 개혁

과제가 반영됐다.

촛불혁명에 편승해 촛불정부의 실권자로 등장한 참여연대는 문재인 정부 시절 시민단체 가운데서 실세로 군림했다. 참여연대는 사실 남북 교류 및 통일운동과는 거리가 먼 단체였다. 그러나 촛불정부가 들어서고 참여연대는 남북 관계에 관여하기 시작했다. 2018년 11월 3일부터 4일까지 남북 민화협 공동행사가 금강산에서 열렸다. 10년 만에 민간단체가 만나는 의미 있는 행사였다. 시민단체의 실세로 등장한 참여연대는 방북 단체 명단을 주도적으로 작성하면서 6·15단체 등 오래전부터 통일운동을 했던 단체를 배제했다. 이들 단체의 과격한 이미지와 종북몰이가 부담됐기 때문일 것이다. 그러나 방북 단체 명단을 받아본 북측이 "왜 6·15 등 기존 통일운동 단체가 빠졌느냐"고 항의하자 뒤늦게 이 단체를 포함시켰다. 대북 사업에서도 주도권을 쥐려했던 참여연대의 어설픈 사고였다.

참여연대가 이리 과욕을 부린 배경은 촛불정부 요직에 대거 진출한 참여연대 인맥 덕분이다. 청와대 정책실장에는 장하성 전 참여연대 경제민주화추진위원회 위원장, 청와대 사회수석에는 김수현 전 참여연대 부위원장, 경제 검찰격인 공정거래위원장에는 김상조 참여연대 경제개혁센터 소장, 금융 검찰격인 금융감독원장에는 김기식 참여연대 정책위원장이 임명됐다. 문재인 정부의 경제, 노동, 재벌 개혁, 부동산 정책 등 경제 전반 책임자 대부분을 참여연대 출신이 장악한 것이다. 청와대 민정수석을 지내고 법무부 장관이 된 조국 서울대 교수 역시 참여연대 사법감시센터 소장 출신이다. 청와대 황덕순 고용노동비서관은 참여연대 국제인권센터 위원 출신, 이진석 사회정책비서관은 참여연대 사회복지위 실행위원, 탁현민 의전비서관실 선임행정관은 참여연대 문화사업국 간사, 송인배 제1부속실 비서관은 부산 참여연대 조직부장, 홍일표 정책실 선임행정관은 참여연대 연구팀장을 지냈다. 하승창 사회혁신수석은 경실련 출신이다. 권력비판이 본업인 시민단체 세력이 권력의 본산인 청와대를 사실상 장악한 것이다.

내각에도 참여연대 출신이 대거 진출했다. 초대 법무부 장관에 내정됐다가 사퇴한 안경환 전 국가인권위원장은 참여연대 집행위원장과 운영위원장 출신이다. 정현백 여성가족부 장관은 참여연대 공동대표, 조대엽 노동부 장관은 참여연대 정책위 부위원장, 김연철 통일부 장관은 참여사회연구소 연구위원, 이효성 방통위원장은 참여연대 자문위원 출신이다. 김진욱 고용노동부 장관 정책보좌관은 참여연대 간사, 김창수 통일부 장관 정책보좌관은 참여사회연구소 연구위원 출신이다. 아마 특정 단체, 혹은 세력이 이렇게 정부 요직을 다수 장악한 경우는 별로 없을 것이다. 2018년 안상수 자유한국당 정책위원회 부위원장은 "스카이(SKY, 서울대, 고려대, 연세대)' 대학보다 좋은 대학이 참여연대라고 하는 비아냥이 회자되고 있다"고 비꼬았다.

이들 참여연대 출신은 평소 정치와 사회 개혁, 경제 민주화를 주창했기 때문에 훌륭하게 촛불 과제를 수행할 것으로 생각했다. 그러나 문재인 정부에 가담한 참여연대 세력은 개인 문제로 언론의 비난을 받기 시작했다. 바로 인사 검증에서 튀어나온 도덕성 문제였다. 사실 문재인 정부는 첫 조각부터 난관에 부딪혔다. 청와대가 업무를 맡을 만한 인사에게 의뢰하면 본인이 고사하는 사례가 속출한 것이다. 그동안 쌓아온 본인의 이미지가 인사청문회를 통해 훼손될까 두려웠던 것이다. 특히 법무부 장관의 경우 개혁적 법조인 중에 고사하는 사례가 많았다. 대부분 이유는 변호사의 과다 수임료 때문이다.

시민단체 세력의 도덕성은 그동안 드러나거나 검증될 기회가 별로 없었다. 과거 권위주의 정권 시절 정보기관은 야당 의원은 물론이고 재야인사, 교수 및 언론인에 대해 금전 문제에서 사생활까지 광범위하게 정보를 수집했다. 이 존안 자료는 현재 국가정보원에 그대로 보존돼 있고, 필요에 따라 언론에 유출되기도 한다. 일부 언론사는 이를 자료로 묶기도 한다. 그러나 문민정부 이후 민간인의 정보 수집이 금지되고, 김대중, 노무현, 문재인 정부는 이 자료를 들춰보지 않았다. 과거 정치 공작 차원에서 수집된 자료라는 것이 이유였다. 언론 차원에서도 법조인이나 시민운동가에 대한 검증, 특히 사생활에 대한 검증은 거의 이뤄지지 않았다.

그러다 보니 교수나 시민단체 출신의 인사 검증은 경찰의 범죄 조회 정도로 소홀해졌다. 대표적 사례가 초대 법무부 장관에 지명된 안경환 전 국가인권위원장이다. 그는 인사 검증에서 오래 사귀던 여성의 도장을 몰래 위조해 혼인 신고한 것이 드러났다. 이에 그는 사생활이라고 강변했지만, 비록 공소시효가 지났다 하더라도 이는 명백한 범죄 행위였다. 게다가 그는 음주 운전, 저서에서 여성 비하 표현 등 촛불정부에 걸맞지 않은 문제가 계속 제기됐다. 법대 교수가 자신의 행위를 범죄인지 구분하지 못한 것도 문제지만, 가장 기본적인 혼인 관계 서류만 봐도 쉽게 확인이 가능한 사실을 제대로 검증하지 못한 청와대가 더 문제였다.

인사 검증 책임자인 조국 민정수석이 그의 대학 후배이며, 같은 참여연대 출신인 것과 무관치 않을 것이다. 김대중 정부가 몰락의 길을 걸은 계기는 정보기관장과 경찰청장과 국세청장 등 사정기관을 호남 출신으로 채운 탓이다. 같은 권력이라도 견제와 균형이 무너지면 반드시 문제가 드러난다. 결국 안경환 법무부 장관 내정자는 임명 10일 만에 사퇴했다. 이것이 그동안 검증에서 자유로웠던 시민단체 활동가의 문제가 드러난 첫 번째 사례였다.

금융감독원장에 임명됐다가 18일 만에 물러난 김기식도 마찬가지다. 금융감독원장에 비금융계, 비관료 출신이 임명된 것은 그가 처음이다. 그는 참여연대 창설 일원으로 참여연대 사무처장과 정책위원장 등을 지냈다. 게다가 2012년 총선에서 민주통합당 비례대표로 정계에 진출해 정무위의 저승사자라는 별명을 얻을 만큼 금융, 공정 거래, 재벌 개혁 분야에서 활발히 활약했다.

그는 국회의원에서 물러나고 더미래연구소를 만들었다. 그런데 이 연구소에 자신의 정치 자금 5천만 원을 이른바 스스로 후원했다. 공적인 정치 자금을 연구소에 기부한, 공적 자금을 자신의 개인 연구소로 옮긴 것이다. 중앙선관위도 위법 행위로 판단했다. 설상가상 그는 국회의원 시절 피감기관의 돈으로 외유를 다녀온 사실이 드러났다. 그는 사퇴 과정에서 비루한 변명으로 일관했고, 결국 여론의 반발을 사다 임명 18일 만에 사퇴했다.

공정거래위원장에 임명된 한성대 교수 김상조는 1990년대부터 참여연대 산하 재벌개혁감시단, 경제민주화위원회, 경제개혁센터 소장 등으로 재벌 개혁에 앞장섰다. 인사청문회에서 적잖은 도덕적 문제가 제기됐지만 임명됐다. 청와대 정책실장으로 자리를 옮겼지만 자신의 집 임대료를 임대차 3법 시행 직전 14퍼센트나 인상한 사실이 드러나서 재벌 저격수에서 세입자 저격수라는 불명예를 얻었다. 개혁적이고 깨끗한 이미지를 가진 참여연대 출신의 연이은 물의와 낙마는 촛불정부에 적잖은 부담을

줬다.

특히 청와대에서 부동산 정책을 담당했던 참여연대 출신은 경쟁 관계였던 경실련의 집요한 비판 대상이 됐다. 경실련은 문재인 정부 청와대 핵심에 있던 참여연대 인사의 부동산 문제를 조사해 폭로하기도 했다. 경실련은 "청와대 참모 37퍼센트가 다주택자였고, 경제 정책을 책임진 김수현 전 정책실장은 12억 원, 장하성 전 정책실장 역시 10억 원, 김상조 현 정책실장은 5억 원이 각각 올랐다"고 공세를 폈다. 이는 참여연대에 대한 경실련의 견제 심리가 작용한 결과이기도 하지만 원인을 제공한 측이 문제다.

아무리 개인적 도덕성에 문제가 있더라도 능력만 뛰어나면 괜찮았을 것이다. 권력 핵심을 장악한 참여연대 세력은 능력에서 결정적 오류를 범했다. 경제 분야를 장악한 참여연대 출신은 능력 부족으로 관료 장악에 실패했고 변변한 개혁을 이뤄내지 못했다. 이들은 실력 있고 노회한 김동연, 홍남기 등의 경제 관료를 당해내지 못했다. 김수현은 정책실장으로 경제 전반을 책임졌지만 결국 노무현 정부에 이어 또다시 문재인 정부의 부동산을 망친 인물이 되고 말았다. 민주화운동만 했거나 탁상에서 이론만 따졌지 정책 능력에서는 무능함이 드러난 것이다.

비단 경제 분야뿐만 아니다. 참여연대를 비롯한 시민단체 활동을 했던 학자 출신 장관도 그 한계를 드러냈다. 김연철 통일부 장관도 국방부나 외교부 등 미국 의존에 익숙한 다른 부처를 설득하려면 확고한 조직 장악이 필수였다. 이를 바탕으로 임명권자의 의지를 실현해야 했다. 그러나 문재인 대통령의 선제적 대북 정책을 중단하라는 미국의 요구에 굴복하는 관료를 설득하지 못했다. 통일부라는 관료 조직을 장악해 임명권자의 의지를 실현하지 못한 것이다. 이효성 방통위원장도 가짜 뉴스에 관해 언론의 자유를 운위하다 경질됐고, 조대엽 노동부 장관도 전교조 합법화 문제를 해결하지 못하고 시간만 끌었다.

결국 촛불혁명을 완수하겠다던 참여연대 세력은 사생활과 도덕성 문제로 물의를 빚더니 재벌 개혁과 경제 민주화 의지를 잊은 채 아마추어적 실험만 반복했고, 무엇보다 부동산 정책 실패로 정권을 보수 세력에 헌납하는 결정적 역할을 하고 말았다. 물론 가장 대표적인 것은 검찰 개혁이다.

박원순 사례로 본 시민단체 출신의 5대 문제

서울시장 박원순은 분명히 시대를 앞서간 시민운동가였고 뛰어난 정치인이었다. 그는 한국 현대사를 꿰뚫는 역사의식이 있었고, 시대가 시민단체에 요구하는 것이 무엇인지를 알았다. 무엇보다 서울시장 3선이라는 정치력까지 갖췄다. 그는 정치력으로 개혁 세력인 민주당은 물론이고 진보 정당인 민주노동당도 설득해 단일화를 이루어 개혁진보 세력을 통합했다. 이런 명분과 정당성은 과거 어느 정치인도 갖추지 못한 대권의 3요소를 모두 갖춘 것으로, 독보적인 것이었다.

그러나 그렇게 막강한 조건을 갖췄음에도 대통령 후보 지지율은 일개 기초단체장인 이재명보다 한참이나 뒤졌다. 본인이 이미지 관리를 잘못했는지, 아니면 주변 참모진이 이미지 전달을 잘못했는지, 대권 지지율은 좀처럼 오르지 않았다. 그의 주변에는 유능한 정치 참모가 많았다. 그가 기용했던 임종석, 하승창, 김수현 등은 문재인 정부 청와대에 비서실장, 사회혁신수석, 사회수석 등으로 포진해 있었다. 게다가 박원순은 2015년 촛불혁명에서 중요한 역할을 했다. 청계광장에서 시작한 촛불혁명이 광화문광장을 사용하도록 처음 승인한 사람이 박원순이다. 2016년 11월에는 국무회의에 참석해 "대통령과 총리, 내각은 총사퇴하라"고 일갈했고, 박근혜 탄핵을 처음으로 언급하기도 했다.

그런데 촛불혁명 국면에서 그는 별로 주목을 받지 못했다. 촛불정부 들어서도 마찬가지였다. 박원순은 이 점을 매우 초조해했다. 과거 그와 작은 인연이 있던 필자도 그 점이 궁금했다. 그 궁금증은 2017년 7월 박원순 시장을 인터뷰하면서 풀렸다. 필자가 '인물탐구'를 통해 관찰해 본 시민운동가 출신 정치인에게는 몇 가지 특징이 있는데, 박원순 역시 그 범주 안에 있었다.

1) 의전에 매우 취약하다

박원순 시장을 인터뷰하는 시장실에는 공보관은 물론이고 몇몇 국장과 팀장, 심지어 속기사까지 대기하고 있었다. 박 시장은 천연색으로 화려하게 인쇄된 답변 자료를 들고 인터뷰에 응했다. 필자는 김영삼, 김대중, 노무현을 비롯해 여러 정치인과 장관을 인터뷰해 봤지만 이런 엄숙한 의전과 관료적 분위기에서 인터뷰를 한 적이 없다. 게다가 박원순은 지방자치단체장이 항상 말하는 예산과 권한이 없다는, 공무원이 써준 뻔한 답변으로 일관했다. 필자는 속으로 '지금 지방 소멸이 국가적 문제인데, 대권을 꿈꾸는 사람이 지방세 배분과 자치단체 조직의 자율권 얘기만 하는가, 이분이 의전에 도취해 공부도 안 하는구나'라고 생각했다.

자연히 사전 질문지에 없는 질문이 오갔다. 나는 박 시장에게 "대부분 자치단체장이 돈과 자리가 없어 일을 못 한다고 할 때 이재명 성남시장은 돈이 없는 것이 아니라 도둑이 많은 것이라고 일갈하며 산뜻한 정책과 시원한 발언, 단식투쟁을 통해 높은 지지도를 올리고 있다. 성남시보다 훨씬 많은 예산과 능력을 가진 서울시장은 국민의 지지를 얻는 데 실패했다"고 아픈 질문을 던졌다. 그때 박 시장은 당황한 표정을 지으며 "길게 놓고 보라. 반짝하는 그런 사람과 그런 시대가 있고 진중하게 가는……" 하면서 얼버무렸다. 나는 관료와 의전에 취해 있는 박시장을 보면서 '도시에 갇혀 야성을 잃고 있는 호랑이'라는 제목으로 기사를 썼다.

시민단체 출신 정치인의 첫 번째 문제는 의전에 매우 취약하다는 점이다. 승진과 보직에 목숨을 거는 공무원의 공통적 속성은 임명권자, 혹은 인사권자의 의지를 재빨리 파악해 자기 사람으로 만들거나 확고한 신임을 얻는 것이다. 구체적 방법으로는 보고 서류에 붙는 장식을 의미하는 아첨지, 가슴에 다는 꽃, 빨간 카펫, 예의 바른 비서의 격식 있는 의전, 비행기 고급 좌석에 앉아 해외 행사에 참석하는 것 등 다양하다. 시민단체 출신 정치인은 이런 의전에 약하다. 평소 받아보지 못한 격식이기 때문이다.

시민단체 출신은 처음에 어색하고 거부감이 들지만 마약처럼 점차 의전에 취하게 된다. 그러다 보면 아첨지가 붙은 보고서에 매몰된다. 낮은 세상을 보기보다 관료에 포위돼 공무원의 행정 편의에 익숙해지는 것이다. 이는 본인 스스로 초심을 다짐하지 않거나 문제의식을 잃거나 계속 공부하지 않기 때문이다. 관료에 포위된 박원순 서울시장의 모습을 기억해 보면 그의 비극적 결말도 여기에서 비롯되지 않았나 하는 생각이 든다.

2) 종합적 안목이 부족하다

시민단체의 특징은 전문적이고 특정 사안에 대응하기 위해 존재한다는 점이다. 인권, 환경, 여성, 언론, 노동, 역사, 통일 등 각자의 분야에서 각자의 목소리를 낸다는 뜻이다. 따라서 시민단체는 자신의 분야에 목소리를 내는 것이 임무이고, 또 그렇게 익숙해져 있다. 환경단체는 환경 문제만 제기하면 되고, 이에 따른 예산의 추가 투입은 신경 쓰지 않는다. 노동단체는 노동자의 인권 이야기만 하면 되고, 사용자 입장은 관심 밖이다. 통일운동단체는 미국에서 탈피하라고 요구하면 되고 미국의 안보와 통상 압박은 신경 쓸 필요가 없다. 최근 시민단체가 연대체를 구성해 특정 사안에 공동 대응을 하는 경우가 있지만, 이는 품앗이 성격이지 시민단체는 원초적으로 자신의 분야에 한정돼 있다.

이를테면 비례민주주의운동을 하는 사람은 표의 등가성만 얘기하면 됐지 도시와 농촌 간 격차나 먼 안목이 필요한 통일 문제에 관해서는 관심 밖이다. 헌법학자는 정당 설립을 쉽게 하는 것이 기본권 신장이라 주장하면 되고, 이로 인해 야기될 정치적 득실에 대해서는 고민할 필요가 없다. 가장 심각한 사례는 극도의 정치 양극화를 개선하는 정치 개혁을 주장하려면 대통령 선거 제도부터 바꾸는 개헌이 필요한 사항임에도 국회의원 선거 제도 개편만 말하는 것이다.

그러나 정부가 정책을 내놓을 때는 한쪽 입장만 듣고 결정할 수 없다. 외교와 통일 정책이 특히 그렇다. 외교와 통일 정책을 결정할 때는 많은 내부의 요인과 주장뿐만 아니라 매우 복잡한 국제적 문제까지 고려해 국가 이익이 무엇인지 염두에 두고 결정해야 한다. 그래도 오류가 많다. 특히 시민운동을 하던 학자나 활동가가 책임자가 되면 자신이 아는 분야와 그 한계만 생각하는 경우가 많다.

전국적으로 지방 소멸이 심각함에도 박원순 서울시장이 중앙정부의 교부세 배정과 지방세 자율권에 불만을 나타내는 것이 대표적 예다. 정권을 위협하는 가짜 뉴스의 폐해가 넘치는데도 언론의 자유를 먼저 생각한다든지, 검찰 쿠데타가 진행되는데도 검찰권 독립을 말하는 것도 비슷한 맥락이다. 시민단체 출신은 자신의 상식과 단체, 혹은 자기 부처만 생각하는 좁은 안목에서 탈피해 사태를 크고 종합적으로 보는 시야가 필요하다.

3) 문제 해결 과정에 대한 이해가 부족하다

시민단체 출신의 또 하나 특징은 문제 해결 과정에 대한 절차 인식이 미숙하다는 점이다. 이는 앞서 지적한 사태를 보는 종합적 안목이 부족하다는 것과 같은 맥락이다. 시민운동은 문제를 드러내 공론화하고 사회적으로 의제를 만들면 끝이다. 사회적으로 의제가 된 정책을 바꾸는 것은 정부의 몫이다. 따라서 시민단체 출신은 문제를 제기하는 의제화에는 능하지만 지난한 조정을 거쳐 문제를 해결하는 과정에는 익숙하지 않다. 이들은 무엇을, 왜 고쳐야 하는지는 알지만 구체적으로 어떻게, 어떤 수단을 동원해 고쳐야 할지는 훈련이 전혀 안 돼 있다.

그러나 정부 정책은 거꾸로다. 문제를 제기하는 것이 아니라 해결하는 것이다. 그래서 정부 정책은 지루할 정도로 조정 과정을 반복한다. 관계 부처와 국장회의, 차관회의, 국무회의를 통해 계속 조정한다. 또 여당과 당정회의는 물론이고 야당과 협상까지 염두에 두고 정책을 추진한다. 공무원 업무가 소극적, 몸보신이라 비판하지만 이런 복잡한 이해관계를 조정하는 이유는 추진하는 정책을 성사시키기 위함이다. 정부가 발표만 하고 정책을 시행하지 않으면 정부 불신은 물론이고 각종 행정소송의 원인이 된다.

특히 정부 정책을 바꾸려면 지금까지 기득권을 누리던 기업이나 협회, 노조 등 관련 단체의 치열한 반발은 불가피하다. 수십 년 동안 이 제도로 이익을 보던 기업이나 단체와 공무원의 밀착 관계도 있어서 저항이 만만치 않다. 이는 시민운동을 하던 학자들은 경험하지 못한 것이다. 따라서 시민단체 출신 장관은 다양한 기관과 단체에 대응하는 방법이 미숙하다.

정부 정책을 시민단체에서 활동하는 방식으로 하다 보면 발표만 하고 실행하지 못한 정책이 수두룩하게 쌓인다. 그래서 정책 불신이 정부 불신으로 이어진다. 문재인 대통령도 많은 이야기를 했지만 실제 성사된 정책은 별로 없다. 박원순 시장의 서울시가 많은 정책을 추진했지만 시민이 깊게 체감하지 못한 이유도 그 때문이다.

4) 조직 장악 능력이 떨어진다

시민단체 출신 기관장의 특징은 관료 장악에 대단히 미숙하다는 점이다. 이는 상하 격의 없는 시민단체 특유의 조직 문화에서 비롯된 것이다. 평소 조직 활동을 하지 않았기 때문에 조직에 대한 이해나 필요성이 애당초 없다고 보면 된다. 그러나 정부 정책을 실현하기 위해선 공무원을 움직여야 한다. 자신이 맡은 기관을 장악해 임명권자인 대통령의 의지에 따라 정책을 실현해야 한다. 대통령과 장관만 개혁적이어서는 안 된다. 그 개혁진보 의지를 시행할 공무원이 개혁적, 진보적으로 정책을 입안하고 추진해야 한다. 그러기 위해서는 장관 등 기관장은 산하 공무원을 확실히 장악해야 한다.

미국 잡지 〈내셔널 저널〉에서 장관의 업무 수행 능력으로 평가하는 항목을 보면, 첫 번째는 백악관과 행정부에 대한 영향력이고, 두 번째는 의회 설득력, 세 번째는 대통령의 입장을 실현하는 능력, 그리고 네 번째는 바로 부처 운영 능력이다. 자기 조직을 장악하지 못하면 무능력한 장관이다. 조직을 장악하는 방법에는 당근과 채찍이 필요하다. 그러나 학자나 시민단체 출신은 당근을 마련할 생각도 못 하고, 또 채찍을 휘두를 용기도 없다. 당연히 공무원도 열정적으로 일하지 않고 기관장을 우습게 본다. 결국 정부 정책은 시행되지 않고 겉돌고 만다.

5) 비난을 참지 못한다

교수 출신 시민단체 활동가의 특징은 주로 남을 지적하고 비판하면서 살았지, 자신이 비난받은 적이 별로 없는 삶을 살았다는 점이다. 학자로서 사회적으로 비난받을 일이 별로 없고, 시민단체 활동은 언론으로부터 찬사, 즉 사회적 명성을 안겨줬다. 따라서 교수 출신 시민단체 활동가는 자신에게 날아오는 비난에 대처하는 방법이 미숙하다. 인사청문회에서 교수 출신 후보자는 아들이나 딸뻘인 국회의원의 잔인한 질문에 얼굴이 붉어지는 것은 물론이고 탁자 밑에서 손이 부르르 떠는 장면도 목격된다. 장관이 흥분하면 이런 기사를 쓴 기자와 싸우기도 한다.

매년 열리는 국정감사는 해당 부처의 이해관계와 정치인의 이해관계가 치열하게 충돌하는 자리다. 정책 변화로 불이익을 본 기득권자가 정치인과 연계해서 폭로성 발언을 이어간다면, 순진한 교수나 시민단체 출신은 경험하지 못한 상황이 전개돼 당황할 수밖에 없다. 이에 반해 음모가 난무하는 정치 세계에서 생존한 정치인은 자신에 대한 비난이 있어도 대응력이 매우 강하다. 그래서 장관이라는 자리를 맡았다면 기득권자의 음모와 비난을 온몸으로 맞으며 버티는 담대함, 즉 배짱이 있어야 한다.

만사가 귀찮아 사퇴해 버리면 본인은 편하겠지만 그 후유증은 고스란히 임명권자에게 돌아간다. 경질은 임명권자 입장에서 인사 오류를 시인하는 것이고, 또 새로운 사람을 찾아야 하는 부담도 생긴다. 그래서 공무원 출신 장관의 경우는 사의를 밝히는 것도 금기로 여긴다. 본인의 진퇴보다 임명권자의 의지를 더 생각하기 때문이다. 윤석열 정부의 이상민 행정안전부 장관이 국회해임건의안은 물론이고 정부 수립 이후 최초로 국무위원 탄핵이 됐지만 버티고 있는 것은 장관직을 더 수행하고 싶다는 집착이 아니라 자신의 사퇴가 임명권자에게 부담으로 작용할 것을 우려하기 때문이다. 어떤 임명권자는 야당 요구대로 사퇴시키는 것보다 공세를 무시하는 편이 정치적으로 유리하다고 판단한다. 이는 야당을 상대하지 않고 정치하겠다는 독단적 인식에서 비롯된다.

교수나 시민단체 출신 등 돌아갈 곳이 있는 이들은 '싫으면 그만둔다'는 단순한 생각으로 쉽게 사의를 표시한다. 안경환 법무부 장관 내정자, 조국 법무부 장관이 단명으로 끝났고, 청와대 경제 정책에 참여한 참여연대 출신 인사도 언론의 문제 제기 한 방에 사퇴한 것은 그런 맥락이다. 박원순 서울시장의 극단적 선택은 그 가운데 가장 비극적이다.

9

여성과
진보 언론의 심판

2017년 권력에 의한 성적 가해자를 고발하는 미투운동이 전 세계적으로 등장했다. 우리나라도 사회관계망서비스에서 맴돌던 미투운동이 2018년 초부터 여론에 등장하기 시작한다. 1월 29일 현직 검사 서지현은 제이티비시JTBC에 나와 자기 상관인 안태근 전 검사장의 성폭력 실태를 고발했다. 갑을 관계에 의한 성폭력을 당당히 고발하는 미투운동은 문학, 연극, 연예계를 넘어 정계까지 번져나갔다. 공교롭게도 미투사건에 연루된 사람은 진보 시인과 진보 언론인 등 대부분 개혁진보 진영이었다. 문재인 대통령은 2월 "무겁게 받아들인다, 피해 사실을 폭로한 피해자들에게 경의를 표하고, 미투운동을 적극 지지한다"는 사과성 의견을 밝히기도 했다.

특히 미투사건에 연루된 정치인 대부분이 민주당 소속이었다. 민주당은 안희정 충남지사에서 시작해 오거돈 부산시장 성추문으로 심각한 상태에 빠졌고, 박원순 서울시장 사건으로 결정타를 맞았다. 미투운동은 전국 여성단체의 공동 대응으로 발전했고, 이는 여성계 전체가 민주당에 등을 돌리게 만들었다. 선거 때마다 우군이던 여성단체 혹은 인권단체는 민주당을 싸늘하게 외면했다. 이뿐만 아니라 미투사건은 그나마 우호적이던 진보 언론도 민주당에 몰매를 때리는 계기가 됐다. 결국 미투운동은 촛불정부 몰락의 촉매제를 넘어 매우 큰 영향을 미치는 사건으로 발전했다.

돌아서지 않는 주부 표심

한국 정치에는 지역주의와 함께 '여촌야도'(시골은 여당 지지, 도시는 야당 지지) 투표 행태가 있고, 고학력 여성의 민주당 지지도 있다. 대도시에 사는 고학력 여성은 확고한 개혁 세력, 민주당 지지층이다. 이는 개혁진보 세력이 여성의 참정권 확대와 호주제 폐지 등 여권 신장 노력을 꾸준히 했기 때문이다. 특히 1980년~1990년 활발한 여성 시민운동 덕분에 고학력 여성과 주부는 개혁진보 세력을 지지했다.

40대~50대 주부인 이들의 정치적 비중은 만만치 않다. 2022년 대통령 선거 유권자 4,419만 7,692명 중 여성 유권자가 50.4퍼센트로 남성 유권자 49.6퍼센트보다 많고, 특히 50대 유권자가 19.5퍼센트로 가장 많았다. 다음이 40대 유권자로 18.5퍼센트였다. 보통 여론조사에서 주부를 20퍼센트 정도 포집하므로 전체 유권자는 20퍼센트라 할 수 있다. 이는 젊은 학생의 4배, 기능, 노무, 서비스업의 2배에 달하는 비중이고, 자영업자에 근접하는 수준이다. 따라서 주부의 표심이 어디로 가느냐에 따라 선거판 승부가 갈린다고 해도 과언이 아니다.

그래서 모든 정치 세력이 이 표밭에 심혈을 기울여 왔다. 김대중 정부는 여성부 설치와 최다 여성 장관(9명)으로 보답했다. 노무현 정부는 최초의 여성 총리와 여성 법무부 장관, 최초의 여성 헌법재판소 재판관, 최초의 복수 여성 대법관을 만들었다. 문재인 정부는 아예 장관 30퍼센트 할당을 공약했고, 최초의 여성 외교부 장관을 비롯해 18개 부처 가운데 6개 부처에 여성 장관을 임명해서 여성 장관 비율이 최고인 33.3퍼센트를 기록했다.

그러나 2022년 대통령 선거에서는 양상이 달라졌다. 주부 표심이 보수 정당인 국민의힘 지지로 돌아선 것이다. 대선 직전까지 계속됐던 한국갤럽의 여론조사 추이를 보면 전업주부의 민주당 대 국민의힘 지지는 2월 29:48에서 3월 35:57로 별반 달라지지 않았다. 전체 여성의 지지도 역시 윤석열 후보가 높게 나타났다. 앞서 얘기한 정한울의 '대선이후 정치지형 변화와 향후 진로모색'이라는 보고서에도 민주당의 주요 이탈 세력을 50대 여성, 즉 주부의 이탈을 꼽고 있다. '이대녀'라 부르는 20대 여성은 개혁진보 세력을 지지했지만, 50대 주부의 이탈은 과거에 볼 수 없는 특이한 현상이었다.

개혁진보 세력이 주부라는 전통적 지지 기반을 상실한 이유는 무엇일까. 여성가족부를 폐지한다고 공약하고, 남녀 갈라치기를 하는 후보에게 주부가 표를 줬던 이유가 뭘까. 선거 유세에서 험한 독설을 내뱉고, 어퍼컷 자세를 취하는 폭력성 후보에게 주부들이 표를 준 이유는 무엇일까. 이는 지난 대선부터 계속된 불가사의였다. 이재명의 형수 욕설 때문일까 라는 분석도 있다. 그러나 주부는 형수이기도 하지만 어머니이기도 하다. 아들 입장에서 형수보다 어머니가 더 절실했을 것이라는 측면에서 분석하면 형수 욕설도 충분히 용서될 사안이다.

이 의문에서 모범 답안을 찾으려면 바로 미투운동, 즉 개혁진보 세력의 연이은 성 추문밖에 없다. 주부는 자신의 딸뻘을 추행한 이들에게 분노해서 민주당을 심판한 것이다. 여성단체는 박원순 시장을 고발하고 수사 결과가 나오기도 전에 성명과 기자회견으로 성범죄자로 낙인을 찍었다. 성폭력상담소장 출신의 최영애 국가인권위원회 위원장은 박원순 시장과 오랜 지인 관계임에도 불구하고 날카롭게 대립했다. 박원순은 극단적 선택까지 하며 속죄했지만, 여성단체는 분노를 가라앉히지 않았다.

미투사건의 진실 여부는 아직 논란이 있지만, 그 모든 책임은 결국 안희정, 오거돈, 박원순에게 있다. 이들은 초심을 잃고 단체장 권력에서 헤어나지 못했다. 자신에게 부여된 임무가 무엇인지를 망각했다. 안희정은 젊은 정치인으로 재기하기 어려운 타격을 받고 하차했다. 하지만 그의 오류는 촛불정부와 586세대의 도덕성에 치명적 타격을 안겼다. 이는 조국의 충격에 버금가는 것이다. 박원순의 경우 그 모든 책임을 스스로 졌지만 그가 쌓아온 시민운동에 치명적 타격을 주면서 촛불정부 몰락을 가속화했다. 그 후유증은 아직도 언론 지형에 남아 있다. 부산시장 오거돈의 경우는 노무현이 키운 부산 인물이라는 후광을 내팽개쳤다. 결국 이어진 서울시장과 부산시장 보궐선거에서 민주당은 모두 패배했다. 이들의 분노는 2022년 대선까지 이어졌다. 특히 50대 주부의 분노는 좀처럼 풀리지 않았다.

진보 언론을 좌우하는 여성 기자의 힘

미투사건이 대통령 선거에 큰 영향을 미친 이유는 언론 환경, 특히 진보 언론의 내부 사정과 무관하지 않다. 〈조선일보〉, 〈중앙일보〉, 〈동아일보〉와 같이 소위 재벌 언론은 사주에 의해 편집 방침이 좌우되지만, 사내 선거로 경영진이 선출되는 진보 언론은 사내 직원, 즉 기자의 목소리가 편집 방침을 결정한다. 그런데 바로 이 〈경향신문〉과 〈한겨레〉 기자는 다른 언론사보다 여성 비율이 상대적으로 높다. 언론 환경도 과거보다 여성 기자가 크게 늘었고, 이는 점차 가속화되고 있다. 2020년 기준 전국의 언론사 남성 기자는 23,844명(69.4퍼센트)으로 전년 대비 13.9퍼센트 늘었지만 여성 기자는 10,490명(30.6퍼센트)으로 22.0퍼센트 늘어났다. 특히 종이 신문, 방송, 통신에서 남성 기자는 2019년 대비 모두 감소했으나 여성 기자는 방송을 제외한 모든 매체에서 2019년 대비 늘어났다.

특히 〈경향신문〉과 〈한겨레〉의 여성 기자 비율은 타사보다 높다. 〈경향신문〉은 전체 기자 259명 중 여성 기자가 85명으로 32.8퍼센트며, 팀장급 이상 보직 간부 25명 중 여성은 5명이다. 〈한겨레〉는 전체 275명 중 여성이 93명으로 33.8퍼센트다. 편집국의 팀장급 이상 간부는 60명 중 14명이 여성이며, 부장급 이상으로 좁혀 보면 17명 중 여성은 정치에디터, 한반도 국제에디터, 문화스포츠에디터, 토요판에디터, 이렇게 4명으로 23.5퍼센트를 차지한다.

이는 2018년과 2019년 비교이고, 현재 연도를 놓고 비교하면 더욱 심각해졌을 것이다. 〈경향신문〉의 경우 최근 입사자 70~80퍼센트가 여성 기자일 정도다. 이들 진보 언론은 이미 여성 정치부장, 여성 사회부장은 물론이고 여성 편집국장이 나오기도 했다. 〈경향신문〉에는 소통젠더데스크, 〈한겨레〉에는 젠더팀장이 있다. 미투운동이 시작될 때 〈경향신문〉 편집국장과 〈한겨레〉 정치부장은 여성이었다. 이들 언론은 사회적 성추행 사건을 매우 민감하고 비판적으로 보도했다. 결국 민주당 정치인의 성 추문은 개혁진보 언론으로 분류되는 〈경향신문〉과 〈한겨레〉마저 민주당을 외면하는 원인이 됐다. 이는 기자협회 기관지인 〈기자협회보〉와 언론 비평지인 〈미디어오늘〉, 진보 언론 협동조합인 〈프레시안〉 등도 비슷하다. 이들 매체의 공통점은 미투사건을 매우 적극적으로 보도했다는 점이다.

특히 〈경향신문〉 보도는 사내에서 미투사건이 벌어졌던 다른 언론사와 사뭇 달랐다. 비슷한 시기 보수 언론사 두 곳 편집국에서 간부 기자가 부하 기자를 성추행하는 사건이 벌어졌음에도 조용히 사표를 받는 선에서 무마했다. 해당 언론사 여성 기자들조차 사내 미투사건에 공개적으로 반발하지 않았다. 이는 미투사건의 보도 태도를 놓고 2차 가해로 시끄럽던 〈경향신문〉에 비하면 매우 다른 분위기다. 심지어 〈경향신문〉은 성범죄 보도의 경우 무조건 피해자의 입장에서 기사를 써야 한다는 원칙 아닌 원칙이 있을 정도다. 〈한겨레〉에서 시사만평을 그리던 박재동 화백의 미투사건이 〈경향신문〉 강진구 기자의 해직으로 이어졌다는 점도 같은 맥락에서 유념할 필요가 있다. 강진구 기자는 언론에 의한 피해자 중심주의 보도를 비판하면서 실제적 진실을 규명하는 것이 언론의 임무라고 주장했다. 이에 〈기자협회보〉, 〈미디어오늘〉, 〈프레시안〉 등은 2차 가해라면서 비난했고, 결국 강진구 기자는 〈경향신문〉에서 징계를 받고 해직됐다. 강진구 기자는 이들 진보 언론의 보도에 대해 소송을 제기했고 〈미디어오늘〉과 〈기자협회보〉 등은 패소했다.

　개혁진보 세력을 옹호하는 언론 전문지를 비롯한 진보 언론이 약자의 고통이던 미투사건에 진력한 것은 당연했고 또 정당했다. 이는 상대적으로 여성 기자가 많은 진보 언론의 내부 분위기가 작용한 것이 사실이다. 그러나 언론은 명확한 진실 규명이 더 중요하다는 점을 소홀히 한 것은 아쉬운 대목이다. 개혁진보 진영에서 시작된 미투운동은 전통적 지지 세력인 주부를 잃음으로써 대선 패배의 중요한 요인이 됐다. 이는 또 윤석열 정부를 분명한 색깔로 비판하는 〈더탐사〉와 〈민들레〉 등 신생 매체, 〈경향신문〉과 〈미디어오늘〉 등 진보 언론의 관계가 보이지는 않지만 거리감이 생기도록 했다.

진보 언론에서 여성 기자의 대폭 증가는 나비효과 측면에서 진보 정당의 변화를 유도한 원인이 되기도 했다. 진보 정당을 표방하는 정의당이 여성 문제를 유독 강조하는, 거의 젠더당으로 변모한 이유 중의 하나로 여성 기자의 보이지 않는 힘의 작용을 꼽기도 한다. 정의당 현역 의원 6명 중 5명이 여성인 것은 우연이 아니다. 노동자, 농민, 도시 빈민 등 기층 세력에 대한 지지가 진보당에 비해 확고하지 못한 정의당은 유명 인사 위주의 언론 활동에 의존했다. 정의당이 활용한 언론은 〈경향신문〉과 〈한겨레〉였다. 두 언론은 자연스럽게 정당과 기자의 공통 관심사인 젠더 문제에 천착하게 된 것이다. 〈한겨레〉 기자 가운데는 정의당 당원이 적지 않아 사내에서 문제가 되기도 했다.

정의당의 이런 특징은 21대 국회의원 선거를 앞두고 준연동형 비례대표제가 도입되는 데 효과적인 작용을 했다. 준연동형 비례대표제는 적잖은 문제에도 불구하고 정의당이 강력히 추진한 선거 제도였다. 그러나 〈경향신문〉과 〈한겨레〉는 이에 대한 검증은 거의 하지 않았다. 오히려 준연동형 비례대표제 도입이 진정한 정치 개혁이고, 이에 반대하는 세력은 반개혁으로 몰아붙였다. 결국 대통령제와 어울리지 않는 국회의원 선거 제도는 위성정당을 만들게 했고, 개혁진보 세력 전체가 원인을 제공한 측면이 있다.

진보 언론은 개혁진보 편인가

　언론학자와 비평가가 우려하는 것은 바로 진영 논리에 매몰된 언론이다. 특히 노무현을 지지하는 열성 당원을 노빠, 문재인을 지지하는 열성 당원을 문빠로 비하하며 비판한다. 이 비판 강도에 비해 보수 정치 세력에 대한 비판은 상대적으로 약했다. 친박연대라는 개인숭배 같은 당명을 가진 정당에도 관대했고, 종편의 극도의 편향 보도나 〈조선일보〉, 〈중앙일보〉, 〈동아일보〉 등 보수 언론이 보수 진영을 대변해도 크게 비판하지 않았다.
　그렇다고 진보 언론이 개혁진보 진영에 우호적인가 하면 그렇지 않았다. 흔히 진보 언론사라면 〈경향신문〉이나 〈한겨레〉, 그리고 인터넷 언론인 〈오마이뉴스〉나 〈프레시안〉 등을 꼽는다. 해방 직후인 1946년 창간한 〈경향신문〉은 종교 재단이 창간한 보수 언론이다. 그런 보수 신문이 이승만의 반민주적 정치 행태를 비판하다 폐간됐고, 복간하는 과정을 거치면서 민주언론이라는 역사를 얻었을 뿐이다. 이후 〈경향신문〉은 소유주의 변동에 따라 권력에 아부하면서, 재벌에 빌붙어 생존했다. 여전히 보수 언론 범주에서 벗어나지 못한 상황이었다.
　〈경향신문〉이 진보 언론으로 평가되기 시작한 것은 1998년 재벌 언론에서 벗어나 사원이 주주가 되는 독립 언론이 되면서부터다. 그러나 〈경향신문〉은 개혁진보 정권에 그리 우호적이지 않았다. 특히 노무현 정부 말기에 매섭게 정권을 비판했다. 당시 비서실장 문재인은 "무엇보다 가슴 아팠던 것은 진보 언론들이었다. 기사는 보수 언론과 별 차이가 없었지만 칼럼이나 사설이 어찌 그리 사람의 살을 후벼 파는 것 같은지 무서울 정도였다"고 토로했다. 노무현은 대통령 임기 말 언론에 대한 불만을 토로하며 "독재 시대에는 독재에 부역하고, 재벌에 붙어먹고, 민주화시대에 민주화의 부스러기를 주우려는 신문이 있다"며 언론사를 특정하지 않았지만 〈경향신문〉을 향해 매서운 독설을 날리기도 했다.

특히 〈경향신문〉은 2008년부터 시작된, 노무현 가족이 연루되었다는 '박연차 게이트' 보도에서 검찰이 흘려주는 내용을 충실히 전달했다. 2019년 조국 사태, 2022년 이재명 보도와 매우 유사했다. 많은 개혁진보 독자가 이탈하는 가운데서도 〈경향신문〉은 개혁진보 정권의 편이 되질 않았다. 2009년 4월에는 '굿바이 노무현'이라는 칼럼을 실었다. 칼럼 내용은 "노무현 당선은 재앙의 시작이었다"면서 "이제 그가 역사에 기여할 수 있는 일이란 자신이 뿌린 환멸의 씨앗을 모두 거두어 장엄한 낙조 속으로 사라지는 것"이라고 끝을 맺었다. 이는 칼럼이라기보다 일종의 저주였다. 노무현은 이 칼럼이 나오고 한 달여 후 그렇게 사라졌다.

진보 언론을 표방하는 〈경향신문〉이 개혁진보 정부를 신랄히 비판한 이유는 여러 가지 요인이 있겠지만, 고려대 교수 최장집의 영향이 컸다. 뒤에 자세히 언급하지만 최장집은 '노사모'나 '깨어 있는 시민의 조직된 힘'을 포퓰리즘의 한 형태라면서, 민주주의의 위기라면서 비판했다. 〈경향신문〉은 당시 최장집의 제자들이 사장과 편집국장, 즉 경영과 편집을 장악하고 있었다. 또 하나의 이유는 기자들의 현실적 열패감에서 비롯된, 진보의 이중성에 대한 분노가 아닐까 생각한다. 독립 언론을 표방한 〈경향신문〉은 재벌 언론 시절에 비해 보수가 대폭 삭감됐다. 심지어 2008년 경제 위기 때는 최저임금 수준의 보수를 받기도 했다. 결국 〈경향신문〉 기자의 눈은 권력에 참여해 호의호식하는 것으로 비치는 586세대에 우호적일 수 없었다.

노무현 사후 〈경향신문〉은 검찰에 지나치게 의존한 보도의 문제점을 반성하는 '경향신문 이렇게 하겠습니다'라는 사과문을 발표했다. 사과문은 "〈경향신문〉은 노 전 대통령과 관련된 이른바 '박연차 게이트' 보도는 물론 그동안 관행적으로 이뤄져 온 검찰과 경찰 수사 보도의 문제점과 개선 방안을 논의하기 위해 지난 3일 편집국 제작평의회를 열었다 …… 검찰 발표도 철저하게 검증하는 과정을 거친 뒤 보도하는 게 필요하다"라고 독자에게 약속했다.

그러나 9년 만에 등장한 문재인 정권에서 〈경향신문〉이 다짐했던 검찰 보도 준칙은 지켜지지 않았다. 2019년 조국 사태

당시 〈경향신문〉 보도는 여타 보수 신문과 다를 바 없었다. 오히려 단독이라는 이름을 달고 검찰이 흘려주는 기삿거리를 먼저 싣는 데 열중했다. 검증이 안 된 검찰 기사가 난무하다는 내부 지적이 이어졌지만, 오히려 다수 기자의 반발에 직면하기도 했다. 〈경향신문〉은 개혁진보 정권에 우호적이기는커녕 진보의 이중성을 검증하는 것을 지상의 목표로 생각하는 특이한 기류가 작용하고 있었다.

또 다른 진보 언론인 〈한겨레〉 역시 적잖은 문제를 안고 있다. 무엇보다 제호를 〈한겨레〉로 정한 이유에 대한 고민이 사라지고 있는 것이다. 진보 의제에서 가장 큰 사안은 노동과 통일이다. 〈한겨레〉의 창간 목적은 바로 통일 문제에 진보적 입장을 대변하라는 것이다. 그러나 통일이라는 단어는 〈한겨레〉 지면에서 점차 사라지고 있다.

젊은 기자들은 이념이나 정파에 매몰되기보다 '모두 까기'를 언론의 본령으로 생각한다. 2019년 9월 조국 법무부 장관 검증에 미온적이라 판단한 〈한겨레〉 기자들은 "편집국장 이하 국장단은 '조국 보도 참사'에 책임지고 당장 사퇴하라"고 요구했고, 2021년 1월 26일에는 기자 41명이 "성역 없이 비판의 칼날을 세웠던 〈한겨레〉는 문재인 권력을 검증하고 비판하는 데 점점 무뎌지고 있다"며 "국장단의 어설픈 감싸기와 모호한 판단으로 좋은 저널리즘의 가치가 훼손되고 있다"고 주장했다. 급기야 편집국 간부가 부동산 업자와 거액을 거래하는 물의를 빚어 경영진과 편집 책임자가 사퇴하는 사태까지 벌어졌다.

〈경향신문〉과 〈한겨레〉 등 사주가 없는 진보 언론의 특징은 다수 사원의 목소리가 편집 방침을 좌우한다는 것이다. 편집국장 임명 동의는 기자들이 투표로, 발행인 선출은 사원 투표로 선출되는 구조이기 때문이다. 따라서 기자들의 성향이 지면에 그대로 반영된다. 〈경향신문〉과 〈한겨레〉의 기자는 앞서 언급한 것처럼 여성 기자가 많아 여성주의가 강하고, 특히 진보개혁 진영의 이중성에 대한 검증을 중요시 여긴다. 기자의 정치적 성향은 정의당에 가깝다고 할 수 있다.

진보 언론의 보도 관점은, 권력은 무조건 비판해야 한다는 점이다. 물론 이는 지극히 옳다. 하지만 권력 비판도 사실성과 진실성에 방점을 두는 것이 더 중요하다. 민주언론시민연합의 언론 모니터에 따르면 2019년 조국 사태가 일어나고 보름 동안 〈경향신문〉은 5건, 〈한겨레〉는 6건의 검찰발 단독 기사를 내보냈다. 물론 이는 〈중앙일보〉 27건, 〈조선일보〉 23건, 〈동아일보〉 21건보다 적지만 검찰 수사 내용을 검증 없이 받아쓰기는 마찬가지였다. 2022년 대선 때 이재명 보도 태도도 마찬가지였고, 대선 이후에는 더욱 극심해졌다. 촛불정부가 보여준 진보의 이중성만큼 진보 언론의 이중성도 문제가 많음이 드러난 것이다.

진보 언론이 이런 보도 기조를 가지고 있는 것은 언론 비평가들이 일갈한 정파성 비판이 한 요인이 됐다. 언론 비평가들은 문재인 정권이 들어서자 공영방송인 문화방송MBC과 한국방송공사KBS는 공익성을 잃은 친정부 편파 방송이라고 몰아세우며 언론의 사실성과 공익성을 사수해야 한다고 주장했다. 이런 주장에 진보 언론학자도 동조했다. 그러나 언론의 사실성은 필요조건이지만, 공익성은 충분조건에 불과하다. 언론은 사실을 보도함으로써 공익에 부합하는 것이다. 공익이란 명분으로, 법으로 제한한 그 선 너머에는 진실이 많다. 그 진실을 규명하고 보도하는 데 공익성이 족쇄로 작용해선 안 된다. 진실을 보도하다 현행법에 저촉돼 감옥에 가는 것도 마다하지 않는 것이 언론이다.

그들이 강조하는 공익성도 그 기준이 애매하다. 국가 이익은 해당 국가에 공익이지만, 주변국 혹은 인류에는 폭력일 수 있다. 이런 사례는 국제 뉴스에 숱하게 발생한다. 그들은 언론의 공공성을 요구하며 공영방송을 비판하지만, 상대적으로 종편과 보수 언론에는 관대하다. 결국 보수 정치 세력은 보수 언론의 진영 논리에 보호되지만, 개혁진보 정치 세력은 진보 언론에서조차 우호적이지 않다. 진보 언론이 개혁진보 진영이라는 생각도 버려야 한다.

10

개혁진보 세력의
전술적 오류

촛불혁명을 이뤄낸 개혁진보 단체 중 일부는 정치 세력화를 요구하기도 했지만, 결국 제도권 정치 개혁에 임하기로 정리됐다. 이들은 헌법과 선거법, 정당법 등 정치 관계법, 그리고 지방자치법을 바꾸는 운동을 하기로 방향을 틀었다. 제3의 정치 세력이 안착할 토대를 만들자는 것이다. 개혁진보 세력은 '정치개혁공동행동'을 결성해 현행 소선거구제가 양당제로 이어져 극도의 정치 양극화를 초래한다는 생각으로 개선운동에 나섰다. 여기에 가세한 세력이 이른바 비례민주주의다. 비례민주주의는 몇

몇 사람의 포럼 형태에서 시작해 시민단체를 거치고 2016년 10월에는 비례민주주의연대로 발전한다. 그러고 나서 촛불혁명 세력과 손을 잡으면서 양대 노총을 비롯한 민변 등 550개 시민사회단체가 참여하는 '정치개혁공동행동'으로 규모를 키운다. 이 정치개혁공동행동 간사 역할은 비례민주주의연대 하승수 변호사가 맡는다.

정치개혁공동행동은 현행 헌법이 제왕적 대통령제라고 비판하면서 분권형 대통령제를 주장한다. 그리고 국회의원 선거는 극단적인 양당제를 낳는 소선거구제가 아닌, 사표를 방지하고 비례민주주의를 확충하는 독일식 연동형 비례대표제 도입을 요구한다. 이 주장은 일면 타당하게 들린다. 특히 보수적인 양대 정당 사이에서 제3의 진보 정당을 키우려는 진보 정치 세력에는 선거법 개정이 절박한 문제일 수밖에 없다.

선거법 개정운동의 오류

그러나 비례민주주의를 주장하는 인물을 자세히 관찰해 보면 정교한 이론적 토대가 없음은 물론이고 현실에서 정치 감각도 갖추지 못한 사람이 태반이다. 정치에서 가장 기초이면서 중요한 선거법 개정을 마치 학술 발표를 하듯이 했고, 그릇된 선입관에 빠져 정치 개악으로 나타나는 오류를 범했다. 5년마다 51 대 49가 대결하는, 결선투표가 없는 대통령 중심제 선거를 하면서 국회의원 선거는 다당제를 낳는 연동형 비례대표제를 도입하자는 주장은 선후 관계도 맞지 않고 현실성도 떨어지는 발상이다. 이 문제는 앞에서 정치 개악을 얘기할 때 지적했듯이 제왕적 대통령제라는 실체 없는 유령에서 비롯됐다. 그러나 2018년 국민헌법자문특위 결과와 문재인 대통령의 언급으로 제왕적 대통령제는 허구임이 입증됐다.

무엇보다 정치개혁공동행동의 오류는, 선거 제도는 헌법에 규정된 대통령 선거와 국회의원 선거를 규정한 공직선거법, 지방자치 단체장과 의원을 선출하는 지방자치법 등이 일관성 있게 연계돼 있다는 것을 간과했다는 점이다. 여기에다 정당법과 정치자금법 등 정치 관계법도 정교하게 연동돼 있다. 따라서 헌법 개정 작업이 무산됐다면, 아니 오류가 있어 중단했다면 하위 정치 관계법 개정을 현실에 맞게 수정해야 한다. 그러나 학계와 시민운동 수준의 정치개혁공동행동은 이런 정치 제도의 일관성을 이해하지 못했다.

민주당은 앞서 언급했듯이 2018년 지방선거 기초의원 선거구를 개악했다. 풀뿌리 민주주의의 시작인 기초의원 선거구를 3~4인을 뽑는 대선거구에서 양당이 나눠 먹는 2인 선출의 중선거구로 개악한 것이다. 문제는 아마추어 같은 정치개혁공동행동이 이런 변화의 중요성을 알지도, 저지하지도 못했다는 점이다. 이는 국회의원 선거에서 그대로 재연됐는데도 촛불 세력은 순진하게도 이런 사실을 간과하지 못했다. 개혁적인 시민단체 세력은 표의 등가성이나 사표 방지 등 정책 결정에서 투입 부분을 중요시하지만, 정부와 여당은 정책의 실현을 통해 실질적 결과물을 국민에게 제시하는 정부 운영을 더 중요하게 생각한다. 즉 대통령 중심제에서 국회는 대통령 정책을 뒷받침하기 위한 원내 과반수 의석 확보가 중요한데, 시민단체는 이를 간과했다는 말이다.

특히 민주당의 정치 개악에서 다뤘듯이 연동형 비례대표제는 내각책임제와 어울리는 제도로 권력 구조를 근본적으로 바꾸거나, 대통령 선거에 최소한 결선투표제 정도는 도입해야 하는데, 이 역시 개헌 사항이다. 연동형 비례대표제는 제3의 진보 정당 육성에 필요하지만 개헌이 어려운 상황에서는 그림의 떡이다. 우리나라처럼 5년마다 대통령 선거를 하는 대통령 중심제에서는, 다수당의 출현이 불가능한 연동형 비례대표제에서는, 아무도 국정 운영을 책임지지 않는 정국 혼란과 정치 낭비가 연속될 것이 뻔하다. 이상적으로 여기던 독일 바이마르 공화국이 나치를 불러온 원인 중에는 바로 비례대표제가 만든 극도의 비효율과 혼란도 있었음을 기억해야 한다.

연동형 비례대표제를 확대하면 정당 추천이 곧 당선이다. 이는 수시로 비상대책위원회를 꾸리는 천박한 우리나라 정당 수준을 생각해 보면 맞지 않은 제도다. 무엇보다 분단국가인 우리나라에 적용해선 안 된다. 해방 후 유엔의 남북한 인구 비례 총선거 결의안 때문에 분단이 되었음을 잊어선 안 된다. 내전을 겪고 연방제를 채택한 미국이 비례민주주의 원칙을 몰라서 안 하는 것이 아니다. 연방 체제 유지, 즉 통일을 유지하는 데 비례민주주의는 장애가 되기 때문이다.

대선이 끝난 후 윤석열 대통령의 중대선거구제 언급에 민주당과 정의당은 똑같이 개헌을 전제했다. 민주당 이재명 대표는 신년 기자회견에서 대통령 4년 중임제와 결선투표제를 제안했고, 정의당 이정미 대표 역시 대통령 선거에서 결선투표제를 도입하는 한 가지만 개헌하자고 말했다. 이는 연동형 비례대표제가 현재의 다수대표제와 어울리지 않는 조합임을 시인한 것이다. 국회의원 선거 제도는 대통령 선거 제도와 밀접하게 연동돼 있음을 뒤늦게 깨달은 것이다.

선거 연대가 현실적 대안

개혁진보 세력이 연동형 비례대표제의 필요성을 절감하는 이유는 이해하지만, 개헌이 현실적으로 어렵다면 현행 제도에서 차선책을 선택해야 한다. 진보 정당도 현재와 같은 결선투표제 없는 대통령 직선제에서 현실성 있는 활로를 찾아야 한다. 치열한 접전의 선거에서 지지율 2~5퍼센트 정당이 완주하는 것은 같이 죽자는 말과 다름없다. 그래서 바로 개혁 세력 민주당과 정교한 선거 연대를 하고, 비례대표는 효율적으로 배분하는 일이 현실적 대안임을 직시하는 것이다.

국회의원 선거는 진보 정당과 연합, 즉 진보 세력이 강한 지역은 민주당이 후보를 내지 않는 선거 연대를 통해 공동 이익을 추구하고, 대통령 선거는 될 만한 당에 표를 몰아주는 것이 옳다. 진보 세력이 독자적으로 집권할 가능성이 없으면 개혁 세력과 선거 연대를 통해 국회에 진출해 정부 정책에 관여하고, 의석을 늘려 원내교섭단체를 구성하고, 연정을 통해 조각에 참여해 진보 이념을 실현하는 것이 훨씬 제도권 정당다운 처신이다. 그러면서 독자적으로 힘을 키워 정권을 획득하는 것이 현명한 방법이다.

사실 이는 노무현 때부터 실행된 것이다. 노무현은 민주노동당이 추천한 인사라면 그가 당적을 유지한 채 개인적으로 입각해도 좋다고 했다. 참여정부 노동 정책이 노동계로부터 안정적 지지를 받게 되고, 민주노동당도 국정 경험과 함께 보다 더 책임 있는 자세를 갖추게 되리라는 생각이었다. 문재인 역시 같은 의견이었다. 문재인은 "우리 사회 정치 지형에서 진보적 성향이

다수를 이뤄 진보개혁 진영 안에서 헤게모니 싸움을 벌여도 대세를 그르치지 않게 될 때까지는 통합된 정당의 틀 안에서 정파 간 연립정부를 운영해 나가는 것이 바람직하다"고 말했다.

일부 원리주의자는 대선에 후보를 내지 않는 정당이 무슨 수권을 추구하는 정당인가 라고 주장할지 모른다. 이는 원칙적으로 옳은 말이지만 현실에서는 어리석은 말이다. 진보 정당 지지표가 5~10퍼센트를 유지하고, 보수의 국민의힘과 개혁의 민주당 세력이 치열한 접전을 벌이는 상황이라면 선거 연대는 절대적으로 필요하다. 2010년 지방선거가 그것을 극명하게 입증했다. 야당으로 전락한 개혁진보 세력은 선거 연대를 추진했으나 당 차원에서 실패했다. 그러나 지역 차원에서 보면 연대가 이뤄진 지역과 그렇지 못한 지역의 성과는 명확히 갈렸다. 선거 연대를 이룬 강원과 경남은 이광재와 김두관이라는 개혁진보 후보를 당선시켰다. 이곳은 전통적으로 민주당 약세 지역이지만 선거 연대가 위력을 발휘하면서 과반을 약간 넘는 박빙의 승부 끝에 당선됐다. 성남시장에 당선된 이재명 역시 민주노동당과 선거 연대를 통해 51.2퍼센트를 얻어 당선됐다.

그러나 전통적 강세 지역임에도 선거 연대가 이뤄지지 않은 지역은 민주당이 패배했다. 2010년 서울시장 선거가 바로 그것이다. 한나라당 오세훈 후보는 득표율 47.43퍼센트, 민주당 한명숙 후보는 득표율 46.83퍼센트, 불과 0.6퍼센트가 높아서 당선됐다. 이 선거에서 진보신당 노회찬 후보는 3.26퍼센트를 얻었는데, 개혁진보의 분열로 서울시장을 보수 세력에 헌납한 것이다. 2022년 대선도 바로 이 서울시장 선거를 그대로 재연했다. 당시 서울시장 선거에서 아깝게 석패한 한명숙은 정치 보복성 수사로 사법 처리가 됐고, 이어서 노무현의 정치 세력도 와해되고 말았다.

2010년 지방선거에서 선거 연대의 필요성을 절감했는지 이후 국회의원 선거는 개혁진보연대로 이어졌다. 2011년 4월 27일 재·보궐선거 강원도지사 후보로 출마한 민주당 최문순 후보와 민주노동당 배연길 후보는 선거 연대를 이루었고, 최문순 후보는 한나라당 엄기영 후보를 4.52퍼센트 차이로 이겼다. 민주노동당은 전남 순천에서 김선동 후보를 당선시켰고, 울산 동구청장에는 김종훈 후보를 당선시켰다.

2011년 10월 26일 서울시장 보궐선거에서는 개혁진보 단일 후보 박원순을 만듦으로써 53.4퍼센트를 얻어 승리했다. 강원지사, 서울시장 보궐선거는 개혁진보의 분열과 연대가 어떤 결과를 가져오는지 증명했다. 2012년 제19대 총선에서 개혁진보 세력은 당 차원에서 선거 연대를 이뤄냈다. 이 선거에서 민주당은 득표율 42퍼센트에 비해 106석이라는 많은 의석을 차지했다. 통합진보당 역시 지역구 7석과 비례 6석, 도합 13석이라는 사상 최대 의석을 확보했다. 개혁진보의 선거 연대가 가장 효과적임을 또다시 입증한 것이다. 2012년 18대 대선에서 통합진보당 이정희 후보가 "박근혜 후보의 당선을 막기 위해서"라며 대선 직전 후보에서 사퇴했다. 보수와 개혁 세력의 팽팽한 접전이 예상되어 선거 연대를 선택한 것이다. 비록 보수 세력에 정권이 넘어갔지만 대통령 선거에서 선거 연대 결정은 현명했다.

조국은 《진보집권플랜》에서 이를 가치 연대라고 하며, 현실적 방법이라고 평가했다. 조국은 2010년 지방선거 전후로 민주당, 국민참여당, 민주노동당, 진보신당 사이에 '무상급식연대'가 만들어진 점을 놓고 이렇게 평가했다. "선거 연대가 이루어졌다는 것보다 가치 연대가 이루어졌다는 것이 더 중요합니다. 권력을 놓쳤다가 재집권하게 되는 과정을 보면, 맨 처음에 새롭게 지향해야 할 가치의 연대가 먼저 이뤄진다"라고 하면서 "과거 운동권 용어를 빌려 말하자면, '최대 강령'이 다르다고 하더라도 노동과 복지에 대한 '최소 강령'을 합의하는 동맹이 필요하다"라고 말했다.

그러나 2022년 대선에서 치열한 1퍼센트 접전이 벌어지고 있다는 분석과 예상이 있었음에도 정의당 심상정 후보는 계속 완주해 결국 2.6퍼센트 사표를 만들었고, 윤석열 대통령 만들기에 결정적으로 기여했다. 이 과정에서 진보 원로들도 오류를 범했다. 일부 진보 원로가 제1당과 제2당의 치열한 접전에도 불구하고 제3당인 정의당의 지지 유세에 등장한 것이다. 물론 진보 원로들은 큰 틀에서 진보 세력에 힘을 보태기 위해 나섰을 것이다. 그러나 진보 원로들이 정의당 유세에 나선다고 해서 민주당 지지표가, 진보당 지지표가 정의당으로 가진 않는다. 진보 원로들의 성의 표시는 고마운 일이지만, 개혁진보 세력의 단일화에는 역행한 것이다. 진보 원로들은 정의당 유세장에 나서는 것보다 심상정 후보를 사퇴시켜 개혁진보 단일화를 이끌어 내는 것이 더 현명했다. 그것이 질곡의 진보 역사를 살아온 진보 원로들이 해야 할 일이고, 또 할 수 있던 일이었다.

개혁진보 인사와 단체들의 오류는 또 있다. 현실 정치를 모르는 비례민주주의와 같은 관념적 시민운동에 여타 개혁진보 세력과 진보 언론이 아무 고민도 없이 끌려간 것이다. 문제 많은 연동형 비례대표제 도입에 반대하는 세력은 반개혁, 반진보라는 이상한 등식도 만들어졌다. 민주당과 정의당은 각자 정략적 측면에서 그럴 수 있고, 진보당도 제3의 진보 정당이라는 여지 때문에 절실했다. 그렇다 하더라도 시민단체는 너무 순진했다. 시민단체는 선거법 개정이 무엇을 의미하는지 정확히 모르면서, 개헌 작업이 무산됐는데도, 많은 문제점을 간과하고 보도하는 진보 언론의 분위기에 휩싸여 연동형 비례대표를 따라갔다. 급기야 개혁진보 세력은 그토록 비난하던 위성정당까지 만들어 민주당에 구걸하는 모습까지 보였다. 2022년 3월 15일 촛불혁명을 주도한 조성우 주권자전국회의 상임공동대표, 신필균 복지국가여성연대 대표, 류종열 전 흥사단 이사장이 공동대표로 정치개혁연합이란 위성정당을 만들었다. 그러나 민주당은 개혁진보 세력과 연대하라는 원로의 마지막 호소까지 외면했다.

문재인 정부도 말과 달리 개혁과 진보의 가치 연대를 위한 연립정부를 시행하지 않았다. 오히려 민주당은 마치 심사하듯 연대 세력을 선별했으며, 표의 확장성이라는 명분으로 '종북 세력 선별' 작업을 벌였다. 이는 촛불혁명의 진정한 주역을 능멸하는 것으로 이 과정에서 개혁진보 세력은 또 한 번 참담함을 맛봐야 했다. 결국 촛불을 주도했던 개혁진보 시민사회 세력은 2018년 청와대의 형식적 헌법 개정안 발의에서 좌절하고, 그해 6월 기초의원 선거구 획정에서 배신당하고, 2020년 국회의원 선거 연대에서는 결정적으로 뒤통수를 맞았다.

실현성 없는 개헌 작업과 선거법 개정 작업을 주도했던 개혁진보 시민사회 세력의 빈약한 이론과 현실성 없는 정치 감각이 문제였다. 결국 정치개혁연합은 3월 24일 정당 등록 완료와 함께 해산을 결정하는 역대 최단명 정당이라는 오명의 대상이 되었다. 대의를 잃은 촛불정부와 촛불 정신을 오만하게 배신한 민주당과 이론적 준비도 없고 현실적 안목도 없는 초보자가 일을 망쳐 버린 것이다. 선거법 개정에 대한 면밀한 연구와 준비도 없이 그냥 따라간 비정치권 개혁진보 세력에도 책임이 있다. 개혁진보 세력의 이 같은 오류는 촛불정부의 몰락으로 나타났다.

오류를 반복하는 개혁진보 세력

개혁진보 시민사회 세력은 3년 전과 똑같은 오류를 반복하고 있다. 2022년 10월 26일, 690개 시민사회단체가 전국대표자회의를 구성하고 '2024정치개혁공동행동'을 다시 발족했다. 참여 단체는 참여연대와 한국진보연대, 한국여성단체연합, 경실련, 전교조, 전농, 민주노총 등 개혁진보 세력이 총망라됐다. 이 단체는 2020년 선거법 개정을 비극이라고 표현했다. 그러고는 "준연동형 비례대표제는 제한적이나마 개혁적 의미가 있었지만 제도적인 미비점으로 위성정당 창당을 초래했으며, 절차적 하자는 없었지만 사회적 합의가 부족했었다는 점을 인정하고자 한다"면서 "새로운 개혁 입법의 불가피성과 정당성이 충분하다"고 말했다.

매우 에둘러서 표현했지만, 2020년 준연동형 비례대표제 도입은 오류를 넘어 비극임을 인정한 것이다. 그러나 본질적 오류는 그대로 반복하고 있다. 이 단체는 선거의 비례성 확보를 위한 공직선거법 개정, 다양한 정당의 도입을 위해 정당 설립 요건을 완화하는 정당법 개정을 촉구했다. 연동형 비례대표제를 확대하고, 의원 정수를 늘려서라도 비례대표를 확대하자고 주장하지만 얼마나 국민의 공감을 얻을지는 미지수다. 이후 정치권의 선거법 개정 시안이나 여론조사 결과를 보면 연동형 비례대표제가 사라졌음은 물론이고 의원 정수 확대에도 부정적 여론이 많음이 확인됐다.

무엇보다 이들의 문제는 정당의 난립을 기본권 신장으로 착각한다는 것이다. 이미 2퍼센트 이상 득표하지 못하면 정당 등록이 취소되는 정당법 44조 1항 3호가 2014년 위헌 결정을 받으면서 해산되지 않는 정당 수는 급증했다. 여기에 2020년 준연동형 비례대표제는 지역에 뿌리내린 전통 정당보다 비례 의석 배정을 목적으로 하는, 몇몇 명망가를 위한 명망 정당, 혹은 종교, 극우 정당을 횡횡하게 만들었다. 2022년 10월 현재 중앙선거관리위원회에는 46개 정당이 등록돼 있다. 이 중 23개가 2020년 준연동형 비례대표제 도입 이후 창당됐다. 평소 총선을 앞두고 정당의 이합집산 시기에 5~6개 정당이 생겼던 것에 비하면 대폭 증가한 것이다. 이미 기독당, 새벽당, 홍익당 등 종교 정당에서 중소자영업당, 직능자영업당도 있고, 심지어 거지당이라는 정당까지 버젓이 등록하고 있다.

그래도 일부 학자들은 더 많은 정당이 등장해야 한다고 주장한다. 다양한 여론을 수렴하고 정치적 자유를 신장해야 민주주의라는 것이다. 진보 의제를 계속 쪼개서 정당의 파편화가 정의이자 기본권 신장이라고 얘기하는 것이다. 심지어 소규모 지역 정당도 설립을 요구하고 있다. 하지만 2020년 창당한 충청의 미래당이라는 지역 정당이 이미 존재하고 있다. 정당의 설립은 자유지만 마치 동호회 만들듯 쉽다 보니 정당의 파편화가 가속되는 것이다. 이들의 주장을 기본권 신장 측면에서 보면 일면 맞는 말이나 정치적 측면에서는 지극히 무책임한 발상이다. 정당 난립으로 국민이 부담하는 정치 비용의 증가도 문제지만, 정당은 천차만별의 정치의식을 나름대로 정리하는 역할도 한다는 사실을 알아야 한다. 그래야 정당의 기능인 민주주의 비용을 절감하고, 그래서 정당 정치를 하고, 그래서 국고 보조금을 지급하는 것이다.

정치개혁공동행동은 정당을 잘게 쪼개는 정당 파편화가 필연적으로 개혁진보 세력의 분열과 약화를 가져온다는 현실적 문제를 외면했다. 이들은 기본권 가치만 생각했지 그것이 실제 정치에서 어떤 이해득실을 가져올지에 대해서는 고민하지 않았다. 정당이 정권 획득을 위해 존재한다는 아주 기본적 사실조차 망각했다. 결국 개혁진보 시민사회 세력은 정치를 학술 발표를 하듯이, 시민운동을 하듯이 추진하다 실패한 촛불정부의 전철을 밟고 있다. 선거 제도, 정당 제도를 모르는 정치 철학자나 법학자, 변호사가 선거법 개정에 나섰다가 만신창이가 된 과거를 반복하고 있다는 말이다.

윤석열 정부에 대항해 촛불시위를 주도하는 김민웅, 우희종, 이래경 등의 인사가 주축이 된 '국민주권포럼'도 독자 정치 세력화를 추진하고 있어 주목되고 있다. 국민주권포럼은 "제2차 촛불혁명을 성공으로 귀결시키기 위해서는 미래에 대한 전망을 열어야 한다"면서 "새로운 희망을 만들어내는 열쇠는 촛불이 정치세력화하는 것"이라고 주장했다.

참여자들은 기존의 진보 정당과 다른 제3의 정당을 표방한다. 이 단체를 주도하는 서울대 교수 우희종은 지난 총선에서 민주당의 위성정당인 더불어시민당 대표를 역임했다. 이들의 정치세력화 목표는 기존 정당 체계에서 제3당, 혹은 제4당이 아니라 정치판 전체를 바꾸려는 것이라고 주장한다. 촛불행동 공동대표 김민웅은 "이제 완전히 새롭게 나라를 만들어 가야 하지 않으면 안 되는 상황"이라며 "윤석열 퇴진을 마무리 지음과 함께 대선과 총선을 동시에 치르고 새로운 헌법 구성에 동의하는 정당과 세력이 선출 권력의 중심에 서도록 하는 것, 이것이 국민 주권의 직접 통치를 가능하게 하는 뼈대를 확고히 세울 수 있는 최고의 실천적 방법"이라고 밝혔다.

이런 배경에는 2016년 촛불혁명 이후 〈녹색평론〉 발행인 김종철이 구상한 시민의회가 성사되지 못하고 민주당이 과실을 독차지해, 결국 촛불혁명의 대의를 완성하지 못했다는 반성이 깔려 있다. 이 국민주권포럼에는 2016년 촛불혁명을 견인한 민중세력 다수가 참여하고 있다. 이들은 또 윤석열 퇴진 촛불시위를 벌이는 퇴진행동의 주요 인물들이다. 그러나 퇴진행동 일부 지도부 인사가 추진하는 국민주권포럼의 창당 작업과 윤석열 퇴진 촛불시위는 별개라는 것이 이들의 입장이다.

국민주권포럼은 촛불 가치 실현을 위해 기존의 개혁진보 세력과 경쟁 관계가 아니라 협력 관계가 될 것으로 보인다. 독자적 정당화는 추진하되 3년 전처럼 합당 후 소멸은 하지 않으리라는 전망이다. 따라서 다음 총선에서 민주당과 가치 연대, 선거 연대를 추진할 가능성이 크다.

이들은 지난 촛불혁명 정신이 완수되지 못한 것은 촛불혁명의 주도 세력이 개혁에 나서지 못했기 때문이라고 보고 있다. 따라서 다음 총선에서 민주당과 가치 연대를 추구할 가능성이 크다.

그러나 국민주권포럼은 야권 분열이라는 현실 정치에서 닥칠 문제를 극복해야 한다. 이들은 양당제에 실망한 세력이 자신들을 지지할 것이라는 막연한 기대에 의존할 뿐이고, 양당제를 비판만 하지 근본적 해결책은 제시하지 못하고 있다. 이런 논리대로 라면 개헌이 전제되지 않은 상태에서 선거법 개정만으로 제3당의 입지를 마련하려다 실패한 3년 전 실수를 반복할 수 있다. 윤석열 퇴진 시위를 주동하는 촛불행동이 창당 작업과 선을 긋는 것은 이런 우려 때문일 것이다.

11

갈라파고스가 된 관념 좌파들

역사 변혁기에는 항상 주도 세력이 이반하도록 유도하는 세력이 존재한다. 이른바 반혁명 세력이다. 이는 서구에서 찾을 필요 없이 우리나라에서도 흔히 발견된다. 신라가 망하고 고려가 들어설 때도, 고려가 망하고 조선이 건국될 때도 내부 이반이 있었다. 남한만의 단독 정부는 반대하지만 이승만 정권에 가담한 항일 진보 세력이 있었고, 박정희 쿠데타는 물론이고 전두환 쿠데타 이후 민정당 창당 때도 항일 진보 세력이 가담했다. 이명박, 박근혜 정권 때는 이른바 뉴 라이트라는 학생운동권 세력이 대거 가담했다.

이것이 권력의 속성일 것이다. 민중혁명인 촛불혁명 때도 여당인 새누리당 의원 30~40명이 박근혜 탄핵안 가결에 가담했다. 2023년 2월 민주당 이재명 대표에 대한 체포동의안 표결에서 국회의원 30여 명의 이탈 표가 나온 것도 내부 이반의 증거다. 이들의 이반은 사태 전환에 매우 결정적 역할을 한다는 점이다. 따라서 권력의 흥망사를 보려면 바로 이 내부의 이반을 주목해야 한다.

촛불정부가 몰락하고 윤석열 정권의 탄생 과정도 마찬가지다. 윤석열 정부를 만드는 데도 촛불혁명을 주동한 개혁진보 세력이 적잖이 가세했다. 이들은 종합부동산세와 무관했고, 강남 유권자도 아니었다. 이들은 저학력 노령 투표자도 아니었다. 이들은 한때 진보적 지식인으로 통했다. 그러나 이들의 이반, 혹은 변절은 보수 언론에 훌륭한 먹잇감이 됐고, 결국 '묻지 마 심판'으로 이어졌다. 애당초 보수 혹은 자유주의자의 문재인 심판은 1표로 나타나지만, 같은 편이라 생각했던 개혁진보 세력의 이반은 실제에서 2표 차이를 가져온다. 산토끼를 잡기 전에 집토끼부터 단속해야 하는 이유가 여기에 있다.

2022년 대선 투표 후 방송 3사의 출구 조사를 2017년 선거와 비교해 보면 큰 차이가 있다. 2022년 대선에서는 진보적 성향의 유권자 가운데 29.6퍼센트가 부정적 투표를 했는데, 이는

2017년 12.8퍼센트보다 2.5배 이상 높은 수치다. 보수적 유권자의 부정적 투표는 23.2퍼센트에 그쳤다. 반대로 보수적 성향 유권자는 2017년 대선에서 16.9퍼센트가 부정적 투표를 해서 진보 성향 유권자의 부정적 투표 12.8퍼센트보다 높았다. 2022년 대선에서는 보수적 유권자의 이탈이 진보적 유권자의 이탈보다 적었다는 뜻이다. 0.73퍼센트 차이는 개혁진보가 이탈한 결과라 해도 과언이 아니다.

최장집의 게으름과 노여움

촛불정부에 대한 질타와 비판은 옳다. 언제나 비판 세력이 존재하고, 촛불정부도 그것을 경청하고 수용해야 한다. 그러나 질타와 비판을 넘어 부정과 저주에 이르면 문제는 달라진다. 그것도 한때 개혁진보의 목소리를 내던 인물이라면 영향력이 더 크다.

촛불정부를 저주하는 이들은 대체로 명문대에서 공부를 했으며, 젊은 시절부터 사회 정의를 위해 행동했다. 그들은 학계, 언론, 법조계 등 전문직에 종사한다. 보수적 성향의 유권자는 애당초 이런 사람에게 영향을 받을 가능성이 별로 없다. 개혁진보 성향을 가진 유권자들이 이들의 주장에 동조했을 가능성이 크다. 촛불정부 문재인은 바로 이들, 한때 개혁진보 행보를 걸었던 인사로부터 부정과 심지어 저주를 받았다. 이들은 건전한 비판을 넘어 맹목적으로 윤석열로 정권 교체를 하자고 주장했다.

 이들은 왜 촛불정부를 부정하고 정권 교체를 주장했을까. 물론 앞서 길게 언급했듯이 문재인 정부는 무기력하고 오만했다. 정권 심판을 받아도 싸다. 그러나 선거는 정권 심판의 의미도 있지만 새로운 지도자를 뽑는 절차라서 유권자는 고민 끝에 전략적 투표를 한다. 윤석열 후보의 소속 정당이나 공약, 후보의 됨됨이와 준비성 등을 보면 이재명 후보와 차이가 크다. 그런데도 개혁진보라고 생각했던 적잖은 인물이 닥치고 정권 교체를 강변했다. 그 이유는 무엇일까. 그들은 평소 신념이나 학자적 소신이라고 주장하지만 이는 명백한 허위다. 그들의 말이 옳다면 이재명과 윤석열에게 같은 비판의 잣대를 들이대야 한다. 그러나 그들은 이재명에 대해서는 거의 인신공격성 비난을 퍼부었지만, 윤석열에게는 우호적 찬사를 아끼지 않았다.

 이들의 균형을 잃은 일방적 비판은 자기 부정이자 사실상 변절이다. 이들의 변절 이유는 각자 다르겠지만 몇 가지로 대별할 수 있다. 결론부터 말하면, 첫째로 가장 큰 이유는 가치 배분에서 소외됐기 때문이다. 노골적으로 말하면, 촛불정부가 자리나 명예를 주지 않아서 자신을 인정해 줄 다른 권력을 찾아 나선 것이다. 두 번째 이유는 질투이다. 진보의 무능과 이중성에 대한 환멸 때문이라는 이유를 들고 있지만, 그 바닥에는 남이 잘되는 꼴은 보기 싫다는 고약한 마음씨가 도사리고 있는 것이다. 세 번째는 나이가 들면서 생긴 맹목적 노여움이다. 그동안 진보적인 척했던 인물의 주장을 보면, 이론은커녕 상식 밖의 주장을 하는 경우가 허다하다. 과거에 그가 했던 행동에 비추어 보면 그냥 싫은, 즉 노망이라고밖에 설명할 수 없다. 먹물들이 촛불정부를 이반한 변절의 뿌리는 허위의식이다. 촛불혁명 과정에서 드러난 먹물들의 허위의식과 정확히 일치하기 때문이다.

대표적 인물이 고려대 교수를 했던 최장집이다. 최장집은 학생 시절 고려대 구국투쟁위원회 위원장으로 1964년 한일국교 정상화 반대운동을 주도했던 소위 운동권이다. 이후에는 진보적 학자로 《해방 전후사의 인식》의 필자로 활약했으며, 〈조선일보〉의 종북몰이 대상이 되기도 했다. 1997년 김대중 정부에서는 정책기획위원장을 지냈다. 고려대 연구교수 진태원은 최장집을 "오늘날 한국 사회에서 민주주의 이론에 관해 논의하기 위해서는 《한국 민주주의론》을 우회할 수 없다"면서 "그의 이론만큼 체계적으로 구성되고 학문적, 사회적으로 큰 영향을 미친 이론은 존재하지 않기 때문"이라고 평가했다. 실제 그의 제자는 학계는 물론이고 정계, 언론계에도 폭넓게 퍼져 있어서 그의 주장은 검증이나 비판 없이 존중받고 확산된다.

최장집은 노무현 정부 때부터 개혁진보 진영을 비판하기 시작해서 그의 변절은 꽤 오래됐다. 주변에서는 "대학 운동권 친구 이명박 정권 때 이미 돌아섰다"라고 평가하기도 한다. 그는 노사모라 불리는 새로운 형태의 정치 참여 현상을 이해하지 못했다. 왜냐하면 그가 60년 전 배운 정치학 교과서에는 정치적 무관심만 등장하고, 그가 미국에서 배운 정치 이론에도 없는 새로운 현상이기 때문이다. 그의 낡은 지식 체계에서는 '노사모는 참여 민주주의의 화려한 꽃이다', '민주주의 최후의 보루는 깨어 있는 시민의 조직된 힘'이라는 노무현의 지론은 용납되지 않았다. 최장집은 이를 모든 시민의 정치화, 팬덤화를 가져오는 운동권적 민주주의 관점이라고 비난했다. 그는 노무현을 정서적 급진주의자라고 인신공격을 하기도 했다.

최장집의 노무현 비판은 그대로 문재인 비판으로 이어졌다. 그보다 먼저 최장집은 세계가 격찬한 촛불혁명을 보고 민주주의를 후퇴시키고 망친 주범이라며 비난했다. 최장집은 "한국 민주주의의 위기는 촛불시위에서 비롯됐다"면서 "촛불시위로 인해 포퓰리스트 민주주의로 퇴행하고, 위기라고 말할 정도로 민주주의에 도전을 경험하게 됐다"고 강변했다. 그는 "촛불시위가 그동안 진보와 보수 세력의 균형을 붕괴시킨 것"이라며 "촛불시위를 혁명으로 이해한 것이 건강한 민주주의 발전에 도움이 되지 않았다"고 주장했다. 이 주장이야말로 촛불정부를 근본적으로 부정하며 저주를 퍼부은 격이다.

최장집의 문재인 비난은 민주주의 제도뿐만 아니라 역사 문제까지 확대된다. 문재인 정부의 3·1운동 100주년 기념사에 대한 비판이 그것이다. 문 대통령은 2019년 삼일절에 "일제는 독립군을 비적으로, 독립운동가를 사상범으로 몰아 탄압했다. 여기서 빨갱이라는 말도 생겨났다"면서 "좌우의 적대, 이념의 낙인은 일제가 민족의 사이를 갈라놓기 위해 사용한 수단이었다, 해방 후에도 친일 청산을 가로막는 도구가 됐다"는 요지로 기념사를 했다.

이에 최장집은 "현 정부가 이념적 지형을 사극해서 촛불시위 이전 못지않게 더 심한 이념 대립을 불러오고 있다"면서 "정부가 주관해 친일 잔재 청산을 내걸고 문화 투쟁의 형태로 의식화 과정을 추진한다고 할 때 그것이 가져올 부정적 결과는 측량하기 어려울 정도로 크다"고 말했다. 그러면서 최장집은 "일제 식민 잔재의 청산이란 말은 성립하지도 않을 뿐 아니라 바람직하지도 않다"면서 "정부가 일제 청산이 바람직하다고 말하거나 행동한다면 그건 위선이다. 가능하지도 않은 걸 옳다고 말하고 행동하는 건 실제로 정치적 목적을 위한 기획일 뿐"이라고 주장했다.

삼일절 기념식에서 대통령이 친일 잔재 청산을 말하는 기념사까지 비판하는 최장집의 태도는 정말 놀라운 변화다. 그렇다면 2023년 대통령 윤석열의 삼일절 기념사는 찬사를 받을 내용인지 의문이다. 일제 식민 잔재의 청산이 성립하지도 바람직하지도 않다는 그의 주장은 1964년부터 민족적 민주주의를 주창하며 한일국교정상화 반대운동을 벌인 자신에 대한 부정이다. 그리고 1964년 계엄이 선포된 6·3사태의 역사적 존재를 부정하는 말이다.

그의 최근 주장은 논문 '다시 한국 민주주의를 생각한다: 위기와 대안'에 자세히 축약돼 있다. 이 논문의 초록은 이렇다.

"이 글은 문재인 정부의 개혁 정책이 한국 민주주의 발전에 얼마나 기여했는가에 대해 평가한다. 그것은 진보와 보수 간의 극단적인 양극화와 더불어 민주주의의 위기를 불러왔다. 대통령으로의 권력 집중화는 강화됐고, 법의 지배는 위험에 놓였다. 시민사회와 시민운동은 위로부터 국가에 통합되면서 사회적 다원화와 정당의 발전에 부정적인 힘으로 등장했다. 한국에서도 포퓰리즘 정치 형태를 발견하게 된다. 이 글은 자유주의적 입헌주의에 입각하여 대통령으로의 권력 집중의 분산과 새로운 유형의 정당 정치에서 변화의 출발점을 찾는다."

최장집은 문재인 정부가 보수와 진보의 극단적 양극화를 불러왔다고 하는데, 사실 근거가 빈약한 논리다. 정치의식의 양극화는 승자 독식인 대통령 선거제와 국회의원 소선거구제가 갖는 필연적 결과이지 특정 정권이 의도적으로 만들어 낸 것이 아니다. 또 팬덤 정치라는 과도한 정치 참여는 인터넷과 사회관계망서비스를 통하는 등 언론을 접하는 환경의 변화에 따라 정보가 편중되어서 영향을 미친 것이다. 페이스북의 '좋아요'와 '화나요'의 알고리즘이 정치의식을 양극화로 몰고 있다는 우려는 이미 정치적 상식이다. 정보 소통 기술이 발전함에 따라 정치의식 변화를 강요하는 것이다.

이런 정치적 팬덤 현상은 노사모가 없는 유럽에서도 나타난다. 게다가 이는 꼭 정치 분야에만 국한하지 않는다. 유명 연예인에 대한 극도의 댓글 공세도 같은 현상이다. 그래서 이는 정치적 포퓰리즘도 아니고 누가 주도하는 것도 아니다. 인터넷이나 사회관계망서비스를 통해 각자 표현하는, 혹은 소통 수단으로 활용하는 현대인의 자연스러운 현상일 뿐이다.

대개 새로운 공부를 게을리하거나 고집 센 선생은 자신의 예측이 틀리거나 설명할 수 없는 현상이 보이면 해로운 악으로 매도한다. 기자 시절 좌담회에서 최장집을 관찰할 기회가 있었다. 최장집은 좌담회에서 상대의 견해나 주장은 전혀 귀를 기울이지 않고 단지 자신이 하고 싶은 말만 하고는 입을 닫는 성격으로 보였다. 최장집이 세계가 우려하는 근래 포퓰리즘 문제가 극우 정당에서 비롯됐다는 사실을 안다면, 개혁진보 정당을 포퓰리즘으로 비난하는 것이 얼마나 무지한 행동인지를 깨달을 것이다. 노사모와 문빠가 민주주의의 적이라 비판했으면 이명박과 박근혜 정권 시절 횡횡했던 극우적 일베 행태부터 지적해야 옳다. 그가 좌파 포퓰리즘이 정당 정치를 망치고 민주주의의 독이 됐다고 주장하려면 이명박과 박근혜 정권에서 생겨난 친박연대라는, 세계 정당사에 유례가 없는 개인숭배 당명을 가진 정당의 출현부터 비난해야 옳다.

대통령으로 권력 집중화가 강화됐다는 주장 역시 180도 다른 해석이다. 문재인 정부는 누가 봐도 소심한 정부로, 한 것이 없는 정부라는 평가를 받고 있다. 2018년 4월 헌법학자와 정치학자 수십 명이 모인 헌법자문특위도 우리 헌법은 제왕적 대통령제가 아님을 밝혔고, 문재인도 스스로 제왕적 대통령제가 아닌 민주적 대통령제라고 토로했을 정도다. 최장집이 우리 헌법과 미국이나 프랑스 헌법을 비교나 해 봤을까, 의심이 가는 대목이다. 법의 지배가 위험에 처했다는 평가는 더욱 납득하기 어렵다. 과거 노태우와 김영삼 정부보다, 이명박과 박근혜 정부보다 문재인 정부에서 초법적 정치 행위가 더 횡횡했을까?

무엇보다 시민사회와 시민운동이 국가에 통합됐다는 주장은 자기주장을 스스로 부정하는 행위다. 1998년 그가 김대중 정부의 정책기획위원장으로서 제2의 건국이라는 이론적 토대를 만들 때 도입한 것이 바로 시민단체를 키우는 비영리민간단체 지원법이다. 정부와 민간의 협치, 거버넌스를 주창한 사람이 바로 본인이다. 게다가 그 민간단체 지원 규모도 점차 축소됐다. 그래서 이명박과 박근혜 정권에서는 국가 정보기관과 재벌이 동원하는 극우 단체를 통해 일베 수준의 관제 데모를 벌였다. 문재인 정부의 거버넌스를 비판하려면 돈과 권력이 유착된 이명박과 박근혜 정권의 극우 시위를 더욱 비판했어야 옳다.

그의 논문은 60년 전 미국에서 배운 정치학 지식과 신처럼 떠받들고 있는 대의제 정당 정치에서 한 치도 벗어나지 못하고 있다. 노무현 시대를 인터넷이 만들었다면 촛불혁명에서는 움직이는 소통 기구인 사회관계망서비스가 작동했던 현실을 이해하지 못한 것이다. 그는 소통 기술의 발전으로 달라진 정치와 사회 현실을 직시하지 못하고 정서적 급진주의니, 운동권 민주주의니, 포퓰리즘이니 하며 무조건 매도한 것이다.

최장집은 또 국회나 기성 언론이 만든 담론이 아닌 인터넷이나 사회관계망서비스에서 만들어진 담론은 즉흥적이며 인민민주주의라고, 민주주의의 적이라고 비난했다. 이런 담론이 민주주의의 위기라면 1930년대 텔레비전이 보급되면서 이미지 정치를 가져온 것은 더욱 심각한 포퓰리즘이며 민주주의의 위기라고 비판해야 옳다.

최장집은, 정치는 국회의원이 국회에서 해야 한다는 귀족적 대의 정치를, 그런 허위의식을 바탕에 깔고 있다. 그의 논리대로라면 보통 시민은 시사 프로그램이나 정치 토론은 보면 안 되고, 정치는 현자인 국회의원에게 맡겨야 한다. 그는 기울어진 언론 환경, 즉 소수의 보수 언론과 재벌 언론에 의해 양산되는 편향된 담론의 폐해에 관해서는 관심이 없다. 변화에 어찌나 둔감한지 급격히 발전하는 통신 기술로 인해 새로운 소통 기구가 속속 등장한다는 사실을 인식하지 못하는 것이다.

최장집의 학문을 높게 평가하던 진태원도 "2000년대 초부터 체계적으로 전개된 그의 이론은 지난 몇 년간 그 자신의 행보를 통해 잘 드러났듯이 뚜렷한 한계를 지니고 있으며, 더욱이 진보적인 민주주의 이론으로 간주되기에는 여러모로 부족한 이론"이라고 평가 절하하고 있다.

전남대 교수 박구용도 정치 팬덤 현상을 최장집처럼 인민민주주의로 규정하고 민주주의의 위기로 보지 않고, 새로운 주권자 형태라고 설명했다. 그는 "의회와 언론이 시민의 생각을 제대로 대변하지 않고 오히려 왜곡하는 현상이 지속되면서 전통적인 정치 지형에 균열이 오기 시작했다"면서 "유럽에서조차 전통적인 좌우 거대 정당이 속절없이 무너지고, 오랫동안 여론을 주도했던 언론 매체들의 영향력도 급격히 추락하고 있다"고 지적했다. 박구용은 의회 귀족주의, 언론 귀족주의를 바탕으로 하는 사이비 민주주의에서 탈출하려는 실천이 바로 '빠'라 불리는 새로운 주권자라고 주장했다.

촛불행동 상임대표로 활동하는 전 경희대 교수 김민웅은 '최장집 선생의 인식 오류-역사적 헤게모니에 대한 이해의 결여가 가져온 기능주의적 정당론의 한계'라는 글에서 최장집을 정면으로 비판하고 있다. 긴 글이지만 요약하던 다음과 같다. 김민웅은 정당이 제 기능을 못 하는 것을 민주주의의 위기라고 한다는 점은 공감하면서 최장집 논지의 중대한 전제에 대해서는 "최장집 선생의 정당론은 이런 역사적 헤게모니가 성립되는 조건에 대한 이해가 결여된 기능주의적 정당론 분석의 한계에 갇혀 있다"고 비판했다. 김민웅은 또 "그런 인식의 오류가 결과한 것이 촛불혁명의 역사적 이해 부재로 나타난다"면서 "이 땅에서는 통합진보당을 해산시켜 버린 사법 폭거가 여전히 교정되지 못하고, 파시즘 후예 세력의 정당이 엄존하고 있는 조건에서 촛불혁명은 이런 조건을 해체하기 위한 역사적 헤게모니의 작동"이라고 주장했다. 마지막으로 그는 "운동권 민주주의라는 말로 촛불혁명의 역사성을 폄훼하고 운동권의 역사적 기여를 가볍게 부정하며 직접 민주주의의 역할을 무시하는 태도는 정치를 정당으로만 국한시키는 귀족주의적 과두 정치의 사유와 언어에 불과하다"면서 "근원적이 구조적이며 역사적 관점의 민주주의 미래를 위한 담론으로서는 자격을 잃고 말았다. 시민들의 주체적 역량과 의식의 진보성을 따라가지 못한 지식인의 비극적 퇴행이다. 안타깝기 짝이 없다"고 비판했다. 김민웅의 이런 비판은 최장집에 대한 가장 확실하고 신랄한 비판이다.

최장집은 60년 전 자신이 배운 정치학 교과서에 있는 정당 정치만 맹신할 뿐 귀족화한 정치에 대한 반발, 언론 환경이 만드는 비대칭에 대한 반발, 급속히 발전하는 언론·소통 매체, 그리고 소통 수단을 통해 표현하는 개인의 정치적 의사를 민주주의의 위기라고 오판했다. 이는 공부하지 않은 게으른 학자의 아집이거나 노인의 맹목적 노여움이다. 급기야 최장집은 현실 정치에 직접 가담하기까지 했다. 최장집은 대선 전 윤석열 후보를 만나 "정권 교체를 않으면 개혁꾼이 판치는 나라가 될 것"이라며 극단적으로 지지했다. 그는 값비싼 정치 훈수라고 생각하겠지만, 결과적으로 반민주적 퇴행에 힘을 실어 준 것이다.

윤소영의 족보 타령과 그 아류들

최장집이 인터넷과 모바일 시대를 이해하지 못하는 게으르고 고집 센 학자라면, 한신대 교수를 했던 윤소영은 가문에 매몰된 편협한 인물이라 할 수 있다. 최장집이 개혁 세력임을 표방했다면 윤소영은 그보다 훨씬 급진적인 진보 세력을 자처했다. 윤소영은 현실 정치와 그리 교류하지도 않았다. 하지만 두 사람 모두 촛불정부에 대한 비판과 증오, 특히 촛불혁명을 포퓰리즘으로 규정하려는 바탕은 비슷하다. 윤소영은 서울대 경제학과 73학번으로 서울대에서 석사와 박사 학위를 받은 후 2019년까지 한신대 경제학과 교수를 지냈다. 마르크스 이론가였던 그는 1980년대 운동권의 양대 축이라 할 수 있는 평등파(PD, 민중민주) 계열의 이론적 기초를 세운 것으로 알려져 있다. 그는 마르크스 연구자로 적잖은 후배를 지도했고, 과천연구실(과학과 실천의 준말)을 통해 마르크스를 연구하고 신자유주의를 비판하는 학자로 활동했다. 이에 동조하는 운동 세력이 1998년 조직한 사회진보연대이고, 전국학생행진은 이 조직의 학생 단체다.

윤소영은 나이가 들면서 조금씩 달라지기 시작한다. 그는 2018년 '일제 강점하 위안부는 자발적인 매매춘으로 강제 연행은 역사적 날조'라는 점을 요지로 강의해서 논란이 됐다. 그는 자신의 발언이 왜곡됐다고 해명했지만 차후 해명을 보더라도 전체 맥락은 오류라 볼 수 없다. 그는 이어진 한신대 학보사 기자와 해명성 면담에서 "촛불처럼 국민이 열광적으로 지지하는 것에 정확한 논리적 근거를 대지 못하는 게 파시스트야"라고 주장했다. 윤소영은 서울대 경제학과 선배로 한때 마르크스주의자였다가 현재는 뉴 라이트 계열에서 활동하는 이영훈의 모습을 닮아가고 있다.

윤소영도 최장집처럼 학문적 논의를 넘어 직접 현실 정치에 간섭하기 시작한다. 2005년 발행한 《인민주의 비판》이라는 책은 진보와 인민주의를 분리해 인민주의를 포퓰리즘으로 규정한다. 그는 김대중 정권부터 인민주의자, 즉 포퓰리스트가 득세하기 시작해 노무현 정부에서는 인민주의가 심화되어 정치 이념화가 됐다고 주장한다. 사실 이 주장은 최장집이 촛불혁명을 비난하는 것과 같은 맥락이다. 그리고 문재인 정부에서는 이 이념이 아예 정치 체계로 실현되어 포퓰리즘 정치를 했다는 것이다. 그는 《문재인 정부 비판》, 《재론 문재인 정부 비판》이라는 연속된 저술을 통해 집요하게 이 점을 반복하며 문재인 정부를 비난했다.

하지만 그의 이런 주장을 포퓰리즘 역사에 비추어 보면 전제부터 틀렸다. 원래 포퓰리즘은 기층 민중의 저항운동으로 미국에서도 긍정적 평가를 받았다. 그러나 유럽에서 1960년대부터 인종주의에 기반을 둔 극우파가 등장하면서 부정적 의미로 바뀌었다. 철학자 진태원은 "서구 학계에서 포퓰리즘 논의는 극우파 정당이 주도하는 포퓰리즘 정치가 민주주의에 큰 위협이 된다는 인식 때문"이라며 "복지 확대와 인권 및 사회권 강화 요구가 포퓰리즘으로 지칭되고 비난받는 것은 극히 역설적 현상"이라고 평가했다. 그는 또 한국에서 포퓰리즘 주장은 "포퓰리즘의 역사나 전개 과정, 외국의 사례들에 대한 분석에 기반을 둔 용어법이 아니라 자의적이고 정치 수사법적인 의도에 따라 진보개혁 정당을 공격하거나 복지 정책을 비난하는 목적으로 사용된다"고 비판했다. 요약하면 일부 학자의 포퓰리즘 주장은 포퓰리즘의 역사적 기원과 학문적 맥락에서 전혀 맞지 않고, 개혁진보 세력을 비난하려는 의도에서 조작된 형태로 사용되고 있다는 뜻이다.

정치 철학자 김만권은 하버드대 케네디 스쿨 연구원 슈테펜 헤르초그와 런던 정경대 교수 로런 수킨이 2023년 1월 25일 미국의 싱크탱크 '카네기 국제평화기금'에 "윤석열 대통령의 자체 핵무장 발언은 핵 포퓰리즘"이며 "윤석열 대통령은 한국의 첫 번째 포퓰리스트 대통령"이라고 기고한 글을 소개했다.

미국의 시사 주간지 〈타임〉도 2022년 100명의 영향력 있는 인물을 소개하며 윤석열 대통령을 '포퓰리스트 지도자'라고 표현했다. 호주의 〈시드니 모닝 헤럴드〉도 윤 대통령 당선을 '동아시아에서 첫 번째 포퓰리스트 대통령이 나왔다'고 썼다. 즉 포퓰리스트는 노무현이나 문재인, 이재명이 아닌, 윤석열이라는 것이다.

세계 언론이 문재인이나 노무현을 포퓰리스트라고 쓴 경우는 찾기가 어렵다. 그러나 유독 윤소영과 최장집 등 변절 먹물만 포퓰리스트라고 주장한다. 포퓰리즘은 혐오와 배제, 그리고 갈라치기가 특징이라서 이들의 주장은 설득력이 떨어진다. 따라서 이들은 진정한 포퓰리즘의 역사와 의미를 왜곡하고 있는 것이다. 어찌 됐든 윤소영과 진태원의 주장은 학자 나름의 학술적 주장으로 이해할 수 있다.

윤소영의 엇갈린 행보는 2022년 대선에서 더욱 노골화된다. 이재명은 지독한 포퓰리스트며, 윤석열 후보는 진정한 법치주의자라고 하면서 대선에 공개적으로 개입했다. 그는 윤석열의 법치는 법 앞의 평등이고, 문재인이나 추미애, 조국의 법치는 법에 의한 지배라고 강변했다. 윤소영이 국민의힘 후보 윤석열의 법치를 그렇게 평가한 것은 정말 놀라운 일이다.

대선 전 윤소영의 이런 주장은 보수 언론의 좋은 먹잇감이 됐고, 젊은 진보 세력에도 영향을 미쳤다. 국민의힘 대선 후보 경선에서 윤석열 후보가 확정된 2021년 11월 5일, 〈조선일보〉는 '학생운동권 윤석열 지지 …… 진정한 좌파라면 이재명 못 찍어'라는 제목의 기사를 냈다. 〈조선일보〉가 인용한 학생운동 세력은 앞에서 말한 전국학생행진이다. 전국학생행진 누리집은 조회 수가 십여 개에 불과하고, 많아도 백여 개에 불과한 소규모 사이트인데, 이곳의 의견서를 신속히 보도한 〈조선일보〉의 속보성도 놀라운 일이다. 기사의 부제목은 '20대 대선, 좌파의 선택은 정권 교체여야 한다—국민의힘 경선 후보 당선에 부쳐'라는 의견서다. 이 의견서는 "민주당 재집권을 막기 위해서 윤석열 후보의 지지도 감수할 수 있다. 20대 대선은 문재인 정부 심판을 통해 포퓰리즘 정치가 야기한 한국 사회의 타락을 저지해야 하는 중요한 분기점이기 때문"이라는 말로 시작하고 있다. 의견서는 또 "민주당은 경제학적, 법학적 문맹 내지 사기꾼이다, 포퓰리스트 이재명보다 자유 민주주의자 윤석열이 낫다, 좌파의 선택은 정권 교체여야 한다" 등을 말하면서 문재인 정부와 이재명 비판, 윤석열 찬양으로 일관하고 있다.

　윤소영은 이 의견서에 대해 "나와 과천연구실과 직접적인 연관은 없다"면서 "내가 낸 책《재론 문재인 정부 비판》을 참고한 것으로 보인다"고 말했다. 그는 특히 "마르크스주의자라면 파시즘을 막기 위해 자유주의나 보수주의자와 연대하는 것은 당연한 일"이라며 "운동권이든 좌파 지식인이든 파시스트는 막아야 하니 윤석열을 지지해야 한다"고 말했다.

　그러나 이런 의견의 바탕에는 대단한 철학적 고민이나 이론은 없고, 집안 문제에서 이런 주장이 비롯됐다는 것을 알면 쓴웃음이 나온다. 그는 이렇게 말했다.

　"최근에 한국 지식인의 역사를 공부하면서 새삼 깨달은 것은 …… 친일과 반일이라는 잣대에 의해 김성수 선생 같은 자유주의자를 단죄했거든요. 그런 자유주의자에 저희 해평 윤씨의 문장인 윤치호 선생도 있었다는 사실을 미리 밝혀 두겠어요. …… 어쨌든 김성수 선생의 한민당을 …… 민주당 구파로 계승되었는데, 그 구파를 대표한 사람이 바로 윤보선 대통령과 김영삼 대통령이었지요. …… 윤보선 대통령이 윤치호 선생을 잇는 해평 윤씨의 문장이라는 사실도 역시 밝혀 두겠고요. …… 돌이켜보면 마르크스주의자로서든 해평 윤씨의 후손으로서든 김영삼 후보를 지지해야 마땅했는데, 김대중 후보를 잘못 지지했다고 할 수밖에 없겠지요."

이런 해평 윤씨 족보 연구가 수준의 인식을 가진 사람이 마르크스를 전공한 박사로 한신대 교수였고, 진보 이론가였다는 사실은 놀랍다. 이런 수준의 인물을 추종하며 '진보의 선택은 정권 교체'라고 주장한 사회진보연대나 전국학생행진, 그리고 일부 학출 역시 문제다. 보수 매체는 그렇다고 해도 진보 매체임을 자처한 인터넷 신문 〈레디앙〉도 여기에 적극 동조했다. 사회진보연대는 대선 이후 민주노총이 제안하는 진보 세력의 선거 연합에 대해 비난하는 등 끝까지 몽니를 부리고 있다.

가치 배분에 불만을 가진 그 밖의 먹물들

앞서 얘기한 최장집과 윤소영이 나름대로 학술적 바탕으로 포장한 이론가였다면 진중권 전 동양대 교수와 노무현 정부에서 홍보수석을 지낸 조기숙 이화여대 교수, 서민 단국대 교수 등은 말과 글로 촛불정부를 비난하고 이재명을 저주한 부류다. 그중 서민은 당초 진보적 인물인지도 의문이지만 그의 글은 성찰이나 이론도 없이 줄곧 비아냥거림으로 일관할 뿐이다. 아마 진보 언론으로 통하는 〈경향신문〉의 고정 필자였기에 진보적 인물로 분류됐을 것이다. 필자는 그런 유희적이고 천박한 글이 〈경향신문〉에 고정 칼럼으로 실려서 회사에 문제를 제기한 적이 있다. 돌아온 대답은 독자가 재미있어 하지 않느냐는 것이다. 서민의 글에 대해서는 여기서 언급할 가치조차 느끼지 않는다.

진중권 역시 진보나 개혁주의자라고 하기에는 뭣한 사람이다. 진중권에 대해서는, 동아대 교수를 지낸 철학자 이병창은 포스트모던 자유주의자로, 칼럼니스트 김규항은 배타적 자유주의자로 평가했다. 진중권은 스스로 자유주의가 세상을 지배한다고 주장했다. 하지만 그는 과거 민주노동당 당원이었고, 이후 진보신당, 대선 전에는 정의당에 입당해서 행보는 진보주의자라 말할 수 있다.

사실 그는 학자라기보다 정치 평론가에 가깝다. 그는 정보를 생산할, 취재할 능력도 없고, 취재를 통해 진실을 가릴 훈련도 능력도 없다 보니 기성 언론 보도에 의존하는 정치 평론가일 뿐이다. 그의 정치 평론은 특유의 기발한 비유와 발상, 독설적인 용어로 관심을 끄는 형식을 취한다. 그는 사안의 진실 규명보다 발랄한 논평으로 먹고산 것이다. 게다가 그는 너무 많은 분야에 간섭하려 한다. 종북몰이가 몰아칠 때는 자유주의자에 걸맞지 않게 사상 감별사까지 자처했다. 그의 평론도 그나마 진보 언론을 인용하고 의존할 때 봐 줄만 했지 지금은 180도 달라졌다.

진중권은 조국 사태 와중에 직장을 잃어서 그런지 문재인 정권에 대한 증오심이 극에 달했다. 2019년 동양대를 그만둔 진중권은 〈경향신문〉 기자를 만나 '독일에 사는 처와 한국말을 못하는 아들의 생활비를 보내야 한다'며 경제적 고민을 토로한 적이 있다. 경제적 어려움에 처한 진중권을 구원해 준 것은 〈조선일보〉였다. 생활고를 걱정했던 진중권에게는 더없이 고마운 구원의 손길이었을 것이다. 그는 〈조선일보〉에 기고하고 〈티브이조선〉에 출연하면서 본격적으로 조국과 문재인 정부를 비판한다. 진보 논객의 문재인 정부 비판은 보수 언론에 좋은 소재였고, 진중권은 "종북 좌파가 아닌 그냥 잡것"이라고 하면서 보수 언론에 충실히 봉사했다. 사실 이는 자유주의자 진중권에게 있어 놀라운 일이 아니다. 그의 종북몰이는 통합진보당, 정의당 시절에도 자주 있던 일이기 때문이다.

독일에 있는 처자식의 생활비를 걱정해야 하는 그에게 조국과 같이 권력에 진출하고 자산을 축적한 강남 좌파를 보면서 극도의 분노심이 들었을 것이다. 그가 "반미 전사 이석기는 아들을 '철천지원수' 미국으로 유학 보냈고, '구국의 강철 대오' 전대협 의장님의 딸도 미제의 대학에 다닌다. 사노맹의 은수미는 성남 조폭에게 자원을 봉사받았다고 하고, 같은 조직에 있던 조국은 아내와 함께 강남에 건물을 사는 혁명적 꿈을 공유한다. 그런 586세대를 젊은이들은 이미 새로운 기득권 세력으로 바라본다"고 질타한 대목이 그런 맥락이다.

진중권의 정치 비평, 조국과 문재인 비판은 생계형에 가깝다. 더구나 문재인 정부에서는 실직했지만 윤석열 정부에서는 서울에 있는 대학에 취업까지 했으니 대단한 은덕을 받은 셈이다. 이런 진중권에 대해 전북대 교수 강준만은 "자신의 절친이었던 조국과 유시민에 대해 공적 독설을 마다하지 않는 진중권이 부럽다. 아니 존경스럽다. 메시지의 옳고 그름에 관계없이, 그 모든 사적 관계를 초월해 비판의 대상을 대하는 기본자세에 관한 한 그야말로 진정한 지식인이다. 나는 감히 그 경지를 넘보지 못한다"면서 찬양했다.

그러나 진중권은 문재인, 조국을 비난한 만큼 같은 잣대로 윤석열을 비판하지 않았다. 대선 기간 내내 진중권은 증오심을 바탕으로, 일방적으로 문재인, 조국, 이재명 비판을 했다. 강준만이 진중권을 이리 높게 평가한 것은 바로 자신의 행보와 비슷하기 때문이 아닐까.

참여연대 집행위원장 출신으로 지난 대선 때 문재인과 이재명 비판에 앞장선 김경율도 마찬가지다. 김경율은 《한번도 경험해보지 못한 나라》라는 이른바 조국 흑서를 쓰면서 "소금이 짠맛을 잃으면 안 되듯 감시의 눈빛을 거두는 순간, 있을 이유가 없는 것"이라고 주장했다. 그러나 그 소금은 이재명에게만 적용했지 윤석열에게는 적용하지 않았다. 사법적 판단이 진행되는 지금은 그 소금이 진위를 의심받고 있는데, 바로 그 점이 먹물의 허위의식이고 변절의 증거다. 그 덕분인지 그는 윤석열 정부 노동부 언저리에서 단장 자리를 얻었다.

이화여대 교수 조기숙은 노무현 정권에서 홍보수석을 했다는 사실을 제외하면 신자유주의자라 할 수 있다. 한때 〈조선일보〉, 〈중앙일보〉, 〈동아일보〉 등 보수 언론을 비판하는 언론개혁 운동을 했기에 노무현 청와대에서 일했다. 그러나 그는 2022년 대통령 선거에서 "정책적 지향이 달라 이재명 후보를 찍지 않았다"고 보수 언론을 통해 고백했다. 정치학자가 자신의 투표 행위를 언론을 통해 공개하는 것은 매우 이례적이다. 그는 2012년 문재인과 2022년 이재명의 패배는 좌파 정책을 폈기 때문이라고 주장했다. 그는 "2012년 나는 그렇게 해서는 이길 수 없다며 중도 회귀를 조언했지만 문 후보는 거절했다"면서 "좌파 정책은 인간의 욕망과 본성을 부정하기에 규제 일변도가 될 수밖에 없고, 결국은 실패한다는 걸 공산주의 몰락에서 우리는 이미 목도한 바 있다"고 밝혔다.

조기숙은 정치학자답지 않게 시종일관 좌파와 우파라는 편 가르기를 하고, 좌파는 실패했다고 주장하고 있다. 그의 사고는 이분법적이며, 그 근저에는 진보 좌파에 대한 거부감이 깊게 배어 있다. 그는 민족 문제에 매달리는 것이나 정부가 주도하는 경제 정책은 낡은 진보라고 규정한다. 이는 최장집, 윤소영이 문재인 정부를 포퓰리즘 정부라 낙인찍은 것과 유사한 맥락이다.

하지만 이런 주장은 자신의 일방적 생각일 뿐이다. 그가 복무했던 노무현 정부는 시장보다 국가의 역할을 더 강조했다. 노무현은 아이들의 미래를 말하며 "개인적 노력은 중요하다, 옛날에도 그랬고 앞으로도 그럴 것이다"라고 하면서 "그러나 한계가 있다, 국가의 역할이 중요하다"라고 강조했다. 국가의 역할을 강조한 이 주장은 노무현이 말한 진보의 전부라 해도 과언이 아니다.

그는 또 좌파라는 개념이 시대적 혹은 상황적 소산이라는 것을 간과했다. 지금은 당연하게 생각하는 하루 8시간 노동이 좌파의 대표적 정책이고, 보수 정당인 신한국당에서 입법한 공직자의 재산공개제도 역시 좌파 정당이 요구한 정책이다. 박근혜의 경제 민주화도 좌파 정책이고, 지금은 보수 정당조차 당연히 인정하는 무상급식도 좌파 정책이다. 역사적으로 우파나 좌파의 정책은 두부를 칼로 베듯 확실한 경계가 있는 것이 아니며, 당시 정치와 경제 상황에 따라 정치적 협상의 결과로 제도화되는 것이다.

무엇보다 조기숙의 가장 큰 특징은 선거 전문가임을 자처하며 내 말을 들어야 대통령이 된다는 마치 점쟁이와 비슷한 예언을 한다는 점이다. 그는 시종일관 좌파와 결별을 주문하고 개혁 진보 세력에는 우회전을 주장한다. 그것이 표의 확장성을 넓혀 선거에서 승리하는 요소라는 것이다. 그는 2023년 《어떻게 민주당은 무너지는가》라는 책으로 민주당에 비수를 꽂았다. 이 책에서도 앞서 주장을 반복하고 있다. 하지만 그의 주장은 앞선 논증처럼 실체도 없고 이미 실패가 검증됐다. 그는 자기의 억지 주장을 합리화하기 위해 왜곡된 사실을 동원하기도 한다. 대표적인 것은 민주당이 2012년 총선에 비해 2016년 총선에서 승리한 이유에 대한 다음의 분석이다.

"2016년 총선 투표율이 2012년보다 높았기에 그 표가 국민의당과. 민주당으로 나눠지면서 2016년에 민주당이 1당이 된 겁니다. 민주당이 좌파 정당인 통합진보당과 연대했던 2012년보다 2016년 투표율이 더 높은 이유가 여기 있습니다. 진보 지식인들이 민주당에 맨날 좌 클릭 안 해서 패했다고 노래 부르는데 그분들 희망 사항일 뿐이지 선거 전문성 전혀 없는 얘기니 귀담아듣지 마십시오."

그는 선거 전문가를 자처하지만 이런 주장을 보면 중대한 선거 제도의 변화를 간과하고 있다. 그것은 바로 2013년 도입된 사전 투표제다. 이 제도의 도입으로 2016년 투표율이 대폭 오른 것은 중앙선거관리위원회도 인정했고, 이후 계속된 선거 양상에서도 확인되고 있다. 그러나 조기숙은 이런 제도의 변화는 무시한 채 추상적으로 진보 정당과의 결별이 승리의 요인이라고 주장하고 있다. 이는 자신의 희망이 가미된 매우 자의적인 해석으로 사회과학자로서는 금기 행위다. 그는 안철수와 손학규의 중도 신당을 높이 평가했고, 지금도 제3당의 등장을 기대하고 있는 것으로 보인다. 하지만 안철수의 중도 제3당이 어떤 종말을 고했는지는 이미 입증됐다.

먹물들의 가벼운 처신은 그들의 주장에서 극명하게 드러난다. 윤소영은 포퓰리슴의 시작을 김대중 정부부터로 잡고 있지만, 김대중 정권에서 한자리한 최장집은 노무현부터 본격적인 포퓰리슴이 시작됐다고 규정한다. 사실 최장집의 억지 주장에 따르면 '행동하는 양심'을 주장한 김대중도 포퓰리스트 범주에 넣어야 한다.

노무현 정부에서 한자리한 조기숙은 노무현이 아닌 문재인부터 좌파 포퓰리슴이 시작됐다고 규정한다. 그는 "노무현 대통령 경제 정책만큼은 실용적인 시장주의를 택했기에 좌회전 깜빡이 켜고 우회전한다는 비난을 받기도 했다"고 말했다. 그는 보수와 진보, 좌파와 우파는 다르다며 문재인과 이재명은 진보가 아니라 좌파이고, 노무현은 좌파가 아닌 진보였다고 주장했다. 최장집과 조기숙은 자신이 복무한 정권은 포퓰리슴 정권이 아니라고 강변한 것이다. 이를 보면 먹물들의 주장이 얼마나 얄팍한 자기 합리화이고, 자리에 대한 은밀한 욕망인가를 알 수 있다. 결국 먹물들의 이반 이유는 가치 배분에서 소외된, 노여움의 발로일 뿐이다.

정도의 차이는 있지만 전북대 교수 강준만도 지난 대선에서 문재인 비판, 윤석열 옹호에 앞장선 논객 중 한 명이다. 그 역시 진보적 지식인임을 자처하면서 많은 글을 쓰고 책을 만들었다. 그 역시 최장집처럼 확실한 김대중 지지자에서 노무현 비판 논객으로 변신했다. 그는 일찌감치 기득권화된 386세력을 강남 좌파라고 규정했고, 노사모를 친노 패권주의자라고 비판했다. 그리고 문재인의 문빠 정치는 싸가지 없는 정치라고 매도하면서 문재인 정부가 586운동권에 좌우되고 있다고 주장했다. 그의 변신 시기는 최장집과 비슷하다.

강준만은 대선을 앞둔 2020년 쓴 《싸가지 없는 정치》에서 문재인과 조국, 추미애는 물론이고 검찰 개혁에 나선 임은정 검사 등을 비판하고, 특히 문재인에 대해서는 '내로남불형 유체 이탈 화법', '공사 구분 없는 패밀리 철학'이라는 표현으로 혹독히 비판한다. 윤석열 지지로 확실히 자리매김한 것이다. 그가 진정한 지식인이라면 《싸가지 없는 정치》에서 말하려 했던 '진보는 어떻게 독선과 오만에 빠졌는가?'라는 잣대를 보수에도 그대로 적용해야 옳다. 그러나 강준만은 "윤석열은 이명박, 박근혜 시절이나 문재인 시절이나 달라진 게 전혀 없다, 해오던 대로 해왔을 뿐"이라며 "윤석열은 화려한 분장술과는 거리가 멀었다, 멀어도 너무 멀었다. 우직하다 못해 미련하다는 생각이 들 정도였다"라고 극찬했다.

강준만의 윤석열 비판은 거의 찾기 어렵지만 이재명에 대해서는 혹독히 비난한다. 보수 언론에 일절 글을 쓰지 않던 그는 2021년 11월 〈신동아〉에 '회색지대'를 연재하기 시작했다. 그는 첫 기사에서 이재명의 팬덤 정치를 증오의 좀비 정치라고 저주했다. 강준만은 대장동사건을 부정으로 예단하면서 "이재명의 강점은 토론이 아니라 강심장이다. 속된 말로 하자면, 안면 몰수 화법에 능하다"면서 "도무지 빠져나가기 어려운 상황인데도 질문을 받은 사람이 당황한 기색도 없이 차분하고 냉정하게 모른다고 딱 잡아뗀다면, 그게 바로 안면 몰수 화법"이라고 말했다.

심지어 강준만은 윤석열의 냉전적이고, 반노동적이고, 반민주적 행보에 대한 비판을 역으로 공격했다. 그가 쓴 글 제목은 '윤석열 악마화라는 마약에 중독된 민주당', '화염병 시대에 갇힌 사람들' 등으로 일방적인 민주당 비난에 할애하고 있다. 그는 "민주당이 윤석열을 적으로 간주한 것은 물론이고, 최악의 적이라는 걸 강조하기 위해 지지자들까지 가세해 악마화의 대상으로 만들었다"고 비평했다. 윤석열에 대한 비판을 악마화라고 비난하면서 호위 무사를 자처한 것이다. 이재명 비난은 지식인으로서 당연한 일이고, 윤석열에 대한 비난은 악마화라고 주장하는 것은 지식인으로서 공정하지 못한 판단 기준이다.

그는 이런 글을 모아 《퇴마 정치》라는 제목으로 책을 출판했다. 그는 촛불혁명의 명령인 적폐 청산에 대해서는 "문재인의 적폐 청산은 적폐 대상을 악마화한 퇴마 의식에 가까웠다"고 비난했다. 퇴마라는 용어는 악귀를 쫓아낸다는 종교, 혹은 주술적 표현이다. 1년 차 기자가 뭘 모르고 기사에 썼어도 지워 버려야 할 단어다. 이 책의 서문에 등장하는 단어를 보면, 악마, 퇴마, 자해, 마약 중독자 등 극단적 용어가 난무하고 있다. 아무리 그래도 우리 정치가 그리 극한 용어를 동원해서 저주할 정도인가. 공공의 언어로 소식을 전하는, 언론인을 가르치는 언론학자가 사용하는 용어치고는 너무 끔찍하다. 뭔가로 심기가 대단히 뒤틀리지 않고서는 쓰기 어려운 글이다.

한때 개혁적이고 진보적 비평가로 알려졌던 그가 왜 이리 변했을까. 점잖은 교수 신분에 어울리지 않게 잔인한 증오의 용어를 마구 사용하게 된 이유는 무엇일까. 전남대 교수 박구용은 강준만을 "호남의 정치적 소외에 대해 예민한 감수성을 가진 사람"이라고 에둘러 표현하지만, 강준만은 자신의 출신에 대해 열등감이 큰 사람이다. 그는 개혁진보 정권 가운데 김대중을 제외한 노무현, 문재인, 이재명까지 모두 영남 출신이라는 점에 일종의 증오심이 깔려 있다. 그의 주장을 면밀히 관찰해 보면 명문대 출신이 아닐뿐더러 서울의 명문대 교수도 아닌 지방대 교수, 그리고 호남 출신이라는 변방의 한계에서 벗어나지 못하고 있다. 그가 문재인을 비판한 도구로 사용한 '독선과 오만을 낳는 아웃사이더 의식'에 갇혀 있는 사람은 다름 아닌 바로 자신인 것이다.

학생운동권 출신의 감정적 이반

이번 대선에서 적잖은 학생운동권 출신이 정권 교체를 주장하며 사실상 윤석열 후보를 지지했다. 대학에서 사회 변혁을 꿈꾸던 이들은 이후 노동운동, 통일운동, 시민운동, 환경운동, 언론·출판운동 등을 통해 묵묵히 초심을 유지하며 현장을 지켰다. 이들은 일찌감치 정치권에 진출해 기득권 정치 세력으로 성장한 586운동권과 달랐다. 이들 상당수는 박근혜 정권의 민주주의 퇴행을 지켜보면서 촛불을 들었다. 그러나 이들 중 적잖은 사람들이 지난 대선에서 누구보다 극렬하게 문재인을 비판하고, 심지어 정권 교체를 주장했다.

화물연대 파업을 주도하고 민주노총 대변인을 했던 정호희(연세대 63년생)가 윤석열의 공약인 "일주일에 120시간이라도 바짝 일하고 이후에 쉴 수 있어야 한다"라는 지극히 반노조 정책에 찬동했을 리 만무하다. 서울대 인문대 학생회장을 지내고 평화통일운동을 하던 민경우(서울대 83학번)가 윤석열의 북한 선제 타격에 공감했을 리 없을 것이다. 대학 시절 노동운동을 하다 회계사가 되고 참여연대 집행위원장을 지낸 김경율(연세대 69년생)이 윤석열 처가의 숱한 금전적 의혹을 결백하다고 믿을 리 없었을 것이다. 80년대 대학 시절 제적됐다가 변호사가 되어 민변에서 활동한 권경애(연세대 65년생)가 "전두환이 5·18만 빼고 다

잘했다"는 윤석열의 주장에 공감했을 리 만무하다. 열심히 촛불 세력을 규합하던 최병현 전 주권자전국회의 기획위원장(연세대 63년생)이 촛불정부를 부정하기는 쉽지 않았을 것이다.

그런데 이들은 그리했다. 왜일까. 앞서 마르크스 연구가에서 해평 윤씨 족보 연구가 수준으로 전락한 윤소영처럼 인민주의자, 즉 포퓔리스트의 득세를 우려해서였을 수 있다. 실제 윤소영의 글을 게재한 〈레디앙〉의 정종권 편집장은 서울대 학생운동권 출신으로 사회진보연대 사무국장, 진보신당 부대표를 지냈다. 그가 형편없는 윤소영의 〈신동아〉 글을 다시 전재한 이유는 그 때문일 가능성이 크다. 아니면 거의 정의당 기관지로 바뀐 〈레디앙〉 편집장으로서 어쩔 수 없는 선택이었을 것이다. 그것도 아니면 40년 전 강의 노트에서 벗어나지 못하는 최장집의 '운동권 민주주의' 혹은 '정치 팬덤화 우려'에 공감했을 수도 있다. 최장집의 제자들이 이런 주장을 하고, 실제 적잖은 기자들이 배경을 모른 채 이를 따라갔다.

학생운동권 생리를 아는 사람들은 자주파NL와 평등파PD의 갈등으로 보기도 한다. '다른 세상을 향한 연대' 실행위원 전지윤은 진중권, 김경율, 권경애 등의 행위는 평등파 세력의 뿌리 깊은 반자주파, 즉 자주파에 대한 비난이라 해석한다. 실제 문재인 정권에 가담한 인물은 주로 586 자주파 출신이 많다. 그래서 문재인을 극렬하게 비판하는 개혁진보 세력은 평등파 출신이 많다. 과거 민주노동당과 통합진보당에서 분리된 평등파는 진보신당 혹은 정의당 등에 있으면서 진보당의 자주파와 감정적 갈등을 빚어 왔다. 전지윤의 분석은 일리 있지만 굳이 40년 전 구분을 소환하기는 좀 뭣하다. 게다가 문재인 정부 실세였던 조국은 자주파도 아니고 문재인 비판은 자주파 내에서도 있었다. 무엇보다 이재명은 학생 시절 자주파나 평등파가 아닌 운동권과 거리가 멀었다.

반문재인으로 변신한 학생운동권 출신 상당수는 소위 조국 사태로 진보의 이중성을 목도했다고 주장한다. 적잖이 공감이 간다. 조국 사태는 개혁진보를 외치던 학생운동권 출신이 정권에 진출한 586세대의 이중성을 까발린 사건이다. 그것은 자식을 어떤 방법을 동원해서라도 의전원에 보내려 했던 위선이다. 조국 사태를 보고 진중권, 김경율, 권경애, 서민, 강양구 등 학생운동권 출신이 조국 흑서라는 《한번도 경험해보지 못한 나라》를 쓴 것도 그런 맥락일 것이다. 사실 학생운동권 대부분은 자신은 돈이 없어도, 지위를 얻지 못해도, 그래도 나는 명분 있게 살았다고 스스로 위안하며 살았다. 그래서 친구의 출세는 이해하지만 그 편법이 자식까지 이어지는 것은 참을 수 없었을 것이다. 이중성에 대한 배신감은 물론이고 극도의 분노감이 표출되었을 것이다. 그것이 보통 인간의 심리다.

학생운동을 하고 《전태일 평전》을 가슴에 품고 산다는 한석호 전태일재단 사무총장(서울시립대 64년생)이 특히 그렇다. 그는 《누리야, 아빠랑 산에 가자》라는 책을 썼다. 이 책은 노모를 모시는 가난한 노동운동가가 목숨보다 소중한 딸의 학원비 23만 원이 없어서 주변에 동냥 과외를 시키며 유명 여대에 합격시킨 과정이 담담히 씌어져 있다. 한석호는 같은 대의를 가졌던 조국이 대학교수와 법무부 장관이 되는 것은 부럽지 않았을 것이다. 그러나 자식에 대해선 참을 수 없었을 것이다. 그는 조국 사태를 보면서 "자녀 학력을 연줄과 돈으로 사는구나"라고 분노했다.

그러나 여기까지여야 했다. 이들은 문재인의 촛불 정신 미이행, 개혁진보의 이중성과 기득권화를 비판하는 선에서 그쳐야 했다. 그것은 촛불정부에 초심을 일깨우는 좋은 약이 됐을 것이다. 그러나 적잖은 개혁진보 세력은 너무 나갔다. 비판하는 선을 넘어 투표는 정권 심판의 도구라고 주장하면서 증오의 투표를 선동했다.

대표적인 인물이 정의당 당원 진중권이다. 그가 지지율 5퍼센트로는 정권 교체가 어렵다는 것(실제는 2.3퍼센트)을 몰랐을 리가 없다. 사표를 인식했다면 미래를 위한 전략적 투표를 해야 했다. 독자적 집권이 어렵다고 판단했으면 그나마 정의당과 유사한 공약과 정책을 보고 투표하는 것이 정상이다. 그것도 아니라면 아예 투표를 포기하는 것이 정상 투표자의 행태이다. 이것은 동대구역에서 노숙하는 70대 노인도 다 아는 상식이다. 그러나 개인적 증오심에 불타는 진중권은 묻지 마 투표를 선동했다. 대선 내내 그의 발언과 행보는 민주당 2중대가 아닌 국민의힘 2중대였다. 선거 결과도 그대로였다.

최병현은 "윤석열이나 국힘당을 지지하는 게 아닙니다. …… 국힘을 처단해야 하는데 민주당 같은 사기꾼이 그 처단을 방해하고 있어서, 방해하는 사기꾼부터 먼저 처단하는 겁니다"라는 논리를 폈다.

동국대 운동권 출신이며 진보 팟캐스트 〈민심은 갑이다〉를 운영하며 진보 평론가를 자처하는 김갑수 역시 "내가 어떻게 민주당이나 진보당을 지지할 수 있겠는지를 알려 다오. …… 내가 어떻게 조국의 위선과 내로남불을 …… 내가 어떻게 문재인의 무책임과 기회주의를"이라고 주장했다.

〈한겨레〉 기자 출신 고종석은 진보 인물로 분류하기도 뭐하지만, 그는 "문재인 정권과 이재명을 심판하기 위해 윤석열에게 표를 줄 것이다. 윤석열은 내게 심판의 도구다"라고 주장했다. 심지어 그는 "윤석열, 토론 못 하네. 그래도 찍는다"라고 말했다. 이들은 '포퓰리스트 이재명보다 자유 민주주의자 윤석열이 낫다'는 윤소영의 궤변을 그대로 추종했다.

또 하나 짚고 넘어갈 문제는 바로 종북몰이다. 앞서 문재인 정부를 586운동권 민주주의라고 비난했지만, 종북몰이는 그보다 심하게 횡횡했다. 그것도 극우보수 세력이 아닌 개혁진보를 자처하는 세력이 그랬다는 것은 문제가 크다. 이는 앞서 얘기했듯이 평등파에서 주로 나왔다. 이미 오래전부터 종북 감별사를 자처했던 진중권은 문재인 비서실장인 임종석 전대협 의장을 빗대 "북한식 정치 문화가 청산되지 않은 채 남한의 부르주아 정치에까지 투영됐다"고 비판했다. 심지어 진중권은 〈티브이조선〉을 통해 '주사파 잡새끼'라는 막말도 해댔다.

    자주파 출신으로 종북몰이에 앞장선 인물도 있다. 1983년 서울대 의예과에 입학했다가 그만두고 1984년 서울대 역사학과에 다시 입학해 1987년 인문대 학생회장을 지낸 민경우가 대표적 인물이다. 그는 1995년부터 10년간 범민련 사무처장을 지내며 통일운동을 했고, 이로 인해 두 번이나 국보법 위반으로 구속됐다. 그는 2009년 《진보의 재구성》이라는 책을 내며 자주파 노선과 동료인 586세대를 비판하기 시작한다. 대표적으로는 '안희정과 조국의 어린 시절', '막스 레닌주의자 조희연의 정체', '주사파 조직 대해부' 등의 동영상을 만들어 유튜브에 올렸다. 특히 그는 대선을 앞두고 이재명 후보가 운동권이 아니라서 주사파로 비난할 근거가 없자 '이재명을 모시는 주사파 운동권 집중 해부'라는 동영상을 만들어 종북몰이를 했다. 그의 의식은 학창 시절인 80년대에 딱 멈춰 있고, 이 기억을 바탕으로 추측과 가정, 상상에 빠져 허우적거리는 것이 역력하다.

    보통 변절자들은 자신의 과거를 부정함으로써 성숙, 혹은 진화됐음을 입증하려 하는 심리가 있다. 이들은 자신의 과거를 남보다 철저히, 강력히 부정할수록 완벽히 진화했음이 입증됐다고 믿는다. 일종의 심리적 외상이다. 그러다 보면 상식을 넘고 돌이킬 수 없는 수준까지 나가는 경우가 많다. 민경우는 주사파에 영향을 미친 인물로 노무현, 김대중, 문재인 순으로 꼽고, 가장 강력한 영향을 미친 인물로는 백범 김구라는 황당한 주장을 폈다. 그 근거는 김구가 1948년 평양에서 열린 남북 제정당사회단체 연석회의에 참석한 사실을 들고 있다.

민경우의 이런 황당한 주장 때문에 보수 언론조차 별로 관심을 갖지 않았다. 그는 2011년 《대한민국은 안철수에게 무엇을 바라는가》라는 책을 쓰며 정치권을 두드렸지만 이뤄지지 않았다. 이번 대선에서 학창 시절 민경우와 비슷한 활동을 했던 몇몇 자주파 586세력이 윤석열 지지를 선언하고 활동했다.

진중권의 종북몰이는 의도적이라는 생각이 들지만 민경우는 좀 측은하다는 생각이 든다. 그 역시 분단 상황이 낳은 피해자일 수 있다는 생각이 들어서 그렇다.

학출의 열패감과 허위의식

학생운동권 출신의 문재인 정부 비판은 이해가 된다. 투표를 통해 정권 심판을 하자고 한다면, 정의당 당원이면 정의당 후보를 찍으면 당당하다. 그러나 이들의 문제는 정권 심판 도구로 윤석열을 선택했다는 점이다. 여기에서도 명문대 학생운동권의 허위의식이 또다시 작동한다. 솔직히 이들은 문재인 심판이라는 목적을 달성하기 위해 이재명을 비판한 것이 아니라 마음속에서부터 이재명을 경멸한 것이다.

몇몇 명문대 학출(학생운동권 노동자)의 이재명 비난은 거의 인신공격 수준이었다. 최병현은 이재명을 허경영에게 비유하다 막판에는 "이재명은 교활한 포퓰리스트"라고 비난했다. 정호희 역시 "이재명 저거 미친놈이네 소리가 바로 튀어나오더라고" 하는 욕설을 거침없이 퍼부었다. 명문대 학출이며 민주노총 대변인까지 했고, 현장 노동자로 이재명과 같은 경험을 한 사람이라면 말하기 어려운 표현이다.

권경애도 "이재명 자체의 사악함도 사악함이지만 …… 화천대유, 코나아이처럼, 패밀리의 이권 또는 권력을 확장하기 위해 거래한 자들의 이권 유지 보호를 위해 수단과 방법을 가리지 않을 것"이라고 조롱했다. 권경애는 민변 변호사 출신답지 않게 증오를 바탕으로 부정을 예단하고 있다. 여기서는 권경애가 변호사 본분에 충실했느냐는 이야기는 언급하지 않겠지만, 변호사답지 않게 부정적으로 예단하고 있다는 점은 말하겠다. 심지어 김갑수는 "가난한 출신이 돈을 밝힌다", "이재명의 비천함과 저

수준" 등 일베 수준의 발언을 마구 해댔다.

지난 대선에서 명문대 학출들이 왜 이렇게 감정적 반응을 보였을까. 태극기 부대 수준이라면 모르지만 알 만한 사람이 그랬다면 왜일까 하는 의문을 갖는 것이 당연하다. 이를 규명하는 이유는 매우 중요한 시사점을 제공하기 때문으로, 바로 이것을 밝히는 것이 이 책의 종국적 이유인지 모른다. 그들이 이반한 근거가 합목적이고, 다수의 이익에 부합하는 민중적이며, 시대 요청에도 부응한다면, 그것은 개인적 성숙이며 역사의 진보이고 발전적 혁명이다. 그렇지 못하다면 그들의 이반은 명분 없는 소아병적 변절에 불과하다. 이는 이성의 파탄이고 자기 삶에 대한 부정이다.

이 의문을 풀기 위해 이런 주장을 하는 학생운동권 출신 몇 명에게 직접 다니며 물었다. 돌아온 대답은 각양각색이지만 '이재명은 철학이 없지 않느냐'는 대답이 대부분이었다. 필자가 "무슨 철학이 필요한가"라는 질문에 그들은 "대학교 다닐 때 뭐 했나? 운동권에 대한 체계적 학습도 안 했고, 그냥 고시 공부만 하지 않았나"라고 대답했다. 바로 이것이었다. 자신은 한때 명문대 운동권으로 체계적 학습을 했고, 검은 한복 입고 단상에 선 총학생회 간부였다. 또 야학과 공장에 뛰어들어 열심히 역사 발전을 위해 노력하며 살아왔다. 그런데 자신이 가르치던 야학에서 공부한 공돌이가 검정고시를 거쳐 겨우 대학에 들어가 고시 공부만 하던, 그런 '듣보잡'이 대통령이 되는 꼴은 못 보겠다는 것이다.

나는 이렇게 대답한 사람에게 "당신이 운동 삼아 공장에 갔을 때 이재명은 처절한 생존과 삶의 수단으로 공장에 다녔다. 당신이 학생회 간부로 폼 잡을 때 이재명은 야학에서 검정고시 공부를 하고 대학에 들어가 사법고시에 합격했다. 당신이 민주 동문회에 모여 안주할 때 이재명은 약자를 돕는 행정 경험을 쌓았다"고 말했다. 그러고 나서는 "너의 이재명 비판은 명문대 학출이라는 40년 전의 어설픈 우월감에다 현재의 초라한 처지가 결합한 열패감의 발로 아닌가"라고 쏘아붙였다. 이에 그 사람들은 무엇에 들킨 당혹스러운 표정을 지었다.

이런 심리는 명문대 운동권 엘리트에 흔히 나타난다. 상고 출신의 김대중과 노무현도 그랬다. 과거 노사모 모임에서 한 학출이 "노무현이 운동을 아나?"라고 발언했다가 명계남이 소주잔을 던진 일화는 유명하다. 이는 검사가 대통령 노무현에게 "몇 학번이냐"고 묻는 것과 같은 심리다. 그런 어설픈 잣대를 검정고시 출신 이재명에게 그대로 들이댄 것이다.

이런 심리는 민주당 내부에도 엄존하고 있다. 이른바 수박이라고 부르는 군상이다. 이재명의 수행비서인 백종선은 "상고 출신 노무현을 절대 인정할 수 없다고 한 민주 보수 집단의 행태는 2022년 검정고시 출신 이재명을 인정하지 않는다"면서 "어찌 보면 열등감의 충만이 원인이기도 할 테지만 한편으로 절대 바뀌지 않는 선민의식과 사대 의식을 가진 서울대 출신의 기고만장한 카르텔에서 기반이 된다"고 증언했다.

전태일 재단 정책실장 한석호는 "진보가 어떻게 윤석열을 지지하느냐면서 의아해한다. 그러나 그 현상은 인간 사회의 보편 현상이다. 누군가가 너무 미우면, 그가 잘되는 꼴을 어떻게든 방해해야 한다는 심리가 작동하는데, 그 현상의 발현일 뿐이다"라고 고백했다. 그는 또 "노동운동 내에서도 정파 갈등을 하다 보면 상대방이 너무 미워져서 노사 업무 관리자의 상가에는 가도 활동가의 상가에는 안 가는 경우가 종종 발생한다. 그것도 같은 이치다"라고 하면서 "일제 시대 민족운동은 상대 정파를 일제 경찰에 밀고해서 죽게 만들기도 했다. 그래서 이해한다. 그래도 그러지 않았으면 한다"고 말했다. 《전태일 평전》을 가슴에 품고 산다는 그는 윤석열 정부의 노동 정책에 참여해 한자리하고 있다.

결국 지난 대선에서 이재명을 극렬히 비판하며 정권 교체를 주장하던 학생운동권의 행동은, 복잡해 보이는 이론과 그럴 듯한 철학으로 포장하고 있지만, 그러지 않았으면 한다는 단서를 달고 있지만, 가치 배분에서 소외된 것에 대한 감정적 질투이고 허위의식의 발로임에 틀림없다. 이들은 달라진 환경에 적응하지 못한 채 갈라파고스가 되어서 아직도 관념적 좌파 이론을 믿고 있다. 바로 그 관념적 좌파 근성과 허위의식에서 헤어나지 못하는 그들은 모두가 알고 있는 전략 투표를 망각한 채 증오의 투표를 선동했다.

    물론 선거에 정권 심판 기능이 있는 것은 사실이다. 그러나 그보다 더 중요한 선거의 가치는 자신의 정치적 이상을 가장 잘 실현할 대리자를 선발하는 것이다. 이들은 더 중요한 요소를 망각했고 후대에 좋은 세상을 물려줘야 할 책임도 방기했다.

12

개혁진보가 질 수밖에 없는 9가지 이유

개혁진보의 미래는 있는가? 많은 개혁진보 정치인은 이런 질문을 던진다. 이 질문에 대답하기 위해서는 진보가 무엇인지부터 정의해야 한다. 진보의 정의와 가치를 따지자면 한이 없지만 쉽고 간단히 말하면 '더불어 살자'는 것이다. 정치적, 사회적, 경제적 약자는 물론이고 장애인과 성소수자 등과 더불어 사는 사회를 지향하는 것이 진보다. 노무현은 진보의 가치를 분배와 연대라고 말했다. 공감한다. 인류 진보의 역사는 강자만 살아남는 약육강식에서 벗어나 더불어 사는 기록이라 해도 과언이 아니다. 대를 이은 수탈인 신분을 타파하는 것이 인간해방의 역사였고, 약자도 단결하면 권력을 쥘 수 있다는 것이 민주주의의 역사였다. 진보 정치는 부자의 자산을 합법적으로 양도받아 약자와 더불어 사는 것이다.

이런 진보의 역사는 거저 얻은 것이 아니다. 강자가 그냥 양보한 것도 아니다. 과정 하나하나에 숱한 헌신과 희생, 죽음의 대가가 있었다. 우리는 일제 강점과 분단, 군부 정권을 거치는 권위주의 시대를 살아왔다. 이 기간 동안 더불어 사는 사회는 기형적으로 성장했다. 1987년 시민혁명으로 직선제 개헌을 쟁취했지만 개혁진보 세력의 분열로 군부 정권이 연장됐다. 1992년 구세력과 연합을 통해 비로소 문민정부가 들어섰고, 1997년 역시 같은 방법으로 수평적 정권 교체가 이뤄졌다. 개혁진보 세력의 독자적 집권은 2002년 노무현 정부가 사실상 처음이다.

그러나 어렵게 이룩한 개혁진보 세력의 집권은 오래가지 못했다. 노무현의 고백대로 시대정신을 뛰어넘는 사상도, 제휴할 세력도 없었기 때문이다. 진보적 계획만 가졌지 진보적 사상과 진보적 시민이 없었다는 말이다. 그것도 이유겠지만, 갈수록 팍팍해지는 생존 환경은 '약자와 더불어'라는 진보의 가치보다 각자도생을 강조하는 신자유주의를 선호하는 방향으로 흘러갔다. 그래서 탄생한 이명박과 박근혜의 신자유주의 정부는 시대착오적이며 반진보적인 역주행 정책을 펼쳤고, 분노한 국민은 촛불을 들고 광장으로 나왔다. 촛불혁명을 통해 촛불정부를 탄생시켰지만, 20년은 갈 것이라는 촛불정부는 5년 만에 단명하고 말았다. 이는 촛불 정신을 망각한 촛불 권력의 무기력과 위선, 그리고 오만 때문이다.

지금 우리는 역사 퇴행의 검찰정권을 참담한 심경으로 목도하고 있다. '더불어 살자'는 진보의 역사를 다시 쓸 수 있을 것인가를 고민해야 한다. 개혁진보 세력은 현실 정치에서 승리해 재집권할 수 있을까 라는 질문에 대한 답변으로, 작은 바람으로 이 책을 쓴다. 그러나 불행히도 지금 상황에 비추어 보면 비관적이다. 그것은 현실에서 작용하는 다음과 같은 아홉 가지 이유 때문이다.

1) 분열하는 진보의 숙명

개혁진보 진영의 가장 큰 약점은 바로 분열이다. 흔히 보수는 아흔아홉이 달라도 하나만 일치하면 단결하지만, 진보는 아흔아홉이 같지만 하나만 달라도 분열한다고 한다. 개성과 자존심이 강하다는 말이다. 그러나 가치와 신념, 노선을 따지는 것까지는 괜찮지만 사소한 차이로 등을 돌리는 것은 문제가 있다.

현대 정치는 선거를 통해 승패를 가르기 때문에 분열은 표의 분산이고 이는 곧 패배를 의미한다. 한 표라도 많으면 승리하는 우리나라 대통령 선거 제도에서 표의 분산은 곧 패배다.

1987년 대선 때도 개혁 세력과 진보 세력은 분열했다. 제도권 내에서 점진적으로 진보의 가치를 이루자는 개혁 세력과 일시에 변혁하자는 진보 세력이 분열한 것이다. 많은 진보 세력이 비판적 지지라며, 혹은 돌아오겠다고 말하며 제도권의 개혁 세력으로 갔지만 다시 돌아오지 않았다. 진보에서 개혁으로, 개혁에서 보수로 간 사람은 있지만 보수에서 개혁으로, 개혁에서 진보로 온 사람은 극히 드물다. 개혁과 진보에서 아예 극우로 가 버린 경우도 있다. 1990년대 김문수, 장기표, 정태윤이 그랬고, 2000년대 박형준, 하태경을 비롯해 많은 뉴 라이트가 그랬다.

남아 있던 진보 세력도 분열했다. 한편에서는 제도 정치권으로 간 사람을 개량주의자, 출세주의자라며 비판했다. 하지만 이들도 곧 각자 정당을 만들어 제도권에 들어왔다. 모든 세력이 혁명보다는 개혁, 그것도 표로 인정받는 시대가 온 것이다. 정당은 달라도, 아무리 가지가 무성해도 더불어 살자는 원칙에서 보면 개혁과 진보는 한 뿌리라 할 수 있다. 그런데 일부 진보 원리주의자들은 원칙 아닌 원칙을 고수한다. 사소한 잔뿌리에 불과한 차이를 발견하고는 그것을 치열하게 비판하는 것이 진보의 본류이며 지식인의 사명이라고 착각한다.

노무현은 진보 정치의 발목을 잡는 것은 "진보주의 분파와 진보주의 정치 세력의 분열과 변절"이라고 질타했다. 개혁진보 세력의 분열이 낳은 최악의 결과가 바로 2022년 대선이다. 물론 촛불정부는 해야 할 일을 하지 않았던 무기력한 정부였다. 개혁진보 세력 상당수는 정권 교체를 외쳤고, 일부 진보 세력은 무모한 선거를 이어 나갔다. 갈라파고스가 되어 버린 이들의 아집이 보수우익 세력에 정권을 헌납하고 만 것이다.

요즘에는 진보 의제를 하나씩 챙겨서 정당을 차리는 분열이 무슨 유행처럼 번지고 있다. 통일, 노동, 인권, 여성, 환경, 지역 극복 등은 진보 정당이 추구하는 대표적 의제다. 그러나 이 의제를 하나씩 챙겨 통일은 진보당, 노동은 노동당과 기본소득당, 여성은 정의당, 환경은 녹색당 등으로 쪼개져 있다. 또 정당 설립이 쉬워서 그런지 지역 정당을 만드는 것도 진보 가치의 실현이라고 착각하고 있다. 이는 정당 정치의 개념을 모르는 순진한 생각이고, 당위에 매몰돼 현실을 보지 못하는 것이다. 그 과실이 바로 개혁진보 세력이 영원히 패배하는 죽음의 골짜기로 가는 길임을 깨닫지 못하는 것이다.

권영길 전 민주노동당 대표는 진보 대통합, 대연정을 외치며 뛰고 있는 한편, 경실련과 참여연대 등은 정당을 잘게 쪼개는 것이 개혁이라 외치고 있다. 지금 개혁진보 진영에 필요한 것은 2024년 총선을 겨냥하고 가치 연대, 선거 연대를 실현하는, 대연정을 이뤄내는 것이다. 그러나 갈라파고스가 된 일부 관념 좌파들은 대선 이후 상황을 목도했으면서도 여전히 연정을 거부하고 있다.

2) 80년대 관념을 고수하는 아집

개혁진보는 달라질 미래를 상정하고, 계획하고, 추진하는 데도 바쁘고 벅차야 한다. 그러나 개혁진보 세력 가운데는 아직 낡은 과거에 매몰된 사람이 의외로 많다. 그들은 현재도 80년대 자주파와 평등파라는 진영 논리에 빠져 있다. 이는 진보의 분열 습성 때문이기도 하지만, 그보다는 낡은 과거에서 허우적거리기 때문이다. 평등파나 자주파라는 말은 80년대 중반 우리는 왜 이리 힘들게 사는가를 고민한 정치학자, 사회학자 들이 찾아낸 관념적 진보의 방법론에 불과하다. 진보의 본질적 가치인 더불어 살기 측면에서 봐도 방법론 차이밖에 없다. 일제하 노동운동은 민족해방운동으로 자주파NL 운동이고, 구한말 신분 철폐, 형평사운동은 인간해방운동으로 평등파PD 운동인 것이다.

문제는 이 관념적 방법론의 차이가 40년이 지난 지금도 분열의 골이 되고 있다는 점이다. 민주노동당의 2008년 분열이 그것이고, 2012년 통합진보당의 분열이 그것이다. 이 해묵은 분파가 진보 대통합과 개혁진보 세력의 대연정을 가로막고 있는 것이다. 게다가 이 문제는 보수우익 정부가 종북몰이 수단으로 활용하는 빌미마저 주고 있다. 과거 많은 간첩조작사건이 재심을 통해 진실이 밝혀졌는데도 여전히 공안당국의 조작 발표를 진실로 믿는 사람이 많다. 이 간극을 종북몰이에 악용하는 보수우익 세력도 문제지만, 개혁진보 세력 내부에서 이를 끄집어내는 평등파가 더 문제다.

요즘 젊은이는 자주파나 평등파를 말하는 시대에 살지 않고 알지도 못한다. 그런데 늙은 선배는 이것을 무슨 자랑스러운 족보인 양 후배에게 학습시키며 편 가르기를 하고 있다. 어느 계보에 속해야 진정한 운동권이라는 낡은 허위의식에 빠져 허우적거리는 것이다. 노회찬은 "그 낡은 관념들은 끈질기게 살아남아 현실의 진보 정당을 제약하고 있다"면서 "이제는 전쟁 이후 시대가 등장해야 할 때다"라고 토로하기도 했다. 전 민주노동당 의원 조승수도 "엔엘과 피디는 이미 운동적으로 의미가 없는 개념"이라며 "진보정당운동 1세대가 물러나고 바탕과 활동 양식, 생물학적으로 전혀 다른 세대가 진보 정당을 새롭게 건설해야 하는 것이 아닌가 싶다"라고 말했다.

어떤 측면에서 보면 자주파나 평등파 문제는 본질보다 과거 분열 과정에서 느꼈던 섭섭함과 분노가 더 크게 작용해서 그럴 것이다. 애증이라면 일종의 애증이다. 그러나 이는 더불어 살자는 진보의 대의에 비추면 낡고 사소한 감정일 뿐이다. 더 솔직히 말하면 자주파와 평등파의 분열은 진보의 방법론에 대한 솔직한 고민도 아니고, 그냥 주도권을 위한 파벌 싸움일 뿐이다. 크면 큰 대로 적으면 적은 대로 주도권을 놓고 벌이는 정치 대결은, 즉 헤게모니 싸움은 있기 마련이다. 진보 정치도 마찬가지다. 그러나 이런 40년 전의 낡은 관념을 버리지 않는 한, 사소한 애증을 버리지 않는 한, 작은 헤게모니 다툼을 버리지 않는 한, 진보의 미래는 요원하다.

3) 현 권력 구조의 제약

혁명을 하겠다는 진보도, 변혁을 하겠다는 진보도 모두 제도권 안에서 표로 경쟁하는 시대가 됐다. 제도권의 틀은 1987년 직선제 개헌 투쟁으로 만들어진 현재의 헌법이다. 이 헌법에 의한 권력 구조는 대통령 중심제이고, 대통령을 뽑는 방법은 다수대표제다. 몇 명이 출마하든 한 표라도 많은 후보가 대통령에 당선되는 구조다. 사실 이는 분열을 좋아하는 개혁진보 세력에 매우 불리한 방식이다. 이 제도를 만든 전두환은 개혁진보 후보의 분열을 노렸고, 실제 그런 정치 공작을 벌이기도 했다.

개혁진보 세력도 이를 알고 있다. 그러나 분열하기 좋아하는 개혁진보 세력은 생존 공간을 만들기 위해 제3당, 제4당이 필요하다고 목소리를 높였다. 진보 정당의 활동 여지를 만들려면 아예 내각제로 가든지, 대통령 선거에서 결선투표제를 도입해야 한다. 이는 원초적인 문제인 개헌 사안이다. 개혁진보 세력은 이 문제를 원초적으로 수술할 생각은 하지 않고 임기응변으로 대응했다. 대통령 선거 제도는 그대로 두고 국회의원 선거 제도만 땜질하듯 바꾸자는 것이다. 제3의 정치 세력이 존재할 여지를 넓힌다며 도입한 것이 당을 보고 투표하는 준연동형 비례대표제다.

참여 정치 열기가 높아지고 정치의식이 양극화되면 대통령 선거는 49대 51의 치열한 접전 양상이 벌어진다. 상대적으로 제3의 세력, 진보 정당의 당선 여지는 줄어든다. 진보 세력은 독자 세력화와 선거 전술 사이에서 심각한 고민에 빠진다. 이른바 진보 정당 사표론을 넘어 진보 정당 위험론도 등장한다. 그러나 보수는 이익만 있으면 단결한다. 유권자가 행사하는 표는 하나이기 때문에 정당이 단합하느냐, 분열하느냐가 권력의 향배를 결정한다.

개혁진보 세력이 가장 이상적이라 외치는 다당제는 대선에서 개혁진보 진영의 필패로 나타날 수밖에 없다. 이는 몇 번의 대통령 선거와 서울시장 선거에서 입증된 사실이다. 현실이 이런데도 개혁진보 세력은 제3, 제4, 제5의 정당이 필요하다고 강조한다. 그렇다면 내각제를 하자고 하는 것이 더 솔직하다. 개헌을 하지 않은 현재 정치 구조에서는 개혁 세력과 진보 세력의 선거 연대가 그나마 가장 최적의 선택임을 직시해야 한다.

4) 언론의 기울어진 운동장

권력이 자본으로 넘어갔다고 하지만 언론 역시 마찬가지다. 언론 환경만큼 기울어진 운동장도 없다. 대형 보수 언론은 종합편성채널을 통해 온종일 정치와 시사 상황을 중계하다시피 하고, 그나마 몇 개 안 되는 진보 언론도 돈벌이를 의식하지 않을 수 없다. 언론사는 대부분 돈을 벌어야 생존하는 주식회사다. 언론사 대부분은 공공기관도, 자선기관도 아닌 수익을 내야 하는 기업체다. 특히 사원 투표로 뽑히는 진보 언론사 사장이 재선을 위해 가장 중요하게 여기는 것은 경영 성과를 바탕으로 하는 월급 인상이다. 자본에 종속된 언론은 개혁과 진보의 가치를 소홀히 다루고, 기자는 보통 직장인으로 바뀐 지 오래다.

〈경향신문〉은 삼성에 광고를 받지 않기로 1면에 사고까지 냈지만 뒤에서 몰래 광고료만큼 협찬비를 받았다. 진보 언론답지 않다는 지적에 경영진은 '그냥 먹고살자'는 말만 할 뿐이다. 공영방송이 있지만 이 역시 정치적 부침에서 자유롭지 못하다. 공영방송이 오히려 더 정치적으로 민감하게 변화한다. 권위주의 시절 땡전 뉴스나 이명박과 박근혜 시절 종북몰이에 동원된 호전적 영상은 깊은 후유증을 남겼다.

언론의 기울어진 운동장을 평평하게 펴는 작업은 매우 어려운 일이다. 신문법을 개정하려 하면 언론 탄압이라고, 방송법을 개정하려 하면 정략적이라고 비난하기 때문이다. 언론사 노동조합도 변화를 싫어한다. 권력의 언론사에 대한 압수수색 등 언론 환경은 더욱 개혁진보 세력에 불리하게 작용하고 있다.

물론 전통적 신문과 방송도 과거의 영향력에서 많이 쇠퇴했다. 인터넷과 모바일, 유튜브와 다양한 사회관계망서비스가 언론 역할을 대신하고 있다. 전통 신문도 이제 자신의 운명을 인터넷 포털과 사회관계망서비스에 의존하고 있다는 사실을 안다. 그러나 정부와 정치인, 정책 결정권자는 잘 변하지 않는다. 여전히 기자실을 유지하고 기자단을 관리한다. 그 이유는 관리, 즉 통제가 쉽기 때문이다. 촛불정부가 언론 개혁에 손 놓고 있었던 것도 그런 이유다.

상당수 언론학자와 언론 단체는 여전히 종이 신문과 방송 같은 전통 매체만 봐서 그런지 팟캐스트, 유튜브 등 다양한 매체의 등장과 파격적 진행을 이해하지 못한다. 또 이들은 진보 언론에 낡은 언론 원칙을 들어대며 언론의 정파성 문제를 비판하지만 종편의 정파성에 대해서는 상대적으로 관대하다. 이유는 언론학자나 언론 단체가 각종 연구 용역과 위원 자리를 제공받는, 꿀이 흐르는 전통 언론과 연결돼 있기 때문이다.

5) 지행합일만 지고지선이라 믿는 고집

우리 국민 상당수는 주자학의 선지후행先知後行, 혹은 양명학의 지행합일知行合一과 같은 전통 사상에 흠뻑 젖어 있다. 즉 '먼저 알고 행해야 하고', '알면 반드시 행해야 한다'는 말이다. 알면서 행하지 않으면, 언행이 일치하지 않으면 위선이라며 죄인 취급을 한다. 진중권은 "조국 사태는 존재와 의식의 괴리를 상징한다"고 주장했는데, 그럼 존재와 의식은 항상 일치해야 하는가. 인간은 항상 의식하는 대로 존재해야 하고, 존재하는 대로 의식해야 하는가. 이는 인간을 매우 이상적, 혹은 하찮은 존재로 규정하는 자체 모순이다. 요즘은 급속히 발전하는 기술이 과거의 개념을 대치하는 시대다. 이제 의식은 존재를 따라가기 벅차다. 과거 관념론적 인식 체계가 바뀐 것이다.

강준만은 강남 좌파를 비난했는데, 그러면 좌파는 평생 강북에서만 살아야 하는가. 진보를 말하며 스테이크에 와인을 마시면 위선인가. 진보는 언제나 동태찌개에 막걸리만 마셔야 하는가. 진보를 말하며 외제 차를 타면 타락인가. 진보는 항상 전철만 타고 다녀야 하고, 부자는 진보적이면 안 되는가. 물론 지행합일이 되는 삶, 의식과 존재가 일치하는 삶은 충분히 존경받을 가치가 있다. 숭고한 성인이나 도덕군자를 찬양하는 이유가 그렇다. 그러나 의식과 존재가 일치하지 않다고 해서 위선이라고 비난하거나 죄인 취급을 하는 태도는 옳지 못하다. 강남에 살면서도 서민을 대변하고 그런 정책을 입안한다면 칭찬받아야 한다. 스테이크에 와인을 마시면서도 사회적, 경제적인 약자 편에 서서 웅변한다면 개혁진보 세력으로 평가받아야 한다.

정치는, 선거는 주자학과 양명학의 관점에서 도덕군자를 뽑는 것이 아니다. 성균관 관장을 뽑는 것이 아니다. 자신의 정치적 이상을 잘 실현할 대리자를 선발하는 것이다. 개혁진보를 원한다면 더불어 사는 삶을, 진보의 가치를 잘 수행할 사람을 선별하는 것이 판단의 첫 번째 기준이어야 한다.

물론 베트남의 호지명이나 중국의 주은래는 훌륭한 삶을 살았기에 존경받을 이유만 있지 크게 나무랄 것은 별로 없다. 하지만 무산자혁명을 이뤄낸 레닌은 자본주의 상징이자 최고급 승용차인 영국제 롤스로이스를 구매했고, 볼리비아에서 사살된 체 게바라의 시신에서 나온 것은 최고급 시계인 롤렉스 서브마리너 2개였다. 레닌은 모스크바의 습지를 쉬지 않고 달리기 위해서였고, 체 게바라는 밀림에서 게릴라전을 할 때 정확한 시간은 필수였기 때문에 자본주의 고가 제품을 사용한 것이다.

좌파라도 강남에 사는 것이 편리하면, 살 능력이 된다면 사는 것이고, 외제 차라도 필요해 사용한다면 문제 삼아선 안 된다. 자금을 정당한 방법으로 조달해서 샀다면, 자신의 노력으로 정당하게 번 돈이라면 뭐라고 비난해서는 안 된다. 지행합일의 삶이 아니라고 악으로 비난한다면, 그것은 개혁진보의 입지를 좁히는 일이다. 지행합일을 유독 강조하는 사람의 밑바닥에는 현실의 열패감이라는 질투가 도사리고 있다. 바로 이것이 먹물들의 허위의식이다.

6) 참여하지 않고 비판만 하는 관념론자들

개혁진보를 외치는 사람들 가운데 일부는 매우 복잡한 이론과 언어로 자신의 높은 지식을 포장한다. 자신의 행위는 항상 정확한 논리에 따른 이성적 결정임을 강조한다. 이성과 비판을 좋아하는 이 관념적 먹물들은 이유 없는 지지를 경멸한다. 이들은 맹목적으로 누구를 지지하는 소위 '빠'를 싫어한다. 촛불혁명도 당연히 비판하고, 서초동으로 달려가 촛불을 든 사람들은 경멸한다.

이들에게 정치란 이성을 가진 사람들이, 넥타이를 맨 의원들이, 여의도에서 고급 언어를 사용하는 사람들이 하는 것이 정석이다. 이들은 담론도 신문과 방송 등 전통 언론을 통해 유통되는 것이 민주 정치의 정석이라 믿는다. 이들은 김대중의 행동하는 양심이나 노무현의 깨어 있는 시민의 조직은 천박한 것으로 생각한다. 문재인을 지지하는 '문베충'은 민주주의의 위기이며, 이재명을 지지하는 '손가락 혁명군'은 좌파 포퓰리스트로 여긴다. 그래서 이들의 주장은 전통 언론을 통해 그럴듯하게 포장되고 확산된다.

이런 관념론에 빠진 먹물들은 사회 계약 이후의 역사는, 근대 민주주의의 역사는 깨어 있는 시민과 소외됐던 민중의 단결된 힘으로 이룩된 것임을 망각하고 있다. 영국의 명예혁명, 프랑스의 시민혁명, 미국의 독립혁명 모두 절대 군주의 억압에 눌려 신음하던 민중이 시민의식을 발휘해 단결된 힘으로 대처했기 때문에 가능했다. 이후 발생한 러시아혁명과 중국의 사회주의혁명도 마찬가지다.

게다가 이런 관념론에 빠진 먹물들은 통신 기술 발전으로 달라진 참여 민주주의 환경을 모르고 있다. 인터넷과 사회관계망서비스로 무장한 이들은 그들만의 공간에서 의견을 나누고, 공감하면 즉시 모금하고, 다음 날 촛불을 들고 광장으로 나간다. 먹물들이 즐기는 복잡한 입회 절차는 없고, 공허하고 지루한 토론도 없다. 이는 세계 모두에서 나타나는 공통 현상이다. 지난 촛불혁명은 국회의 국정조사가 아닌 행동하는 촛불에 의해 완성되었음을 명심해야 할 것이다.

개혁진보 세력 안에는 이렇게 달라진 정치 환경을, 달라진 언론 환경을 모르는 학자, 정치인, 언론인이 의외로 많다. 미국의 정치학자 찰스 메리엄은 "권력의 미래는 지성과 믿음을 융합하고, 용기와 결단력을 가지고, 기회에서 선택으로, 맹목적 적응에서 창조적 진화로 나가는 사람들의 것"이라고 말했다. 낡은 관념적 이론에 안주하면서 행동 없이 수동적으로 미래를 기다리는 진보에는 권력이 주어지지 않는다.

7) 싸울 줄 모르는 허약함

과거에 보도블록을 깨서 던지던, 화염병을 만들어 던지던 운동권도 이제는 기득권이 돼 전투력을 상실했다. 지금은 대학이 여론을 선도하는 시대도 아니고 분신으로 저항하는 대학생도 없다. 기득권화된 관념적 좌파들의 목소리만 클 뿐이다.

영민한 머리를 가진 관념 좌파는 상황 판단을 뻔뻔하게도 잘하고, 인맥도 넓어서 처신도 용의주도하게 잘한다. 그래서 종북몰이 광풍이 일면 좌파 관념론자 먹물들은 '나는 아니다' 하며 손사래를 치다가 분위기가 반전되면 목소리를 높이며 잇속을 챙긴다. 이런 먹물들에게 조용한 헌신은 없다. 가치 배분에서 소외됐다는 생각이 들면 아는 지식을 총동원해 극렬히 비난한다. 이들은 많이 배울수록, 강남의 사립고를 나오고 명문대를 나온 사람일수록 최소의 투자로 최대의 수익을 내는 것을 최고의 가치로 여긴다. 개혁진보운동도 일종의 주식 투자로 생각한다. 배분의 욕심에는 끝이 없다. 흔히 하는 농담으로 3대 먹물인 '공무원, 기자, 교수가 밥을 먹을 때 밥값은 누가 낼까'라는 질문의 정답은 '음식점 주인'이라는 우스갯소리가 돌아다니는 것도 실제 그렇기 때문이다.

먹물들은 권력을 획득해도 자신이 치열하게 싸워서 얻은 것이 아니기 때문에 지키려는 열정이 없고, 따라서 포기도 빠르다. 정치에서 권력 의지가 없다는 것은 신사적인 행동도, 자랑할 만한 것도 아니다. 권력을 거저 얻었다는 반증이다. 진보민중단체가 투쟁해 얻은 촛불 성과를 개혁적 시민단체가 차지해 촛불정부를 만들었으나 지키려는 열정이 없어서 맥없이 놓아 버리는, 그런 몰락이 대표적인 예다.

관념적 먹물들은 직접 나가 싸울 생각조차 못 한다. 말로는 예의와 신사도를 말하지만 실은 비겁하기 때문이다. 이렇게 비겁해진 이유는 지켜야 할 기득권이 많아졌기 때문이다. 과거에는 맨몸뚱이였던 586운동권이 국회의원과 기관장을 거치며 중산층이 됐다. 중산층이 된 먹물들은 만만한 권력에는 배운 이론을 바탕으로 신랄하게 비난하지만 강한 권력에는 주춤하거나 칭송한다. 지킬 것이 많아졌기 때문이다. 그것이 아니면 구린 것이 많아 검찰정부에서 휘두르는 사정의 칼날이 두려운 것이다. 배고팠던 진보 먹물들은 작은 배분이라도 주어지면 쉽게 매수된다. 한석호나 김경율처럼 차도살인을 하는 자리라도 마다하지 않고 달려간다.

이런 소심한 먹물들이 이익 앞에서 앞뒤 안 가리고 전투력을 배가하는 극우보수와 싸워서 이길 수 있을까. 서로 등을 대고 열 발자국 걸어서 총을 쏘기로 약속하지만, 다섯 발자국만 가고 돌아서서 총을 쏘는 세력과 겨뤄 이길 수 있을까. 불가능하다.

야당으로 전락한 민주당은 여당보다 나라 걱정을 더 한다. 민주당은 아직 여당으로 착각하고 있거나 장외 투쟁이 두려운 것이다. 문재인은 옆에서 자신을 보좌하던 안보실장이 구속되고 국정원장이 기소되고 야당 대표가 정치 보복을 받고 있다면 목소리를 내야 한다. 고향에서 한가하게 책방이나 지킬 것이 아니라 촛불을 들고 결연히 용산으로 달려가야 한다.

8) 게으름을 관대함으로 착각

역대 문명이나 왕조, 정권의 몰락은 내부의 변절로 시작되었다. 적은 내부에 있다는 일본 속담도 있다. 그래서인지 극우보수 세력이나 권위주의 정권은 이 분야를 중시했고, 다루는 방법도 능숙하다. 나치의 비밀경찰이 그렇고, 권위주의 시절 정보기관의 민간인 사찰이 그렇다. 그러나 개혁진보 세력은 내부에서 비판이 난무해도 매우 관대하게 처리한다.

지식인은 응당 비판하는 것이고, 따라서 비판을 막기보다는 장려해야 미래가 밝다. 그러나 정도가 넘는 비판에는 단호히 대처해야 한다. 특히 변절자를 신속히 제거하지 않으면 진영 전체가 오염되고 분열된다. 대통령 선거는 일종의 전쟁이다. 체제 수호는 보수만 할 것이 아니라 개혁진보 세력도 해야 한다. 보수 정권은 막대한 돈과 언론을 가졌고, 특히 검찰정권은 막강한 사정 능력은 물론이고 전가의 보도처럼 쓸 수 있는 국가보안법, 테러방지법까지 가졌다.

그러나 개혁진보 세력이 가진 것으로는 말과 글, 그리고 연대가 전부다. 게다가 체제 수호에 대한 개념 자체는 하나도 없고, 다만 선진적 조직 관리와 신사도만 운운할 뿐이다. 목소리 커진 변절 먹물들을 보고도 제지할 생각을 못 한다. 특정 언론을 배경으로 마구 내뱉는 변절자를 보고도 맞상대는커녕 오히려 피해 버린다. 이는 관대함이 아니라 게으름이고 비겁함이다. 약삭

빠른 변절 먹물들은 그 틈을 이용하고, 극우보수가 노리는 것도 바로 그것이다.

개혁진보의 체제 수호 장치는 공론의 장에서 열리는 활발한 비판이다. 이 작업이야말로 진보가 가진 최대의 장기이고 무기이다. 진보의 가치를 훼손하는 변절한 먹물들을 공론의 장에서 비판하고 퇴출시켜야 한다. 그것이 진보 언론, 진보 지식인의 임무다. 그러나 분열을 일으키지 않게 핵심 환부만 정교하게 잘라내야 한다.

개혁진보 대오를 훼손하는 변절자는 보통 한쪽에는 논리도 없이 신랄하게 비판하고, 다른 한쪽에는 칭찬을 넘어 아부하는 부류라고 생각하면 크게 틀리지 않는다. 변절자가 과거에 했던 언행에 비추어 보면 달라진 말과 글이 보이고, 그걸 콕 집어서 비판해야 한다.

학술지는 논문이 정파적 이익으로 포장되어 있다면 게재를 거부해야 한다. 진보 언론 또한 그런 정파적 논객에게 지면을 제공하지 말아야 한다. 그들을 진보 논객으로 분류할 것이 아니라 진보 공론의 장에서 추방해야 한다. 이는 개혁진보의 대오를 흩트리지 않기 위한 최소한의 고육책이다. 문제는 그렇게 할 언론인과 지식인이 별로 없다는 것이다.

9) 가르치려고만 하는 꼰대 기질

개혁진보 세력 상당수는 경험에서 우러나온 소중한 진리를 배우려 하지 않는다. 오히려 무조건 가르치려고 덤빈다. 관념만 중요시하니 실사구시 정신이 약하고, 말만 많고 실용적이지 못해 무능하다는 인식으로 이어진다. 실제로《사람들은 왜 진보는 무능하고 보수는 유능하다고 생각하는가》라는 제목의 책도 있다. 이는 경험을 통해 열심히 학습하는 보수에 비하면 결정적 약점이다.

2022년 6월 윤석열 대통령 시민사회수석실에서는 대통령실 인근 집회 대응책으로 시민단체와 민주노총의 연대를 차단해야 한다는 보고서를 만들었다. 이것은 지난 촛불혁명이 노동 세력이 주도하는 가운데 시민 세력이 합세했다는 것을 정확히 파악하고 있다는 반증이다. 윤석열 정부가 노동조합의 회계 투명성을 강조하면서 민주노총을 귀족 노조로 갈라 치는 것, 민간단체에 주는 보조금에 대해 대대적인 감사에 나선 것은 노조와 시민단체의 결합으로 촛불혁명이 폭발했다는 점을 정확히 안다는 뜻이다. 윤석열 정부가 이태원 참사에서 끝까지 책임지지 않겠다는 것은 박근혜 정부가 세월호 참사 때부터 밀리기 시작했다는 점을 경험했기 때문이다. 보수는 촛불혁명을 통해 정권을 잃은 과정과 이유를 분명히 알고 있기에 이에 대응하고 있는 것이다.

이에 비해 개혁진보 진영은 경험에서 배우려 들지 않는다.

불과 몇 년 전에 처절하게 체험한 경험조차 망각하고 있다. 개혁진보 정당은 대통령 중심제와 맞지 않는 연동형 비례대표제 도입을 다시 주장하고 있고, 개혁진보 시민단체는 지난 총선에서 그리 수모를 당했음에도 여전히 비례민주주의를 외치고 있다. 2년 전 헌법자문특위에서 우리나라 헌법은 제왕적 대통령제가 아니라고 강조했음에도 민주당 출신 국회의장은 여전히 제왕적 대통령제라 말하고 있다. 진보 헌법학자는 당을 잘게 쪼개서 새로운 당을 만드는 것이 기본권 신장이라고 말한다.

이들은 늘 가르치려고 든다. 가르치는 교재도 40년~50년 전 선배에게 배웠던 해적판 복사본이나 낡은 인쇄물이 전부다. 인재를 널리 찾지도 않으면서 열정과 능력 있는 사람이 없다고 한탄한다. 그러고는 '우리 관료가 얼마나 완고한지 모르는 소리', 혹은 '권력의 실제를 모르는 소리'라고 하면서 오히려 나무란다. 이는 '내가 해봐서 아는데'라는 전형적인 꼰대 기질이다. 이런 꼰대 기질로 '엔분의 일'에 익숙한 젊은 세대에게 약자를 옹호하는 진보의 주장을 설득하기 쉽겠는가. 먹물 특유의 허위의식, 배우지 않고 가르치려고만 드는 개혁진보는 절대로 보수우익을 이길 수 없다.

참고 문헌

강준만, 《싸가지 없는 정치》, 인물과사상사, 2020

김동춘, 《고통에 응답하지 않는 정치》, 사계절, 2022

국정홍보처, 《참여정부 5년의 기록》, 2009

노무현, 《진보의 미래》, 동녘, 2019

노회찬, 구영식, 《대한민국 진보, 어디로 가는가?》, 비아북스, 2014

대한민국정부, 《장관직무가이드》, 2010

김인회, 《문제는 검찰이다》, 오월의봄, 2017

문재인, 《문재인의 운명》, 가교출판, 2011

문재인, 《사람이 먼저다》, 퍼플카우, 2012

박구용, 《문파, 새로운 주권자의 이상한 출현》, 메디치미디어, 2018

박근혜 정권 퇴진비상국민행동 기록기념위원회, 《촛불의 기록 1》

오연호, 조국, 《진보집권플랜》, 오마이북, 2010

원희복, 《국가가 알려주지 않는 공무원 승진의 비밀》, 위즈덤하우스, 2011

원희복, 《촛불민중혁명사》, 도서출판 말, 2018

이재명, 《이재명, 대한민국 혁명하라》, 메디치미디어, 2017

조국, 《조국의 시간》, 한길사, 2021

조국백서추진위원회, 《검찰개혁과 촛불시민》, 오마이북, 2020

조기숙, 《왕따의 정치학》, 위즈덤하우스, 2017

진중권, 《진보는 어떻게 몰락하는가》, 천년의상상, 2020

진태원, 《을의 민주주의》, 그린비, 2017

한국언론진흥재단, 《2021 한국언론연감》, 2021

Charles E. Merriam, 《Political Power》, 1964

아놀드 토인비, 홍사중 역, 《역사의 연구 1》, 동서문화사, 1978

진보 재구성과 집권 전략

초판 1쇄 인쇄 | 2023년 6월 19일
초판 1쇄 발행 | 2023년 6월 26일

지은이 | 원희복
발행인 | 김범종
디자인 | studio forb
발행처 | 도서출판 썰물과밀물
출판등록 | 2013년 11월 28일 제2013-97호
주소 | 서울시 동작구 대방동9길 31
전화 | 02-885-8259
팩시밀리 | 02-6021-4445
전자우편 | ebb6021@daum.net

ⓒ 원희복, 2023

ISBN 979-11-88485-09-3 (03340)

- 이 책 판권은 지은이와 도서출판 썰물과밀물에 있습니다. 이 책 내용의 전부 또는 일부를 재사용하려면 반드시 양측의 동의를 받아야 합니다.
- 책값은 뒤표지에 표시했습니다.